Hans-Georg Beck

Byzantinisches Erotikon

Hans-Georg Beck

Byzantinisches Erotikon

Verlag C. H. Beck München

CIP-Kurztitelaufnahme der Deutschen Bibliothek

Beck, Hans-Georg:
Byzantinisches Erotikon / Hans-Georg Beck. –
München : Beck, 1986.
ISBN 3 406 31309 4

ISBN 3 406 31309 4

Satz und Druck: C.H.Beck'sche Buchdruckerei, Nördlingen
Printed in Germany

Für Erni Hamann

Discite mortales nil pluriformius amore

Inhalt

Vorwort

Mit Nachdruck sei darauf hingewiesen, daß hier keinesfalls der Versuch unternommen wird, so etwas wie eine byzantinische «Sittengeschichte» anzubieten. Die Zielsetzung ist einfacher: Es soll versuchsweise gezeigt werden, wie eine ziemlich homogene und in ihren Traditionen und Verhaltensmustern fest verankerte Gesellschaft mit dem strengen moralischen Diktat ihrer vom Staat abgesicherten Kirche und ihrer Theologen zurechtkam, da dieses Diktat gerade auf dem Gebiet der Erotik und der Sexualität in der Theorie, zunächst wenigstens, sehr hohe Ziele und Ideale setzte, die für ein christlich verstandenes Leben inmitten der Welt nicht viel Bewegungsfreiheit ließen.

So wie die byzantinischen Quellen nun einmal liegen, muß die Art dieses «Zurechtkommens» mit den Forderungen der Orthodoxie in erster Linie an der byzantinischen Literatur abgelesen werden, d.h. es stellt sich die Frage, wie es trotz der strengen Regeln der Kirche in Byzanz überhaupt zu einer erotischen Literatur kommen konnte, und welche Grenzen sich die Literaten dabei zu setzen sich bemüßigt fühlten. Dies bedeutet zugleich die Frage nach den Mitteln und Wegen, auf denen sich ein Konflikt mit der Orthodoxie vermeiden ließ.

Vom erotischen und sexuellen Leben und Treiben im byzantinischen Alltag wissen wir nur sehr wenig, so wenig, daß sich Verallgemeinerungen von vornherein verbieten. Exhibitionist war der Byzantiner keinesfalls, auch wenn eine gar nicht so kleine Portion Obszönität zu diesem Alltag gehört zu haben scheint, wobei immerhin die Frage bleibt, ob sich Obszönität im mediterranen Raum des Mittelalters nicht etwas anders definiert als etwa im viktorianischen England oder im Rahmen der lutherischen Orthodoxie

Norddeutschlands. Jedenfalls notieren die Quellen fast nur, und auch nur begleitweise, den erotischen und sexuellen Exzeß prominenter Mitglieder der Gesellschaft. Man kann diese Notizen sammeln und mit der erotischen Literatur vergleichsweise in Verbindung setzen; doch geht es keinesfalls an, aus ihnen den Schluß auf extreme Sittenlosigkeit der byzantinischen Gesellschaft zu ziehen. Abgesehen davon sind sowohl Literaten wie Historiker, jedenfalls in Byzanz, an den Ausnahmen, sei es in Richtung Heiligkeit oder in Richtung Perversion, stärker interessiert als am Alltag und am Durchschnitt.

Natürlich ist das hier behandelte Problem kein ausschließlich byzantinisches. Es existiert mit Varianten auch im mittelalterlichen Westen. Aber allein die Tatsache, daß die Kirche des Westens, verhältnismäßig früh mit sehr eigenen Formen der Erotik konfrontiert, die dem Osten lange Zeit unbekannt geblieben zu sein scheinen, allmählich Einstellungen und Lösungen entwickelte, die auch im Bereich der Theologie der Erotik mehr Spielraum ließen, zeigt, daß das Problem im Osten unter anderen Vorzeichen bewältigt oder nicht bewältigt wurde als im Westen.

Was am Ende für Byzanz bleibt, sind eher Streiflichter und einzelne Perspektiven als sorgfältig gerahmte Veduten. Aber vielleicht verbinden sich damit Einsichten in die Komplexität der byzantinischen Kultur.

Die vorliegende Untersuchung erschien erstmals im Jahre 1984 in den Sitzungsberichten der Philosophisch-historischen Klasse der Bayerischen Akademie der Wissenschaften. Der Text wurde für diese zweite Ausgabe einer Revision unterzogen und nicht unbedeutend erweitert.

I.
Der Konflikt

Christentum und Erotik vertragen sich erfahrungsgemäß nicht besonders gut miteinander. Manchmal scheint es, als seien sie aufeinander eifersüchtig, da sie beide allzu gern den ganzen Menschen mit Haut und Haar und für immer für sich vereinnahmen möchten. Es fehlt nicht an Versuchen, dieses Gegeneinander zu deuten. Man verweist mitunter auf die angebliche Tatsache, daß das Christentum und seine Mission ganz auf das Jenseits ausgerichtet sind, jedenfalls Zeitlichkeit entschieden transzendieren, während Erotik so diesseitig sei, wie nur denkbar, jedenfalls nur in der Zeitlichkeit ihre Erfüllung finden könne. Diese Überlegung bleibt fraglich, denn das Christentum nimmt immer wieder und sehr nachdrücklich auch Aufgaben im Diesseits für sich in Anspruch, und auf der anderen Seite ist zum Beispiel der platonische Eros, dem es keinesfalls an Erotik mangelt, mitbestimmt durch das Streben, die materielle Welt hinter sich zu lassen, um sich unbehindert dem ewigen Kosmos der reinen Ideen zu nähern.

Es genügt aber wohl auch nicht, das Christentum schlechthin auf «Agape» festzulegen, wenn man darunter die «spontane, unmotivierte Liebe Gottes zum Menschen» versteht und dann in dieser Agape die Kraft sieht, welche Eros und Erotik aus den Angeln hebt, wie dies Nygrén in seinem Werk zum Thema Agape darstellt.[1] Eine solche Theorie geht vom Phänomen einer Liebe aus, die nur auf dem Weg einer theologischen Analyse der biblischen Offenbarungstexte erschließbar ist, ohne unmittelbarer Erfahrung zugänglich zu sein; nur der religiöse Glaube kann den Zugang dazu öffnen. Mit anderen Worten: eine solche Art von Agape ist ihrer Natur nach nicht geeignet, dem gesamten leib-seelischen Erfahrungsbereich gegenübergestellt zu werden, in dem Erotik ihren Platz hat. Und wenn man in einem zweiten Schritt Agape als die Antwort des Menschen auf die göttliche Agape versteht, so muß ihr eine ähnliche «Unmotiviertheit» entsprechen wie der göttlichen Agape, etwa was die religiöse Erfahrung «amour désinteressé» nennt, der seinerseits kaum denkbar ist ohne die Sublimierung von Vorstellungen und Gefühlen, die dem Fundus des Eros entstammen.

Erotik erschöpfend zu definieren, dürfte schwer fallen, und es würde zu weit, d.h. zu nichts führen, würde der Versuch unternommen, sich mit den vorhandenen Definitionen auseinanderzusetzen. Hier dürfte es genügen, den Begriff einigermaßen einzukreisen, ohne sich auf unnötige Präzisionen einzulassen, die sich am Ende dann doch als fragwürdig oder störend erweisen könnten.

Zunächst ist Erotik gewiß «innerweltlich» par excellence; worin und womit sie etwa «Welt» transzendieren könnte, entzieht sich der Beobachtung von außen, und ihr geheimer Bezug zum Tod ist kaum ein Befund, der sich ohne weiteres verallgemeinern ließe. Doch mag sich Erotik ihrem Begehren entsprechend noch so nachdrücklich nach außen richten, so ist sie ihrem eigentlichen Antrieb nach doch eine innerste Bewegtheit den Menschen; glaubte er vorher, seiner selbst sicher zu sein, so wird jetzt diese Sicherheit plötzlich in Frage gestellt und es ist nicht vorhersehbar, wohin ihn diese Erregung führen wird.[2]

Auslöser der Unsicherheit ist ein Gegenüber und zwar zumeist ein Gegenüber des anderen Geschlechts. Dieses Gegenüber wird begehrt und zwar in der Gesamtheit seiner Erscheinungsweisen, und in der geschlechtlichen Vereinigung sucht das Begehren seinen Höhepunkt. In dieser Vereinigung kann sich der biologische Gattungszweck erfüllen, obwohl daneben eine gewisse Freistellung der Sexualität in Richtung auf Lustgewinn ihr eigenes, natürliches Recht besitzt. So lange der Begriff Erotik nicht auf besondere Weise sublimiert wird, bleibt sie auch da ans Geschlecht gebunden, wo zum Begehren nach körperlicher Vereinigung noch das Begehren nach Intimität mit der Person des anderen kommt. Erotik und Sexualität lassen sich nur theoretisch auseinanderhalten, auch wenn ihr Verhältnis zueinander noch so unterschiedliche Abstufungen erreichen kann. Bei einer völlig «freigesetzten» Sexualität wird man allerdings kaum noch von echter Erotik sprechen.

Mit der unerwarteten Erregung und der fragwürdig gewordenen Selbstsicherheit hängt es zusammen, daß Erotik und Maßlosigkeit so leicht zueinander finden. Erotik begehrt und sie will das Begehrte unter allen Umständen auch erreichen; so läßt sie sich durch keine «Moral» in die Schranken weisen, jedenfalls nicht, so lange sie sich autonom versteht. Sie setzt das Gewissen im Alltagsverstand des Wortes außer Kraft und liefert sich zwangsweisen Abläufen aus, die eine rechtfertigende Kraft für sich beanspruchen.

Die Mehrzahl der alten Religionen, mit denen es das junge Christentum zu tun bekam, aber auch dieses Christentum selbst sahen in der Erotik und allem, was mit ihr zusammenhängt, nicht nur etwas Biologisches im Bereich purer Physiologie. Weit darüber hinaus gehörte die Erotik einem religiösen Bezirk an, den die Religionsgeschichte das «Heilige» nennt. Der Unterschied zwischen der christlichen und der vorchristlichen Bewertung von Erotik gründet wohl nicht zuletzt in einem unterschiedlichen Verständnis von dem, was «heilig» bedeutet.[3]

Allgemein gesprochen gehört die Erfahrung des Heiligen zu jeder Art von sinnfälligem Umgang mit dem Göttlichen, mit der Sphäre dessen, was man das Numinose nennt. Das Heilige ist Ergebnis einer religiösen Sensibilität eben diesem Numinosen gegenüber. Es findet sich verbunden mit gewissen Zeiten und Orten, mit Personen und Lebensdaten. Aber es sind nicht diese Zeiten, Personen und Daten, die heilig an sich sind, sondern die besonderen Kräfte, die sich an solchen Vorgegebenheiten offenbaren, – Kräfte äußerst ambivalenter Natur, die sich für den Menschen heilsam, aber auch verderblich erweisen können. So beschreiben die Religionshistoriker dieses Heilige als eine gefährliche, unbegreifliche, nur schwer handhabbare, zweideutige aber trotzdem äußerst wirksame Energie. Diesem ursprünglichen Heiligen ist mit ethischen Maßstäben aus dem Fundus einer modernen Begriffswelt nicht beizukommen; es bewegt sich im Spannungsfeld von heilend und bedrohend und von rein und unrein, ohne darüber jeweils sein Wesen zu ändern. Jedenfalls ist das Heilige eine Kategorie eigener Art, von der R. Otto gesagt hat, es sei, wie jedes ursprüngliche Grunddatum, nicht definibel, sondern nur erörterbar. Und diese Erörterung setzt am besten bei den unmittelbaren Wirkungen ein. So erweist sich das Heilige in erster Linie als ein «Mysterium tremendum», als etwas Übermächtiges, Schauer und Schrecken Erregendes, als eine Kraft, die nicht geheuer ist, die man nicht herausfordern darf. Die Annäherung an das Heilige bedarf höchster Vorsicht und umfassender ritueller Absicherung.

Es ist aber nicht nur ein Tremendum, sondern zugleich und ebenso stark ein «Mysterium fascinans», bestrickend und eigenartig bezaubernd. Das eine läßt sich vom anderen nicht trennen. Es ist diese Zweideutigkeit, die Augustinus in dem berühmten Satz gebracht hat: «Et inhorresco, et inardesco».

Das Heilige bedarf des Schutzes vor Profanierung. Diesen Schutz gewährleistet das Verbot, das Tabu, das man einen negativen kategorischen Imperativ genannt hat, weil es keiner moralischen Rechtfertigung bedarf und universale Geltung beansprucht. Das Tabu hat die Aufgabe, die Ordnung des Kosmos sicherzustellen. Wer es verletzt, setzt Kräfte in Bewegung, deren er kaum noch Herr werden kann. Aber auf der anderen Seite bleibt auch das Tabu verletzlich, ja man hat – nur scheinbar absurd – formuliert: Das Tabu ist da, um verletzt zu werden. Dies hängt damit zusammen, daß das Heilige als «Mysterium fascinans» dazu herausfordert, mit ihm in engste Berührung zu kommen, seine Kraft zu erproben und sie sich womöglich einzuverleiben. In seiner Faszination verrät das Heilige etwas wie eine innerste Affinität mit der Natur des Menschen. Während das Tremendum das Heilige als das «ganz andere» erscheinen läßt, fordert das Fascinans etwas wie Identität und Intimität. So kommt es zur notwendigen Verletzung des Tabus – eine Verletzung, die der Ordnung des Kosmos sozusagen immanent ist, jedenfalls nicht profaniert, so lange sie rituell abgesichert bleibt. Und im Augenblick der Verletzung regeneriert sich das Tabu zur alten Kraft und Verbindlichkeit, das Tremendum kommt wieder voll zur Geltung. Es handelt sich um das, was R. Caillois das «Sacré de transgression» nennt.

Der Mensch der meisten vorchristlichen Religionen begegnet dem Heiligen auf Schritt und Tritt; es offenbart sich ihm täglich in der von den Göttern gestifteten Ordnung des Kosmos, in den Abläufen der Natur und besonders nachdrücklich an allen bedeutenden Stationen seines Lebens: bei Zeugung und Geburt, bei der geschlechtlichen Reifung, beim Verkehr der Geschlechter miteinander und nicht zuletzt bei Sterben und Tod. Es sind heilige Gezeiten, die ständig wiederkehren und in ihrer kreisförmigen Bewegung das Zeitempfinden auf eigenartige Weise bestimmen.

Die Zeit des Christentums ist im wesentlichen eine geradlinig verlaufende Zeit, der Rahmen einer linearen Heilsgeschichte von der Erschaffung der Welt an durch die Jahrtausende bis hin zu einem zwar nicht berechenbaren aber sicheren Ende ohne Wiederkehr, wo ein letztes Gericht Verhältnisse schafft, die sich nie mehr ändern werden. Natürlich haben auch die heidnischen Kulturen nicht selten eine lineare Chronologie, ob sie nun nach Olympiaden rechnen oder «ab urbe condita». Doch auf diese kommt es hier nicht an. Die religiös bedeutsame und für die Manifestation des Heiligen entscheidende Zeit ist die reversible Zeit, die zyklisch abläuft, immer wiederkehrt und deren Ende sich nicht in Rechnung setzen läßt. Es gibt keine Endgültigkeit. Zyklisch ist die Folge der Jahre, zyklisch der Rhythmus von

Aussaat, Ernte und neuer Aussaat, zyklisch die Bewegung von Mond und Sonne im Jahreslauf. Und dieser Zyklus ist causa exemplaris des gesamten menschlichen Lebens. Das Geschehen in der Natur erklärt das Geschehen im menschlichen Leben und dieses erklärt das Leben der Natur. Jeder dieser Zyklen ist «transparent» für den anderen, sie kommentieren sich gegenseitig und sie beleben sich gegenseitig, nicht zuletzt deshalb, weil sie ihre Sinnbestimmung durch das exemplarische Kreisen der Götter selbst bekommen, von dem der Mythos berichtet. Das Maß des Kommens, Gehens und Wiederkehrens ist überall dasselbe und allen gemeinsam ist der durch die Götter garantierte Charakter des Heiligen. Der Mensch wird dabei immer als Ganzes erfaßt; eine Unterscheidung zwischen körperlichen Vorgängen und dem, was darüber hinausgreifen könnte, würde den «Kosmos», das komplexe Ineinander der Zyklen, nur stören.

Wohl das wichtigste Thema, das der Mythos kennt, ist die Kosmogonie, weil sie den Anfang jeder Heiligkeit bedeutet. Kosmogonie meint die Stiftung eines Welt-Ganzen durch die Götter und seine Ordnung durch die Gesetze dieses Ganzen. Als einer solchen unmittelbaren Stiftung der Götter gebührt dem Kosmos eine besondere Unverletzlichkeit. Und diese Unverletzlichkeit eignet dann auch dem Leben in jeder Form. Doch auch dieses Tabu reizt zur Verletzung im blutigen Opfer von Tieren und Menschen, aber auch von Göttern. Zunächst wird dabei nicht profaniert, denn dieses Blutvergießen ist rituell und dient der Erneuerung des Lebens und der Stärkung der Lebenskraft, wie verschieden im einzelnen die Zielsetzung der Opferrituale sein mag. Am Ende geht es immer um den Strom des Blut-Manas, der ewigen Lebenskraft. Im Opfermahl vereinnahmt man die Kraft des Geopferten und garantiert damit den Zusammenhalt des Kosmos, und zwar um so nachdrücklicher, je vornehmer das Opfer. Der geschlachtete Gott ist höchster Garant: «Wer mein Fleisch ißt und mein Blut trinkt, der hat das Leben!»

Der Kosmos als ein Ganzes setzt sich zusammen aus

«komplementären Antagonismen». Da ist Hell und Dunkel, Rot und Schwarz, Norden und Süden, Erde und Himmel und nicht zuletzt Mann und Weib. Eine Concordia discors, die am einleuchtendsten zur Darstellung kommt im Zueinander von Yang und Yin in der chinesischen Vorstellungswelt, in der Yang das zeugende Prinzip verkörpert und Yin das empfangende, ohne daß dies primär eine sexuelle Vorstellung sein müßte.

Jede dieser gegensätzlichen und doch komplementären Kräfte schützt zunächst ihren eigenen Bestand gegenüber der anderen. Vermischung widerspricht dem Urzustand; der Urzustand ist rein, die Vermischung unrein. Aber ihrem Wesen nach bedarf eben doch jede dieser Kräfte des Kontakts mit der komplementären im Interesse ihrer eigenen Wirkkraft. «Il faut, d'un coté, rechercher l'entité complémentaire de la sienne pour mener à bien toute création; de l'autre s'en écarter afin de ne pas corrompre son propre principe; d'un coté respecter, ce qui possède la même vertu que soi; de l'autre, s'en imprégner afin de renforcer en soi cette vertu.» (R. Caillois)

Dieser komplementäre Antagonismus ist das Modell des sexuellen Lebens, der Beziehungen zwischen Mann und Weib. Das weibliche Wesen ist identisch mit Dunkel und Erde und mit allem, was «linke Sakralität» bedeutet. Es verfügt über eigene Kräfte, es heilt und verflucht, es zaubert und prophezeit. Damit ist es für den Mann ein Teil des mysterium tremendum, dem man sich nur sehr behutsam nähern darf, anderseits aber mysterium fascinans, das man erproben und versuchen will. Das gleiche gilt umgekehrt auch für die Frau. Der Fortgang des Lebens verlangt es, daß die Tabuisierung verletzt wird. Aber Mann und Jungfrau dürfen dies nicht wagen, ohne sich vorher sakralen Initiationsriten unterzogen zu haben.

Es ist sozusagen physiologisch evident, daß vor allem die Jungfrau als tabu gilt. Die Jungfräulichkeit ist ein geheimnisvolles Gut, weil hier noch keine Vermischung der komplementären Kräfte stattgefunden hat, also noch die ursprüngliche kosmische «Reinheit» vorhanden ist. Der «Marktwert» der Jungfräulichkeit in der bürgerlichen Gesellschaft ist davon nur ein verblaßter Reflex. Jungfräuliche Göttinnen, wie Athene, die nicht einmal Frucht einer geschlechtlichen Verbindung ist, sondern völlig rein aus dem Haupte Zeus' hervorgeht, oder Artemis, der man nicht ungestraft nachstellt, sind die Modelle im Bereich der Götter. Und das Opfer einer Jungfrau, etwa bevor man in den Krieg zieht, gilt als wirkungsvoller als jedes andere. Aber Jungfräulichkeit ist unfruchtbar. Nur ihre Verletzung garantiert den Fortgang des Lebens. Doch das Tun des Mannes, die Verletzung also der Jungfrau und später der Frau überhaupt, bedeutet jene Hingabe und Verschwendung an Kraft, an deren Ende sein Tod steht. Der Tod ist die Sühne für das verletzte Tabu und bringt die Welt in eine neue Ordnung.

Der sexuelle Akt ist ambivalent. Er hat neues Leben zum Gefolge, aber er hat auch den Tod im Visier. Beweis dafür ist selbst noch in der Dichtung späterer Epochen die immer wieder anzutreffende Verbindung von Geschlechtsakt mit Todesahnung oder Todesverlangen.[4]

Das sexuelle Tabu der Jungfräulichkeit gegenüber regeneriert sich auf eigenartige Weise von selber, der Zyklus schließt sich; denn das neue Leben, das aus der Verletzung des Tabus entsteht, ist wiederum jungfräulich. Die Jungfräulichkeit rächt sich am männlichen Wesen. Im Zueinander der Geschlechter ist jeder für den anderen zunächst der «ganz andere», fremd, wenn nicht unheimlich. Dies ist es, was beim «Kampf» der Geschlechter miteinander nicht selten den reinen Exzeß, ja die Orgie hervorruft. Aber nach dem eindeutigen Befund der Religionsgeschichte haben das Fest der Liebe, der Exzeß und die Orgie auch noch ihre eigene Funktion. Denn wenn sich die Verletzung des sexuellen Tabus Tag für Tag und Jahr für Jahr wiederholt, dann wird der Prozeß eben alltäglich, die Wiederherstellung des Tabus immer fragwürdiger. Und hier, erst hier, droht dann wirklich die Gefahr der Profanation, das heißt der Störung der Ordnung des Kosmos insgesamt. Eine neue Kosmogonie ist vonnöten. Und wie die Götter den Kosmos aus dem Chaos schufen, so muß zunächst wieder Chaos hergestellt werden. Und dies schafft das «ausgelassene», d. h. bindungslose Feiern, der Exzeß und die Orgie. Hier sollen nach dem Befund alter Riten und Mythen Erde und Menschheit regeneriert werden. «La fête est le chaos retrouvé, façonné à nouveau» (Caillois). Die Orgie ist in ihrem letzten Sinn gleichbedeutend «mit einer atemlosen Vermehrung des Lebens, bei der die Konstanten menschlichen Verhaltens verschwinden» (Bataille). Sie bedeutet den Bruch aller Tabus, um die ursprüngliche Sakralität alles Seins neu erstehen zu lassen. Mit Profanierung hat dies der inneren Sinngebung entsprechend nichts zu tun. Das Profane hat, wie man gesagt hat (M. Eliade), am wahren Sinn des Daseins keinen Anteil, weil es auf keinem Mythos gründet und deshalb kein exemplarisches Modell besitzt.[5]

Der Satz: Das Tabu ist da, um gebrochen zu werden, wurde schon angeführt. Es ist die Verletzung des Heiligen, die jene Art von «Geschichte» entstehen läßt, welche die Zyklen des Seins voneinander absetzt. Der Mythos, der die ambivalente Erfahrung des Heiligen und zugleich diese «Geschichte» in Wort und Bild darstellt, zeigt auf eindringliche Weise die Identität des Geschehens auf allen Ebenen. Er schlägt auf die Erfahrung des Menschen zurück, weil er im Grunde ihr entstammt; er gibt dieser Erfahrung ihren besonderen Sinn und ermöglicht es dem Menschen, sich in der Natur und in der Welt der Götter wieder zu finden und geborgen zu wissen.

Diese Vorstellungen vom Wesen des Heiligen und der Funktion des Tabu, von Erotik und Sexualität in den vorchristlichen Religionen ergeben sich aus der wissenschaftlichen Analyse von Mythen und Riten sehr unterschiedlicher Herkunft. Ein völlig kohärentes System von allgemeiner Gültigkeit kann aus dieser Analyse nicht abgeleitet werden, und selbst Einzeldeutungen bleiben zweifelhaft. Aber hier kommt es nicht auf ein wissenschaftlich schlüssiges System an, sondern eher auf eine allgemein verbreitete «Gestimmtheit». Es handelt sich um ein Gesamt von Vorstellungen, die man unter dem Begriff Naturreligion zusammenfassen könnte, sofern man darunter etwas wie eine Religion versteht, in der sich die Manifestation eines irgendwie gearteten Göttlichen so gut wie ausschließlich im Ablauf des Lebens ganz allgemein und im Auf und Ab innerhalb der den Menschen umgebenden und ihn einschließenden Natur vollzieht. Das schließt nicht aus, daß darüber ausdrücklich die Götter walten, doch ihr Mythos akzentuiert sozusagen nur, was auch ohne den Mythos dem Menschen täglich zugänglich ist. Die Offenbarungen der Götter sind nicht Kommentar oder Auslöser, sondern eher die Begleitmusik im Leben der Natur, die von sich aus mit genug Göttlichem geladen ist, als daß sie noch irgendwelcher transzendenter Götter bedürfte. Keine dieser von den Mythen erzählten Theophanien ereignet sich in der «Geschichte». Geschichte bleibt profan. Der Glaube in dieser religiösen Welt verlangt kein Opfer des Intellekts, sondern ist eine ererbte Vorstellungswelt, deren Sinn offenliegt, und deren Verbindlichkeit auf ihrer Althergebrachtheit beruht. Der Göttermythos ist von bestürzender Vieldeutigkeit und Vielfalt, und im Grunde könnte der Glaube in dieser Naturreligion auf ihn verzichten. Es ist im Grunde gleichgültig, ob man Aussaat und Ernte sagt oder Demeter, ob man Totenreich oder Persephone erwähnt. Es gibt keine Dogmatik, weil es kaum Transzendenz gibt. Der Mythos ist kaum etwas anderes als eine Konkretisierung des Allgemeinen, eine Personifizierung in einer künstlerischen Begleitmusik zum Geschehen im Leben und in der Natur.

Natürlich bleibt die Frage offen, wie tiefgreifend die Wirkung solcher Vorstellungen den Alltag dieser Menschen, vor allem die Beziehungen der Geschlechter zueinander wirklich beeinflußt haben. Sicher sind gewaltige Unterschiede nach Ort und Zeit zu unterstellen, und ihr Einfluß dürfte um so schwächer geworden sein, je weiter die «Aufklärung» vorankam. Aber die oben genannte allgemeine «Gestimmtheit» dürfte lange vorgehalten haben, eine Gestimmtheit, die «rein» und «unrein» gleichermaßen gelten ließ, d.h. in der Ambivalenz des Sakralen, dessen was respektiert werden mußte, ihre stärkste Grundlage hatte, auch wenn diese Gestimmtheit wohl nicht selten in eine naiv-raffinierte «Natürlichkeit» mündete, die es mit Tabu und Bruch des Tabus nicht mehr genau nahm. Die Kraft gesellschaftlicher Bindungen und Konventionen bezog den Einzelnen wahrscheinlich noch lange in das religiöse System ein. Jedenfalls unterstellte dies die junge christliche Kirche, und insofern kann das vorgelegte theoretische Schema als relevant für den Fortgang der Auseinandersetzung benützt werden.

Dem Erotikverständnis der heidnischen Religionen gegenüber ist für das Christentum nicht zuletzt das neue Zeitverständnis von Bedeutung, von dem schon die Rede war. In dieser neuen Zeit ist Geschichte als solche entscheidend. Die lineare Geschichtsdeutung kennt keine reversible Zeit, keine Wiederkehr und keine restitutio in integrum. Damit verliert das zyklische Denken seine Kraft und seine Bedeutung. Es ist dem Christentum gewiß nicht durchwegs gelungen, diese Entmachtung des Zyklus durchzusetzen, aber auf die Dauer hatte es doch Erfolg, nicht immer ohne gewisse Einbußen hinnehmen zu müssen. Mit dieser Entmachtung des zyklischen «Geschichtsbildes» verliert die essentielle Verknüpfung der drei Ebenen, Natur, Menschenleben, Göttermythos, ebenfalls ihre Verbindlichkeit. Der Mensch kann den Ablauf seines Lebens nicht mehr identifizieren mit den

Abläufen im Leben der Götter, weil es diese nicht mehr gibt. Es gibt aber auch keine wirklich «gotthaltige» Natur mehr; ihre Apotheose ist nicht mehr möglich, sie ist und bleibt reine Kreatur, und Gott kann in ihr nur noch als Wirkursache verifiziert werden. So hat keine Orgie der Innerweltlichkeit mehr einen Platz. Der Mensch wird aus seiner mythischen Verflechtung gelöst und auf sich allein gestellt einem einzigen Gott gegenüber, der selbst keine mythische Geschichte hat und jede Geschichte überhaupt transzendiert. Natur ist nur noch Natur und kaum noch transparent; damit ist sie im Ursinn des Wortes auch nicht mehr heilig, denn das Heilige ganz allgemein verliert seine Ambivalenz, es kann nicht mehr rein und unrein zugleich sein; es ist gut im Sinne der Ethik der Evangelien und damit moralisiert, oder es ist überhaupt nicht. Im eigentlichen Sinne des Wortes gebührt das Beiwort «gut» ebenso wie das Beiwort «heilig» nur noch dem einen Gott allein. «Non est sanctus ut est Dominus.» Alles was sonst mit diesen Beiwörtern versehen wird, kann sie nur in einem abgeleiteten Sinn beanspruchen.

Daraus ergibt sich klar, daß Erotik als Bestandteil des großen Bezirkes zu respektierender Heiligkeit im Christentum nur einen viel geringeren, eingeengteren Lebensraum beanspruchen kann als in den meisten heidnischen Religionen. Sie hat Anspruch auf Anerkennung nur da, wo sie sich moralisch rein äußert und einwandfrei «gut» ist. Und wenn das Höchste an Reinheit und Heiligkeit nur da zu finden ist, wo reiner Geist ist, also allein in Gott, einem Gott absoluter Transzendenz, so schwinden die Chancen der Erotik um so nachdrücklicher, je mehr sie leiblich und sexuell bestimmt ist. Die überreichen Formen heidnischer Erotik müssen dementsprechend entschieden ausgegrenzt werden, weil sie Anteil haben an der gefährlichen Zweideutigkeit des alten Heiligen. Hier scheint mir der Konflikt zwischen Erotik und Christentum seinen Ausgangspunkt zu nehmen.

So ist es nicht verwunderlich, daß die Kirche schon frühzeitig alles daransetzte, um die alte Erotik und die damit verbundenen religiösen Vorstellungen außer Kraft zu setzen. Sie hat dabei nicht selten keine Übertreibung gescheut. Und doch ist es ihr nie gelungen, mit den dauerhaften Kräften fest verankerter Archetypen des Verhaltens im sexuellen Bereich fertig zu werden. Jedenfalls entsprachen diese Archetypen den menschlichen Neigungen und Begierden viel eher als gewisse asketische Normen der Kirche.

In der Theorie ließen sich natürlich die alten religiösen Normen außer Kraft setzen; doch selbst das, was die Kirche ihnen entgegensetzte, verrät zum Teil noch, wie sehr auch in der Kirche das Alte nachwirken konnte. So übernahm die Kirche das Tabu der Jungfräulichkeit fast unbesehen und pflegte es mit einer Sorgfalt, die überrascht. Sie machte aus der lebenslangen Jungfräulichkeit die ideale Lebensform des Christen, jeder anderen überlegen. Die theologische Begründung konnte nur mangelhaft ausfallen, denn zunächst war die «Natur» des Menschen, d.h. seine bleibende Grundstruktur leib-seelischer Prägung, als zum Gesamt der Schöpfungswelt gehörig, die Basis der christlichen Ethik. Was es dann mit der dauernden Virginität auf sich hatte, bedurfte einer allegorisch-mystischen Begründung. Ob gewollt oder nicht: Mit dem Kontrast zwischen einer dergestalt tabuisierten und als dauernde Lebensform gepriesenen Jungfräulichkeit und einer Ehe, die dann nur noch mit Mühe gerechtfertigt werden konnte, wurde der gesamte Bezirk des Geschlechtlichen, der doch ebenfalls Schöpfungswirklichkeit war, bis zu einem gewissen Grad in Frage gestellt; er versank wiederum in die Ambivalenz von rein und unrein. Da aber die Verletzung der Jungfräulichkeit notwendig in Rechnung gesetzt werden mußte, sollte das biblische «Wachset und vermehret euch» nicht in Frage gestellt werden, blieb der Kirche nur übrig, die Verletzung des Tabus derart einzuengen, um nicht zu sagen zu verleiden, daß es am Ende den Theologen schwer fiel, selbst an der Ehe noch ein gutes Haar zu lassen, um vom außerehelichen Geschlechtsverkehr ganz zu schweigen. Die Natur geriet ins Abseits und erst recht das

Pochen auf eine Anatomie der Erotik. Gerade die Gefahr, daß in und mit der Erotik das Gewissen außer Kraft gesetzt würde, daß ihre immanente Maßlosigkeit nur noch sich selbst anerkennen würde, rief den besonderen Argwohn der Kirche hervor.

So mobilisierte sie ein ganzes Arsenal von idealen Vorstellungen und Forderungen gegen das alte System. Aber sie scheint dabei die wilde Kraft der Natur unterschätzt zu haben, die mitunter alle Dämme überflutet, eben weil die Orgie «dazugehört». Hier prallten Gegensätze von äußerster Kraft aufeinander; auf der einen Seite eine «Natürlichkeit», die sich eins wußte mit jedem Innen und Außen und darin ihr Genüge fand, und auf der anderen Seite ein gewaltiger Impetus in Richtung Transzendenz, gegenüber allem Materiellen und bloß Natürlichen –, ein Impetus, der sublime Kräfte weckte und in eine ganz neue Richtung wies.

Der teilweise Erfolg, den das Christentum unbezweifelbar errang, geht wohl nicht zuletzt auf die Anziehungskraft dieser Provokation zurück, die den Menschen so entschieden forderte. Doch verdankte es ihn sicher auch dem Umstand, daß in der Spätantike die alten Tabus, mit denen Erotik im Heidentum abgesichert gewesen war, einer nicht selten frivolen Aufklärung zum Opfer gefallen waren und somit der Niedergang der Sitten allein für sich schon die heftigen Angriffe dagegen rechtfertigte. Außerdem hatten bereits verschiedene Philosophenschulen begonnen, einen Spiritualismus zu predigen, auf dem die christliche Lehre weiterbauen konnte.

II.
Frühchristliche Vorgaben

Die Beschäftigung der byzantinischen Orthodoxie mit Fragen der Erotik und der Geschlechtlichkeit ergibt keinen Neuansatz im 4. Jahrhundert. Byzanz hat sich in erster Linie mit dem auseinanderzusetzen, was die ersten christlichen Jahrhunderte ihm hinterlassen haben. Dies war vorrangig die Botschaft der Bibel, vorzüglich des Neuen Testaments.

Im Neuen Testament spielen Verzicht und Askese ohne Zweifel eine bedeutende Rolle[6] – Verzicht immer «um des Reiches Gottes willen». Wenn dabei andeutungsweise auch die Ehe mitverstanden wird, so wohl in erster Linie um der Erfordernisse der Wanderpredigt willen und wohl kaum aus grundsätzlichen Erwägungen. So jedenfalls in der Predigt Jesu. Das Ideal der Jungfräulichkeit wird nur angedeutet: «Wer es fassen kann, der fasse es!». Daß von einem Gebot nicht die Rede sein kann, bezeugt der Apostel Paulus mit der Bemerkung, er könne sich in puncto Jungfräulichkeit auf keine Weisung des Herrn berufen. Daß aber für ihn die Jungfräulichkeit, jedenfalls die Ehelosigkeit, das eigentliche christliche Ideal darstellt, darüber läßt er in Kap. 7 des ersten Korintherbriefes keinen Zweifel aufkommen. Es ist nicht nur die nahe geglaubte Endzeit, das Leben «auf Abbruch», was ihn in dieser Vorstellung bestärkt, sondern ebenso die generelle Überzeugung, daß sich Ehe und ungeteilter «Dienst am Herrn» nur sehr schwer vereinbaren lassen. Er wünscht sich, alle möchten ehelos leben, wie er selbst. Aber er macht kein Gebot daraus: Wer heiraten will, soll heiraten. Allerdings bedeutet ihm die Ehe kaum mehr als die Möglichkeit, den Geschlechtstrieb, wenn er sich schon nicht bändigen läßt, in gesellschaftlich anerkannte Bahnen zu lenken und in der monogamen Ehe zu neutralisieren. «Es ist besser zu heiraten, als zu brennen». Innerhalb einer solchen Ehe predigt Paulus die uneingeschränkte gegenseitige sexuelle Verfügbarkeit der Partner, meint aber im selben Atemzug, es wäre besser, jeder Verheiratete würde leben, als sei er nicht verheiratet. Ein unsicheres Konzept. Es ist, als scheue sich der Apostel, seine wahre Überzeugung offen auszusprechen – ein Verdacht, den später der große Paulus-Exeget Joannes Chrysostomos aussprechen wird –, weil er Rücksicht auf «unreife» Leser zu nehmen sich genötigt sieht. Positiver ist dagegen der Epheserbrief. Jetzt ist sogar von Liebe die Rede: «Die Männer sollen ihre Frauen lieben, wie ihren eigenen Leib. Wer seine Frau liebt, liebt sich selbst ... so wie Christus die Kirche. Dies ist ein großes Geheimnis und zwar in Christus und der Kirche». Der Vergleich insinuiert freilich zunächst nur, daß es Christus, der Mann, ist, der Liebe spendet und damit Kirche erst Kirche werden läßt, da sie seine Liebe zunächst ohne Verdienst ihrerseits empfängt, so wie es im Verständnis der Zeit doch wohl der Mann ist, der in der Ehe «spendet», die Frau damit «beglückt» und zur Frau und zum Menschen macht. Der Mann ist das Haupt der Frau, die Frau ist «Glied», so wie Christus das Haupt der Kirche ist. Von Liebe ist in diesem Brief nur beim Mann die Rede, die Frau aber «fürchte den Mann»; und die Liebe des Mannes bleibt auf besondere Weise Selbstliebe und wird noch dazu rein körperlich verstanden.

Es sieht so aus, als habe auf die Dauer der Korintherbrief mehr Eindruck gemacht als der Epheserbrief, der eher für gewisse theologische Spekulationen geeignet war. Aus einer anderen Schrift des Neuen Testaments, dem 1. Thessalonicherbrief, läßt sich jedenfalls entnehmen, daß nun schon vor Lehren gewarnt werden muß, welche die Ehe schlechthin verdammen. Auf jeden Fall dauert es nicht lange, bis sich im jungen Christentum alle möglichen Strömungen breit machen, in denen die Diskussion um Wert und Unwert der Ehe, um Eros und Sexus und um Jungfräulichkeit einen bedeutenden Platz einnehmen – einen Platz, in dem die Erotik den kürzeren zieht. Diese Tatsache selbst ist in diesem Zusammenhange wichtiger als die Beantwortung der Frage, auf welche frühere Strömung jeweils die eine oder andere Ansicht zurückgeführt werden kann.

Solche Strömungen gab es im heidnischen Vorfeld des Christentums und in seinem frühen Umfeld genug.[7] Ihr gemeinsamer Nenner ist die relative, manchmal absolute Ablehnung des Geschlechtsverkehrs aus allerdings jeweils sehr verschiedenen Motiven. Dazu gehörte dann bald die strenge Abschirmung des Tabus der Jungfräulichkeit, dessen Verletzung eine der schlimmsten Profanationen darstellt, die durch kein religionsgeschichtliches «Sacrum» mehr gerechtfertigt werden kann.

So kam das junge Christentum frühzeitig mit allen möglichen Vorstellungen, Meinungen und Überzeugungen in Berührung, die zum Teil philosophisch untermauert waren, zum Teil auf alte religiöse Mythen und Traditionen sich berufen zu können glaubten. Dabei kann man kaum von einem einigermaßen geschlossenen System sprechen, als vielmehr von einem dichten Geflecht aus unterschiedlichen Mustern.

Da gab es zunächst Kontakt mit stark asketisch eingefärbten jüdischen Sekten, die – im Gegensatz zum Alten Testament – aller Leiblichkeit feindselig gegenüberstanden und damit auch alle Formen der Erotik verwarfen. Nachdem sich das Christentum aber frühzeitig vom Judentum abzusetzen begonnen hatte, wurden Strömungen der griechischen und griechisch-orientalischen Philosophie wichtiger, bei denen die Entwertung der Materie, des menschlichen Körpers und seiner Bedürfnisse eine große Rolle spielten. Sie gehen weit ins griechische Altertum zurück. Man könnte z.B. Empedokles nennen (5. Jahrh.), der in seinem Sühnegesang das Schicksal der schuldig gewordenen menschlichen Seele behandelt, die der Erlösung bedarf, die durch zum Teil orphische Reinigungsriten möglich gemacht wird. Dazu gehört, jedenfalls für den Schülerkreis des Philosophen, die sexuelle Enthaltsamkeit, denn die geschlechtliche Fruchtbarkeit ist der Feind des «Ur-Einen», weil sie in die «Vielfalt» führt. Selbstverständlich ist unter den Vorläufern auch Platon zu nennen, auch wenn sein «Spiritualismus» nicht überall mit gleicher Deutlichkeit zutage tritt. Will man zur wahren Erkenntnis kommen, so wenigstens im Phaidon, so ist die Voraussetzung, daß der Mensch mit seinem Körper, diesem Übel, so gut wie nichts mehr zu tun hat, es sei denn im Falle äußerster Notwendigkeit. Denn «nur das Reine darf die Berührung mit dem Reinen suchen».

Für die Auseinandersetzung mit dem Christentum ist von besonderer Wichtigkeit ohne Zweifel der Neuplatonismus. Manche seiner Vertreter standen dem Christentum sehr nahe, und ebenso hat man genug des «Neuplatonischen» bei den Kirchenvätern entdeckt, wobei sich dann allerdings herausstellte, daß diese Entdeckungen reichlich undeutlich ausfielen, eben weil Neuplatonismus selbst ein diffuser Begriff ist. Aber es scheint, daß in dieser Ansammlung von Systemansätzen etwas wie eine «Emanationslehre» zu den Konstanten gehört. Als Vertreter sei nur ein Name herausgegriffen, allerdings der erlauchteste: Plotin († 270 n. Chr.).[8] Er ist der größte Schüler des Alexandriners Ammonios Sakkas, der früher einmal Christ gewesen war und Origenes, den größten Theologen der Frühzeit, zu seinen Adepten zählen konnte. Für Plotin ist die Materie die niedrigste Emanation der Weltseele, sie ist das eigentliche «Nicht-sein-Sollende». Sie ist damit das erste Übel und Ursprung alles übrigen Übels. Das gilt ebenso vom Leib des Menschen und seinen Bedürfnissen, weswegen Plotin auch erklärte, sich seines Leibes zu schämen. Der Tod als Befreiung von ihm erschien ihm wertvoller als das Leben. Und trotzdem mußte er, systemgerecht, auch dieses Übel in letzter Linie auf das höchste Gut zurückführen, – eine Aporie, die im Grunde das Ausgangsaxiom aller Überlegungen zur Geschlechtlichkeit darstellt. Der Einfluß dieses Axioms kann kaum überschätzt werden und hat weit in die christliche Philosophie hineingewirkt.

Andere Gruppen führten alles, was Materie und Körper bedeutet, auf ein böses Urprinzip zurück, d.h. sie predigten einen absoluten, gelegentlich auch einen leicht temperierten Dualismus. Ihr mächtigster Wortführer war der «persische» Prophet Mani, der im Jahre 274 oder 277 für seine Überzeugungen in den Tod ging. Er wollte dem Menschen ein besonderes Wissen (Gnosis) von sich selbst vermitteln, um ihn auf diese Weise retten zu können. Der Manichäismus[9] ist, wie das Christentum, eine Erlösungsreligion. Manis Ausgangspunkt ist der radikale Gegensatz von Licht und Finsternis, und damit von Gott und Materie. Das Reich des Lichtes, das zugleich das Reich des Guten ist, wird vom Fürsten der Finsternis angegriffen, und dies nicht ohne Erfolg: Ein Teil der Lichtelemente vermischt sich mit dem Bösen und der vom Bösen geschaffenen Materie. Aufgabe der von Mani gestifteten Kirche ist es, diese Lichtelemente der Materie wieder zu entreißen und alles zu verhindern, was Lichtelemente weiter an die Materie binden könnte. Zu diesen negativen Faktoren gehören alle möglichen Arten menschlichen Handelns, z.B. die Zubereitung bestimmter Speisen, Jagd, Krieg, Ackerbau und natürlich vor allem die menschliche Fortpflanzung. Dies führt wie immer in solchen Systemen, soll diese Kirche Bestand haben, zu einer Klassifizierung ihrer Anhänger in «Vollkommene» und «Auserwählte» auf der einen Seite und in unvollkommene «Hörer» auf der anderen. Nur die Auserwählten haben «das große Siegel» empfangen auf «Mund, Hand und Schoß»: Sie enthalten sich jeder Art von Geschlechtsverkehr, aber auch des Genusses von Fleisch und Wein. Die strengste Askese wird damit zum Zeichen der Auserwähltheit, und alles, was mit Eros und Sexus zu tun hat, bleibt verpönt. Und wenn die Hörer dieser Strenge nicht unterworfen sind, so sind sie damit zunächst disqualifiziert, jedenfalls aufgerufen, sich dieser strengen Askese anzupassen, um schließlich selbst zu den Auserwählten gezählt werden zu können. Die Mission Manis war ein ungeheurer Erfolg, und dieser Erfolg beweist doch wohl auch, daß weite Kreise von der ursprünglichen Sakralität des Sexus und seiner Betätigung abgerückt waren oder zumindest, daß viele Kreise geneigt waren – Frauen wohl insbesondere – der Ehe bisherigen Stils den Abschied zu geben. Noch in der zweiten Hälfte des dritten Jahrhunderts drangen manichäische Wanderprediger aus ihrer östlichen Heimat bis nach Syrien und Ägypten vor und gewannen unter den dortigen Christen begeisterte Anhänger. Wenig später erfahren wir von ihren Erfolgen im Westen des römischen Reiches, und dies, obwohl sie jeder Art von Verfolgung ausgesetzt waren. Schon Kaiser Diokletian bedrohte sie mit der Todesstrafe, da er in ihnen die Zerstörer der alten «mores patrum» sah. Um sich von der Anziehungskraft dieser Kirche eine Vorstellung zu machen, genügt der Hinweis, daß der große Theologe Augustinus ihr lange Jahre vor seiner Bekehrung mit Überzeugung anhing; und es dürfte nicht schwer sein, die Spuren dieser Überzeugung noch in seinen Schriften aus der katholischen Zeit aufzufinden. Im byzantinischen Reich verschwand der Manichäismus erst im 6. Jahrhundert – jedenfalls von der Oberfläche –, nachdem er seine Schuldigkeit getan hatte.

Wenn man gern vom «Manichäismus» in der christlichen Kirche spricht, so ist dies freilich nur mit Einschränkungen legitim insofern, als gewisse Formen eines überspitzten Asketismus in der Kirche schon vor dem Einbruch des Manichäismus feststellbar sind. Der Manichäismus mag zu ihrer Verfestigung beigetragen haben, er trägt aber nicht die alleinige Verantwortung dafür.

Ob nun von außen beeinflußt oder nicht, jedenfalls auch von außen abgesichert, entwickelt sich auf diesem Hintergrund in manchen Kreisen des jungen Christentums bald eine Ethik, die im Prinzip jede Art von Geschlechtsverkehr, sei es ehelich oder außerehelich, ablehnt. Einer der wichtigsten Vertreter dieser Richtung noch in vorbyzantinischer

Zeit ist Markion († um 160), ein reicher Mann aus Sinope am Schwarzen Meer.[10] Durch seine Lehren hatte er sich in seiner Heimat unmöglich gemacht; so wich er nach Rom aus und gründete dort seine eigene Kirche. Sein Ausgangspunkt ist die volle Verwerfung des Alten Testamentes und des starren alttestamentlichen Gottes Jahwe, der mit dem Gottvater des Neuen Testaments nichts zu tun habe. Dieser Jahwe, ein böser Gott, habe die Welt und die Materie geschaffen, also könne der Materie kein Wert zukommen. Auch die Schriften des Neuen Testaments müssen sich Markions Kritik gefallen lassen. Am meisten liegen ihm die Briefe des Apostel Paulus am Herzen, und hier scheint er auch seine Auffassung von Ehe und Jungfräulichkeit bestätigt gefunden zu haben. Jedenfalls deduziert er daraus eine unversöhnliche Feindschaft gegenüber allem, was mit Sexualität zu tun hat. So war es nur konsequent, daß er niemand in seine Kirche aufnahm, der sich seinem Eheverbot nicht unterwerfen wollte. Es ist bedeutsam, daß Markion selbst im Westen, besonders in Rom, Erfolge erzielen konnte. In Afrika brachte er den großen Polemiker Tertullian gegen sich auf, und besonders in Syrien hielt sich seine Kirche bis ins 5. Jahrhundert.

Überhaupt scheint Syrien ein besonders fruchtbarer Boden für antierotische Askese gewesen zu sein. Schon für den alten syrischen Kirchenvater Tatian (2. Jahrh.) ist Rigorismus die Losung.[11] Die Ehe ist für ihn eine fundamental unchristliche Institution. Er ist auch ein ausgesprochener Feind von allem, was man griechisch-römische Kultur nennt. Er soll das Haupt der Sekte der Enkratiten gewesen sein, die vom echten Christen weitgehende Abstinenz verlangte, z. B. von Fleisch und Wein und erst recht vom ehelichen Verkehr. Völlig abstrus wird dann die mit dem Anti-Sexualismus notwendig verbundene Frauenfeindschaft z. B. in den apokryphen Evangelien, etwa dem des Apostels Thomas (etwa 3. Jahrh.).[12] Hier läßt der Verfasser z. B. den Apostel Petrus von Christus verlangen, er solle seine Mutter Maria wegschicken, denn die Frauen seien des Lebens nicht würdig. Und Jesus antwortet: «Ich werde sie ziehen, um sie zum Manne zu machen, damit auch sie lebendiger Geist werden wie die Männer. Denn eine Frau, die sich zum Manne macht, wird eingehen in das Königreich der Himmel.» Und die Ansicht scheint verbreitet gewesen zu sein, daß Frauen am jüngsten Tag als Männer auferstehen würden, um so in die Ewigkeit eingehen zu können. Frauen kommen also nicht in den Himmel!

Nur am Rande die Bemerkung, daß sich solche Strömungen nicht auf den Osten beschränken. Auch Tertullian von Karthago († nach 220) steht mit einem Fuß auf ähnlichem Boden. Nach ihm ist das alte Gebot der Bibel «Wachset und vermehret euch!» durch das neutestamentliche außer Kraft gesetzt worden: «Wer eine Frau hat, soll leben, als hätte er keine.» Und da der Unterschied zwischen ehelichem Verkehr und Hurerei ausschließlich darin bestehe, daß ersterer legalisiert sei, letztere aber nicht, sei es für den Mann am besten, überhaupt keine Frau zu berühren.[13] Eine Ausnahme bleibe nicht unerwähnt: Unter den christlichen Lehrern «von Format» findet sich auch einer, der nachdrücklich für die Ehe eintritt und bei allem Lob der Jungfräulichkeit sich hütet, den Bogen zu überspannen: Klemens von Alexandreia († vor 215).[14] Dies ist nicht verwunderlich, denn er ist einer der wenigen Theologen, die das Christsein in der Welt, ja in der Großstadt, zu ihrem bevorzugten Thema gemacht haben. So weit ich sehe, findet er in Byzanz keinen Nachfolger ähnlicher Qualität.

Die Vorsicht gegenüber allem, was mit Geschlecht, aber auch mit der Ehe als solcher zu tun hat, wenn nicht überhaupt Ehefeindlichkeit, wie immer nuanciert, bleibt trotz mancher Gegenstimmen das beherrschende Kennzeichen dieser Periode der Kirchengeschichte, und sie wirkt tief in das byzantinische Zeitalter – und nicht nur in dieses – hinein.

Doch wo immer der Dualismus, wenn auch noch so stark

relativiert, zum Prinzip erhoben wird, entstehen zumeist Folgerungen, die sich auf den ersten Blick diametral gegenüberstehen. Wenn die Materie und alles Materielle auf ein böses Prinzip zurückgehen, dann ist es auf der einen Seite nur folgerichtig, allem, was mit Materie, Körper, sexuellen Beziehungen und Fortpflanzung zu tun hat, d.h. allem, was Materie regenerieren kann, energisch zu widerstehen und größtmögliche Enthaltsamkeit zu üben. Auf der anderen Seite ist dann aber auch alles Materielle, eben weil es aus einem bösen Prinzip hervorgeht, etwas, was außerhalb des einzig relevanten Bezirkes des Guten steht; es ist indifferent, ja irrelevant, und so kann man beliebig damit verfahren und es als quantité négligeable behandeln. Und es läßt sich denken – und so wurde hier und da spekuliert –, daß der «moralische» Mißbrauch der Materie die richtige Antwort auf ihre Schlechtigkeit ist: Durch Laster und Perversion wird die Materie endgültig entlarvt und dem Prinzip des Bösen mächtiger Schaden zugefügt. Das aber besagt, daß der Laxismus das kongeniale Korrelat des Rigorismus ist; und es besagt weiter, daß eine «Via media» von zwei Seiten her bedroht ist. Verständlich, daß es der Kirche schwer fallen mußte, diese Via media zu finden.

Was die Entwertung der Materie durch lasterhaften und perversen Gebrauch betrifft, so handelt es sich dabei gewiß um eine äußerste Möglichkeit, der Unsittlichkeit ein Alibi zu verschaffen, und um einen Gedankengang, der sicherlich a posteriori eingeführt wurde. Aber die Diskreditierung und das Verbot von Ehe und Fortpflanzung hat die «Natur» – Naturam expellas furca; tamen usque recurret – gewiß veranlaßt, sich nach anderen Alibis umzutun. So darf wohl unterstellt werden, daß die Abtreibung wesentlich gefördert wurde, die übrigens auch im späteren Byzanz keine Seltenheit gewesen zu sein scheint. Die sexuelle Freizügigkeit der Männer war wohl auch ohne das Eheverbot der Sekten gewährleistet. Nicht wenige Frauen aber dürften aus der «Ethik» der Sekten das Recht auf eine Freizügigkeit abgeleitet haben, die sie in der Ehe keinesfalls hätten beanspruchen können. Wir erfahren davon aus den kirchlichen Kanones gegen die Eustathianer, von denen im Nachfolgenden zu berichten sein wird. Fast stellt sich diese Freizügigkeit als eine Art Korrelat zur gepriesenen steten Jungfräulichkeit dar – die Wechselwirkung wird ja auch durch die Virgines subintroductae nahegelegt. Die Frauen sahen in dieser Predigt der Sekten wohl eine ungeahnte Möglichkeit, etwas wie Emanzipation zu verwirklichen und einer tristen Ehe zu entgehen; sie begnügten sich aber bald nicht mehr damit und begannen in manchen Sekten, z.B. bei den Montanisten, führende Positionen als «Prophetinnen» einzunehmen.

Jedenfalls scheint es, daß die offizielle Kirche selbst in den ersten Jahrhunderten es nicht fertig gebracht hat, sich des Rigorismus nachdrücklich zu erwehren. Auf keinen Fall wollte ein Lehrer der Kirche sich dem Verdacht eines auch noch so bescheidenen «Laxismus» aussetzen.

III.
Was bedeutet Orthodoxie?

Mit dem Beginn dessen, was man das byzantinische Reich nennt, d.h. mit der Verlegung der römischen Reichszentrale nach Konstantinopel und der Emanzipierung des Christentums durch Konstantin den Großen beginnt eine neue Epoche der Kirchengeschichte. Und mit dieser neuen Epoche setzt auch ein neues Selbstverständnis der östlichen Kirche ein, auch wenn Anfänge dieser neuen Besinnung schon weiter zurückgehen. Man kennzeichnet dieses Neue wohl am besten mit dem Begriff «Orthodoxie». Nicht nur, daß die byzantinische Kirche sich mit Vorzug als die orthodoxe Kirche bezeichnet: diese Orthodoxie bedeutet darüber hinaus an nicht wenigen Punkten so etwas wie eine Sonderausprägung des Christentums und seiner Theologie, die möglicherweise auch für das Verständnis des Verhältnisses zwischen Kirche und Erotik von Bedeutung ist. So sei zunächst versucht, das Besondere dieser Orthodoxie darzulegen, auch wenn dazu etwas weiter ausgeholt werden muß.

Das Bekenntnis zur Orthodoxie bedeutet für einen Byzantiner im Regelfall nicht nur das Bekenntnis zu einer Glaubenslehre und einer Kirche, sondern das Bekenntnis zum byzantinischen Imperium überhaupt, zur Ideologie und zum Ritual, die dieses Imperium prägen. Orthodoxie wird ja von der Reichsspitze, dem Kaiser, gültig repräsentiert. Orthodoxie ist damit immer zugleich politische Orthodoxie. Der religiöse und staatstreue Byzantiner steht damit unter einer doppelten Loyalitätsverpflichtung, die sich als eine einzige ausgibt, auch wenn sie zwei Sprecher hat, die Kirche hier und den Kaiser dort. Das bedeutet, daß sich das Reichsregiment mit den Forderungen der Kirche identifiziert und die Kirche die Forderungen des Reichsregiments nach Kräften unterstützt. Die das Gewissen bindende Kraft ist nach dem

Empfinden der Byzantiner bei den Forderungen der Kirche stärker; dafür verfügt der Staat mit seiner Strafgesetzgebung über die einschneidenderen Mittel, um seinen Forderungen Nachdruck zu verleihen. Dies hat die verschiedensten Auswirkungen, die in den Alltag hineinreichen können. Trotz der Ideologie von einer politischen Orthodoxie hatte der Durchschnittsbyzantiner Augenmaß genug, um unabdingbare religiöse Forderungen von relativen Ansprüchen des Staates zu unterscheiden. Doch eben wegen der Schwäche kirchlicher Sanktionen – die Kirche kannte nur religiöse disziplinarische Maßnahmen – gegenüber den u.U. einschneidenden Strafen des Staates war es leichter, sich kirchlichen Forderungen zu entziehen als staatlichen, so daß sich allmählich der Standpunkt durchsetzen konnte, den staatlichen Forderungen als erzwingbaren Forderungen gegenüber zu wirklichem Gehorsam verpflichtet zu sein, bei kirchlichen Postulaten aber es eher mit religiösen Ratschlägen als mit Gesetzen zu tun zu haben. Das kirchliche Gebot, das von einer staatlichen Sanktion begleitet war, hatte eine wesentlich höhere Chance, eingehalten zu werden, als wenn diese Sanktion fehlte. Diese Sanktion wurde in vielen Fällen wohl auch als fehlend angesehen, wenn die Kaiser zwar einen ganzen Komplex kirchlicher Entscheidungen (Kanones) als solchen mit staatlicher Gesetzeskraft ausstatteten, es in der Folgezeit aber versäumten, auch die einzelnen Kanones dieser Sammlung der staatlichen Gesetzgebung einzuverleiben; oder wenn, vielleicht unbeabsichtigt, in den staatlichen Gesetzbüchern alte Gesetze und Normen etwa aus heidnischer Zeit, mitgeführt wurden, die mit den Kanones nicht vereinbar waren. Wir werden festzustellen haben, daß solche Lücken gerade auf dem Gebiet der sexuellen Beziehungen im weitesten Sinne des Wortes geraume Zeit vorhielten, und es erhebt sich die Frage, wie weit hier ein Freiraum entstand, der sich gegenüber den kirchlichen Kanones behaupten konnte. Das System der politischen Orthodoxie, das so geschlossen nach außen vorgetragen wurde, verrät eben doch immer wieder gewisse Perfektionslücken, die ihrerseits zu verstehen geben, daß die beiden Kontrahenten des Systems, Staat also und Kirche, doch nicht immer die gleichen Motive hatten.

So viel zur Orthodoxie «in actu». Es wird sich jedoch herausstellen, daß eine genauere Analyse dessen, was Orthodoxie bedeutet, weitere grundsätzliche Hilfen zur Beurteilung der Stellung der Orthodoxie zur Erotik beisteuern kann. Es ist gerade Orthodoxie, was die byzantinische Kirche von der Urkirche und sicher auch von anderen Kirchen unterscheidet, bei aller sonstigen Kontinuität, die natürlich nicht geleugnet werden kann. Vielleicht kommt man dem Unterschied am nächsten, wenn man Orthodoxie (Rechtgläubigkeit) gegen Pistis (gläubiges Vertrauen) schlechthin hält. Pistis ist mit Glaube allein nur unzureichend übersetzt. Sie hat eher mit Vertrauen und Hingabe als mit der Überzeugung von der Richtigkeit von Lehrsätzen zu tun. Dieses Vertrauen hat sein Fundament in der überzeugenden Kraft der Botschaft Christi, in der Gewißheit, durch eben diesen Christus erlöst zu sein und Anspruch auf seine Verheißungen zu haben. Es ist also eher eine Person, die Pistis begründet, als ein bestimmtes Dogma. Was an Dogma vorhanden ist, sind einzelne Sätze – mit Vorzug im Taufbekenntnis zusammengefaßt –, die Aufschluß über Christus und sein Wirken und die Tragweite seiner Verheißungen geben. Das Entscheidende ist, daß diese Sätze nicht primär auf philosophischen Überlegungen und Prämissen beruhen, sondern Ausdruck einer vertrauensvollen Hingabe sind, die den «Formeln» selbst nur eine beschränkte Bedeutung beimißt.

Demgegenüber verdient es festgestellt zu werden, daß die Termini Orthodoxie und orthodox im Neuen Testament überhaupt nicht vorkommen und daß ihr Gebrauch in der kirchlichen Literatur erst um die Wende zum 4. Jahrhundert häufiger wird, d.h. zu einer Zeit, als die Auseinandersetzungen um die Formulierung des Dogmas immer beherrschender wurden. Es gehört zu den Wesensmerkmalen dieser neuen Rechtgläubigkeit, daß sie sich in einem hohen Maße auf eine Infrastruktur stützt, die man der spätantiken Philosophie entnehmen zu können glaubte. Sie formuliert auf dieser Grundlage ein exaktes Gefüge von Lehrsätzen, die in ihrer Begründung und Tragweite im Grunde nur philosophisch Vorgebildeten wirklich zugänglich sind, von der Masse der Gläubigen jedoch – und dies im günstigsten Falle – nur mit einem «notional assent» aufgenommen werden können. Trotzdem wurde ihnen von der Kirche eine das Gewissen bindende Kraft zugeschrieben und ihre Mißachtung mit harten Sanktionen für Zeit und Ewigkeit bedroht. Dabei flossen Philosophumena und Theologumena derart ineinander, daß selbst rein zeitgebundene philosophische Prämissen in etwa Anteil an der «Unfehlbarkeit» des Dogmas bekamen.

Im Laufe der Zeit identifizierte sich die Amtskirche immer mehr mit dieser dogmatischen Korrektheit, meist ohne zu bemerken, wie kontingent die philosophische Infrastruktur war, und ohne des weiteren zu bemerken, daß diese Philosophumena den Glauben einengten, ihn gewissermaßen total intellektualisierten und damit sterilisierten und ihm den großen Atem nahmen. Auch wurde kaum bemerkt, wie widersprüchlich die verwendeten philosophischen Axiome teilweise waren. Aber gerade dieser Umstand war es, der dem Wortgefecht der Theologen, die sehr rasch in die Nachfolge der Sophisten eingetreten waren, Tür und Tor öffnete. Und weil die «Logomachie» eines der herausragendsten Charakteristika der spätantiken Geisteswelt ist, erreichten damit die Theologen den einfachen und schlichten Gläubigen gegenüber eine Stellung in der Kirche, die ihnen im Rahmen einer lebendigen Religion kaum zukam. Sie nutzten diese Stellung bedenkenlos aus, und so kam es, daß die kurzen, strengen oder scheinbar strengen Ergebnisse ihres Nachdenkens über Gott und die Welt offizielle Lehre der Kirche wurden und die Definition des wahren Christen nachdrücklicher bestimmten als sein persönliches, vertrauensvolles Verhältnis zu seinem Erlöser. Das Gewissen regte sich immer wieder, und immer wieder behauptete man, die Weisheit der Philosophen zu verachten und nur auf das schlichte Wort der Fischer, d.h. der Apostel, zu bauen. Doch dies war zumeist nichts anderes als ein billiger, bis zum Verdruß wiederholter Topos.

Die Folgen sind nicht zu übersehen: Der Hang zum spekulativen Impetus, die Sucht, die Mysterien der Gottheit auf philosophische Formeln zu bringen, die Lust am Streit um Begriffe, um Definitionen und Definitiönchen beschäftigte die sogenannten Gottesgelehrten derart, daß für die christliche Ethik, die nicht nur jenseitige Ziele zeigen, sondern etwas für den langen Alltag bieten wollte, nicht sehr viel übrig blieb. «God was there, but he left early.»

Die Theologen unternahmen es nur selten, die ethischen Ansätze des Neuen Testamentes für den Gebrauch eines alltäglichen Christenlebens aufzubereiten, und wenn sie es taten, dann meist in der Form von Predigten, d.h. in situationsbedingter Emphase und ohne folgerichtige Ableitung aus vorgeordneten Prinzipien. Es wurde auch kein Versuch unternommen, eschatologisch bedingte ethische Prinzipien dieses Neuen Testaments, d.h. Lehren, die ihre Gültigkeit aus dem Glauben an die nahestehende Endzeit bezogen, den neuen Verhältnissen anzupassen, in denen der eschatologische Gedanke kaum noch eine Rolle spielte, es sei denn als Fernziel und vom Individuum her verstanden. Der Alltagsweg, der dem Christen eingeschärft wurde, war natürlich der Weg der Tugenden. Die Tugendlehre selbst aber kam über das stoische System kaum hinaus. Und die Theologen machten keine bemerkenswerten Anstrengungen, um sich über die Grundsätze menschlicher Verhaltensweisen ein Urteil zu bilden. Dies beruht nicht etwa auf einem zeitbedingten Mangel an psychologischem Gespür. Denn da, wo es um mönchisches Leben ging, entwickelten manche Theologen, allen voran Euagrios Pontikos, eine Fülle überzeugender Grundsätze gerade auf der Basis der Beobachtung feinster seelischer Regungen. Mögen die Tugenden noch so oft gepriesen werden, das Festhalten am korrekten Dogma der Kirche war und blieb wichtiger, ja dieses Festhalten ist *die* Tugend des orthodoxen Christen schlechthin. Und so gut wie alle Fragen, die prima vista ethischer Natur sind, werden dementsprechend auf die dogmatische Höhe gehoben und sind damit erst von letzter Wichtigkeit. Bei der Verehrung der Bilder z. B. geht es nicht um Zweckmäßigkeit, um den Unterschied zwischen Anregung und Kult oder dergleichen, sondern ob man als Bilderfeind Monophysit ist oder nicht; die Lehre vom dreieinigen Gott erfährt keine Vertiefung in Richtung auf eine Befruchtung der Frömmigkeit, sondern durch Jahrhunderte bleibt das beherrschende Problem, ob der Heilige Geist auch vom Sohn ausgeht oder nur vom Vater, und die Frage nach den Lichtvisionen der Athos-Mönche, hinter der das Problem der spürbaren Heilssicherheit steht, reduziert sich rasch auf die Frage, ob man zwischen Gottes Wesen und Wirken nur eine Mentaldistinktion setzen kann oder ob es eine Realdistinktion sein muß; usw.

Der Christ im Alltag kam darüber zu kurz. Sein Lebensraum erweckte kaum das Interesse der Theologen. «Welt» bedeutet zunächst gar nicht Gottes Werk, sondern eher die Welt des Bösen, den Widerpart, das «Nicht-sein-Sollende». In der Welt bleibt man nicht, man entflieht ihr. Sich in ihr behaglich einrichten, würde eine Wertschätzung verraten, die theologisch nur als äußerst gefährlich bezeichnet werden kann. Natürlich ist die christliche Welt immer auf die Endzeit ausgerichtet. Der Weg durch sie ist der Weg zu diesem Ende. Orthodox gesehen aber kann der Weg durch die Welt nicht rasch genug abgebrochen werden. Um ein Bild zu gebrauchen: Die Orthodoxie ist am Höhenflug des Christen interessiert und sie vernachlässigt darüber die Startbahn.

So bleibt der Christ, der sich für diesen Höhenflug nicht eignet oder keine Lust dazu spürt, auf sich allein gestellt, von den Theologen so gut wie aufgegeben. Dann ist aber auch folgendes klar: Wenn in der Orthodoxie die «Welt» auf der Strecke bleibt, muß die Erotik erst recht auf der

Strecke bleiben. Theoretisch dürfte ihr Platz in der Orthodoxie noch bescheidener sein als in anderen christlichen Denominationen.

Natürlich ist diese Darstellung der Orthodoxie einseitig auf gewisse praktische Auswirkungen hin ausgerichtet. Das religiöse Potential dieses Glaubens und seiner Dogmen ist damit keineswegs ausgeschöpft – und dies kann hier auch nicht die Aufgabe sein. Es wäre jedenfalls fahrlässig zu leugnen, daß es immer wieder Theologen und Geistesmänner gab, die den Versuch machten, die mehr oder weniger festgefahrenen Formeln dieser Dogmatik zu verlebendigen und einem emotionalen Glaubensakt zugänglich zu machen. Doch der Eindruck läßt sich nicht ganz von der Hand weisen, daß auf weite Strecken die Belange der «Welt» und des Christen in der Welt eben doch zu kurz kamen.

IV.
Das orthodoxe Modell und seine Folgen

Wie schon angedeutet, setzt sich die «neue» orthodoxe Kirche auf dem Gebiet, das hier zur Debatte steht, zunächst einmal mit dem auseinander, was sie als Erbe von der vorkonstantinischen Kirche übernommen hat, d.h. mit einem Bündel von Vorstellungen und Einstellungen, in das noch kaum eine ordnende Hand eingegriffen hat. Eine eindeutige Linie war noch nicht zu erkennen. Jetzt erst, wo sich die kirchliche Organisation an der staatlichen orientierte und in den Reichssynoden ein Gremium bekam, dem mehr Autorität zugeschrieben wurde als den früheren lokalen Synoden in einzelnen Kirchen, war die Aussicht gegeben, daß sich eine zuverlässige Autorität auch in Sachen der Erotik durchsetzen würde. Aber eine einheitliche Haltung wurde trotzdem nicht erreicht. Wohl aber treten Persönlichkeiten auf den Plan, deren Lehren allmählich in der Orthodoxie den Ton angeben und deren Autorität man sich – theoretisch wenigstens – willig beugt.

Unter diesem Gesichtspunkt bemerkenswert ist im vierten Jahrhundert die imponierende Gestalt des Erzbischofs Eustathios von Sebaste in Armenien († nach 377).[15] Ein Kleinasiat von Geburt studierte er, wie so manche seiner Landsleute, im aufgeklärten Alexandreia, lernte aber dort auch das ägyptische Mönchtum kennen und begeisterte sich nachhaltig für dessen Ideale und rigorose asketische Praktiken. Heimgekehrt propagierte er diese nach bestem Können und gewann eine mönchische Gefolgschaft, für welche er strenge Regeln abfaßte. Wir kennen sie im einzelnen nicht mehr, da aber Basileios der Große, von dem bald zu sprechen sein wird, ein enthusiastischer Verehrer des Eustathios war, wenigstens zunächst, dürfen wir annehmen, daß sich im basilianischen Regelwerk viel vom Gedankengut des Eustathios findet. Eustathios selbst wurde Bischof und geriet, wie fast jeder Bischof der Zeit, in die bekannten arianischen Wirren, natürlich um sich darin nach Urteil der dogmatischen Gegenpartei, auch des Basileios, häretisch zu verheddern. Über all dem scheint er seinen Schülerkreis aus dem Auge verloren zu haben. Dieser aber vertrat nach wie vor seine asketischen Ideale und scheint sie auf die Spitze getrieben zu haben. Eine Synode im paphlagonischen Gangra, wohl in der zweiten Hälfte des Jahrhunderts, beschäftigte sich mit diesen «Eustathianern», ohne Eustathios selbst mit ihnen zu identifizieren. Die Synode hinterließ eine «Narratio» und 21 Kanones.[16] Nach diesen zu schließen, war der Hauptvorwurf gegen diese Eustathianer, daß sie die Ehe uneingeschränkt und vollständig verurteilten. Sie scheinen den Verheirateten, Männern wie Frauen, klar gemacht zu haben, daß sie in ihrem Stande nicht die geringste Hoffnung auf ein ewiges Heil hegen könnten. So kam es, daß laut der Synode Frauen ihre Männer verließen und Männer ihre Frauen, d.h. aus der Ehe ausbrachen, um freizügig und ohne neue Bindung zu leben. Mit keinem Wort deutet die Synode an, sie hätten sich etwa einer klösterlichen Gemeinschaft angeschlossen. Vor allem die Frauen, behauptet die Synode – und dies war ja wohl der Kernpunkt der eustathianischen Anstößigkeit –, hätten sich nach dem Ausbruch aus der Ehe nicht der Enthaltsamkeit befleißigt, sondern ehebrecherische Beziehungen unterhalten. Manche von ihnen schoren sich ihr Haar und zogen Männerkleider an, auf diese Weise «das Zeichen ihrer Unterwerfung» verachtend, um dafür das Zeichen einer gelungenen Emanzipation zu setzen, die mit der Knechtschaft der Ehe auch sichtbar ein Ende machen wollte. Die Eustathianer gingen in der Ablehnung der Ehe so weit, daß sie selbst die Teilnahme am Gottesdienst, den ein verheirateter Priester feierte, verweigerten. Die Gefahr sexueller Freizügigkeit, welche die Synode gegeben sieht, läßt vermuten, daß bei den Ausbrechern nicht ohne weiteres asketische Ideale allein eine Rolle spielten, daß man vielmehr teilweise auch daran interessiert war, die bindenden Grundmuster der etablierten Gesellschaft in Frage zu stellen. Bezeichnend dafür, daß auch die Familie als solche in Gefahr geriet: Mütter kümmerten sich nicht mehr um ihre Kinder oder ihre Eltern, ja man wiegelte die Sklaven gegen ihre Herren auf. Und soweit das Ideal der Virginität trotzdem hochgehalten wurde, scheint dieser Kult hier und dort im Dienste einer nachdrücklichen Verachtung der Ehe gestanden und weniger die Jungfräulichkeit selbst als das erste Ziel angesehen zu haben.

Es ist kaum anzunehmen, daß die Konzilsväter von Gangra wesentlich übertrieben haben. Ihre Verurteilung erfolgte, so scheint es, fast à contre-cœur, denn am Ende betonen sie geflissentlich, daß sie um keinen Preis an dem Ideal der Jungfräulichkeit selbst etwas aussetzen möchten. Ihr Hauptbestreben scheint es gewesen zu sein, einer freizügigen Erotik, vor allem bei den Frauen, einen Riegel vorzuschieben; und dazu war die Ehe gut genug, denn mit ihr ließen sich die Grenzen der Freiheit eindeutig markieren.

Vielleicht nicht ohne Zusammenhang, wenn auch schon vor den Eustathianern feststellbar, ist eine Bewegung, mit der sich die Kirche schon seit dem 3. Jahrhundert zu befassen hatte, die sie aber auch noch im 4. beschäftigte: das sogenannte «Syneisaktentum». Witwen und Jungfrauen, die das Gelübde der Enthaltsamkeit abgelegt hatten, suchten Unterschlupf bei Klerikern und Mönchen – daher die lateinische Bezeichnung »virgines subintroductae».[17] Sie spielten wohl so etwas wie Haushälterinnen, aber die Sorge um die Betreuten ging offenbar nicht selten noch weiter. «Geistliche Ehe» wurde als Rechtfertigung angeführt, aber die kirchlichen Synoden waren von dieser Art von Rechtfertigung nicht angetan.

Schließlich noch eine dritte Bewegung, die wohl etwas später als die der Eustathianer einsetzt: Der Messalianismus, die Bewegung der «Beter», griechisch Euchiten genannt.[18] Da Teile ihres «Asketikons» erhalten geblieben sind, dürfen wir eine relativ objektive Berichterstattung unterstellen. Ihr Ausgangspunkt hat mit Erotik oder Sexualität nichts zu tun. Es ist das Bibelwort: «Betet ohne Unterlaß!», das ganz wörtlich interpretiert wird und von dem man sich Wunder erwartet. Durch das ständige Gebet allein gelingt es dem Menschen, sich des bösen Dämons zu entledigen, der vom Beginn des embryonalen Zustandes in jedem Menschen ganz «leibhaftig» Wohnung genommen hat, und gegen den die Taufe wenig oder nichts nützt, ebenso wenig wie dann die Eucharistie. Erst wer lange Zeit «ununterbrochen» gebetet hat, zwingt den Dämon damit, schließlich das Feld zu räumen. In eben diesem Augenblick nimmt der Heilige Geist – ebenso fühlbar und «körperlich» – vom Menschen Besitz. Damit aber ist dem Menschen jene berühmte «Apatheia» geschenkt, jene absolute Gefeitheit gegen alles Böse, gegen die kein Versucher mehr ankommt, die aber auch keiner weiteren Abstützung mehr bedarf, weder durch die Sakramente noch durch andere Hilfeleistungen einer amtlichen Kirche. Der Mensch ist jetzt absolut frei; er kann auf alles verzichten, was des Menschen Plage ist, auf Arbeit und Fasten und jede Art von Askese. Damit aber werden auch Erotik und Geschlechtlichkeit, Ehe und Jungfräulichkeit zu völlig indifferenten und neutralen Bezügen, und kein Exzeß ist sittlich verwerflich. Dies mag die Folgerung sein, die gezogen werden *konnte,* auch wenn wir kein Recht haben, sie als die Attitude der Messalianer schlechthin anzusehen. Das unstillbare Verlangen, das keine Religion befriedigen kann, nach spürbarer Heilsgewißheit – «wie die Mutter ihr Kind im Schoße spürt» ist eine immer wiederkehrende Wendung bei den Messalianern – und auf der anderen Seite die «Freiheit», deren sie sich rühmten, garantierten den Messalianern ihren Erfolg. In dieser oder jener Form läßt sich die Bewegung in Byzanz immer wieder feststellen. Und auch von den übrigen genannten «Ketzereien» gilt, daß sie so gut wie unsterblich sind. Die Synoden glauben mit ihnen fertig geworden zu sein; aber sie haben ein überraschendes Talent, «unterzutauchen», und unvermutet brechen sie dann immer wieder auf. Eustathianer, Virgines subintroductae und Messalianer und was dergleichen mehr ist: Sie alle dürften zum Dauerbestand eines byzantinischen Nonkonformismus gegenüber der Orthodoxie gehören. Sie alle gehören zusammen, weil die Prämissen, werden sie kühn durchdacht, jeweils in einen Freiraum führen können, den die Kirche unmöglich gelten lassen kann; denn für sie gibt es nur zwei Pole: Jungfräulichkeit oder monogame Ehe.

Daß diese Alternative den Menschen etwa der byzantinische Frühzeit nicht immer einleuchten wollte, scheint verständlich, auch wenn sie getaufte orthodoxe Christen waren. Man bedenke, daß die monogame Ehe, wie die Kirche sie auffaßte, im allerchristlichsten Staat Byzanz lange Zeit keinen genügenden Schutz fand, und daß der Konkubinat als außereheliche – jedenfalls außerhalb des matrimonium iustum stehende – Möglichkeit geschlechtlicher Verbindung, wenn auch mit noch so vielen Einschränkungen bis zum Ende des 9. Jahrhunderts rechtens war.[19]

Messalianer, Syneisakten, Eustathianer – sie alle verfielen dem Verdikt der Orthodoxie. Aber was war orthodox und wo lag die Via media zwischen den Extremen? Vor allem: Wo waren die Autoritäten, die verläßliche Auskunft nicht nur über letzte Prinzipien sondern auch über Modalitäten und Begleitumstände des sittlichen Lebens zu geben verstanden? Soweit von einer kirchlichen Systematik mit theologischem Hintergrund überhaupt geredet werden kann, ist man wahrscheinlich berechtigt, für das frühe Byzanz mit Vorzug auf zwei Kirchenväter als Kronzeugen zu verweisen: Basileios von Kaisareia und Joannes Chrysostomos.

Basileios († 379), Erzbischof des kappadokischen Kaisareia, den die Nachwelt den Großen nennen wird, ist für das Thema deshalb von besonderer Wichtigkeit, weil er schon zu Lebzeiten als Bischof eine hohe Autorität darstellte, weit über seine Kirchenprovinz hinaus, und weil er immer wieder in strittigen Fragen der Moral und des kanonischen Rechts um seine Entscheidung gebeten wurde. Die Rechtsbücher der orthodoxen Kirche enthalten mindestens 90 solcher Entscheidungen, die in die Form von zum Teil sehr umfänglichen Kanones gebracht und zum verbindlichen Recht wurden, das für die ganze Orthodoxie Geltung bekam. Zum zweiten ist Basileios einer der großen Sittenprediger seiner Zeit und zum dritten ist er fast so etwas wie der Vater des byzantinischen Mönchtums, insofern es sich von der «Ungebundenheit» des frühen ägyptischen Mönchtums allmählich zu unterscheiden begann. Sein Schrifttum zu Fragen der mönchischen Lebensweise ist umfangreich und gehört zu den in Byzanz am häufigsten zitierten Quellen der Monastik. Die byzantinischen Mönche berufen sich immer wieder auf ihn, vor allem wenn sie die Modellhaftigkeit ihres Standes unterstreichen wollten – was sie sehr gerne taten –, auch wenn sie in manchen Punkten mit seiner Lehre, etwa was das Gemeinschaftsleben angeht, nur schwer zurecht kamen. Die Spiritualität jedenfalls, die Basileios für sie entwickelt hatte, blieb theoretisch die Norm für immer, und das Ansehen, das dieses Mönchtum genoß, ist das Ansehen des Basileios. Die byzantinischen Mönche, überall zu finden, wie sie waren, wurden bald zu den Seelenführern der byzantinischen Laien und übten auf sie einen Einfluß auf, dessen sich der Weltklerus nicht rühmen konnte. So kann es nicht überraschen, daß die Mönche die Zielvorstellungen des Basileios gern auch den Weltmenschen zugemutet hätten.

Wie schon gesagt: Basileios verdankte, was die Gedanken über mönchisches Leben anlangt, viel dem Eustathios von Sebaste. Das heißt, wie dieser ist er, gleichgültig ob er für Mönche oder für Christen in der Welt spricht, ein Rigorist wie jener, ein Rigorist von reinstem Wasser ohne wenn und aber. Wohlmeinende Biographen und Hagiographen haben immer wieder den Versuch gemacht, dies zu verwischen, aber an den modernen Forschungsergebnissen führt kein Weg vorüber.[20] Noch dazu kann man bei ihm in diesem Zusammenhang kaum von rhetorischen Amplifikationen und Übertreibungen sprechen, denn gerade in Fragen der Moral ist seine Redeweise von beklemmender Nüchternheit.

Der entscheidende Ansatzpunkt seines Rigorismus liegt in seiner Doktrin vom Charakter der Sünde. Für ihn gibt es keine sogenannte «läßliche Sünde», die keine allzu schweren Folgen nach sich ziehen würde, sondern nur «Todsünden», die ohne weiteres die ewige Verdammnis nach sich ziehen. «Ich habe die Heilige Schrift in die Hand genommen und habe entdeckt, daß der Ungehorsam gegen Gott nicht in der Vielzahl oder in der relativen Schwere der Sünde besteht, sondern in jeder einzelnen Übertretung eines göttlichen Gebotes. Und es ist ein und dieselbe Verdammnis, die jede Art von Ungehorsam Gott gegenüber trifft.»[21] Basileios nimmt dabei nicht einmal Verfehlungen aus, die aus Unachtsamkeit oder gar Unkenntnis begangen werden. Und nach seiner Lehre übertritt, wer immer sich gegen *ein* Gebot Gottes verfehlt, ipso facto zugleich alle übrigen. «Gottes Gebote sind derart ineinander verwoben, daß nach dem wahren Sinn der Heiligen Schrift derjenige, der davon ein einziges übertritt, zugleich alle übertritt».[22] So zieht der kleinste Lapsus, so alltäglich und harmlos er zu sein scheint, ohne weiteres die Strafe der Hölle nach sich, wenn der Sünder nicht rechtzeitig nachdrücklich Buße getan hat; aber zu dieser Buße kann es kaum kommen: Der Mensch in der Welt ist allzu sehr abgelenkt, um seiner Sünden und Verfehlungen überhaupt gewahr zu werden. Die logische Folgerung, die Basileios daraus zieht, ist: Das Heil des Christen ist nur im Kloster wirklich abgesichert. Nur das Mönchsleben ist das exemplarische Christenleben, dem die Verheißungen gelten. Wesentlich für das Mönchsleben aber ist die radikale und totale Trennung von allem, was Welt und weltliches Leben bedeutet, erst recht natürlich von allem, was mit den Beziehungen der Geschlechter zueinander zu tun haben könnte, so unschuldig diese Beziehungen auch sein mögen. Dabei gerät natürlich auch die christliche Ehe in ein bedenkliches Zwielicht. «Wir können Gott nicht gefallen und dem Evangelium nicht entsprechen, wenn wir uns nicht der weltlichen Sorgen entledigen. Deshalb stellt der Apostel (Paulus), obwohl er die Ehe gelten läßt und sie für würdig hält, kirchlich eingesegnet zu werden, das Ungemach, das mit der Ehe verbunden ist, in Gegensatz zum Dienste an Gott, gerade als wären Gottesdienst und Ehe nicht miteinander in Einklang zu bringen».[23] Was hier deutlich genug insinuiert wird, tritt an einer anderen Stelle unverhüllt zutage, wo er schreibt, daß die «Perle», von der im Evangelium die Rede ist und die das Reich Gottes bedeutet, schlechterdings nicht erworben werden könne, wenn man nicht bedingungslos auf Reichtum, Ehe und Familie verzichte.

Für die Praxis zunächst der Mönche zieht Basileios daraus die rigorosesten Folgerungen. Mit den Eltern, wenn sie nach den strengen Normen der christlichen Moral leben, mag der Sohn, der Mönch geworden ist, noch hier oder da zusammentreffen; doch als Stoff für die Unterhaltung sind nur erbauliche Themen erlaubt, von Familie darf nicht gesprochen werden. Entsprechen die Eltern den gängigen moralischen Standards nicht, so darf der Mönch keine Beziehungen mehr zu ihnen unterhalten und auf keinen Fall auf sie hören. Am besten tut jeder Mönch überhaupt, sich seiner Verwandtschaft zu schämen und seine leiblichen Eltern gar nicht als seine wahren Eltern zu betrachten. Er soll auch für seine Eltern nicht häufiger oder nachdrücklicher beten als für andere Menschen. Von Umgang mit Frauen aus der Welt kann erst gar nicht die Rede sein. Die Frau ist unter allen Umständen die größte Gefahr für den Mann überhaupt. «Schlimm ist es, wenn ein Mann zu einer Frau geht; schlimmer noch, wenn eine Frau zum Manne kommt».[24] Nach Basileios hat ein Mönch, der seine Zelle verläßt, praktisch schon seine Keuschheit aufs Spiel gesetzt: Er hat seinen Blick auf die Welt gerichtet, und was ihm in die Augen fällt, ist nicht etwa nur eine Frau, sondern eine Hure, die ihn verführen möchte. Selbst wenn er sich ihrer erwehrt und wieder in die Zelle zurückkehrt, ist er nicht mehr der gleiche: Er wird lässig, schlaff und krank.[25]

Ausführlich wird der Verkehr zwischen Mönchen und Nonnen geregelt: Ort und Stunde müssen passend gewählt werden, damit kein Ärgernis entstehen kann. Sowohl auf seiten des Mönches wie der Nonne müssen mehrere Zeugen anwesend sein. Natürlich befaßt sich Basileios auch mit den Gefahren der Homosexualität im Kloster. Zwischen jungen Mönchen dürfen keine Privatfreundschaften gepflegt werden. Wollen sich zwei von ihnen unterhalten, bedarf es einer Sondererlaubnis. Bei Tisch dürfen sie nicht nebeneinander sitzen und ihre Betten im Dormitorium dürfen nicht nebeneinander stehen usw.

All dies steht bei Basileios im Zeichen einer ausgesprochenen Leibfeindlichkeit. «Was sollen wir tun? Wir dürfen uns nur um unsere Seelen Sorgen machen und nicht das geringste Interesse für den «Rest» aufbringen. Keine Dienstbarkeit dem Leib gegenüber, es sei denn bei dringendster Notwendigkeit! Die Askese muß die Seele aus dem Kerker des Leibes befreien. Wer sich ohne Not mit Haar und Kleidung befaßt, ist ein Unglücklicher, besser gesagt, ein Sünder. Frisur und äußere Pflege – darauf etwas zu geben ist ebenso schamlos wie Prostitution oder Ehebruch».[26]

Das kappadokische Kaisareia, wo Basileios wirkte, war gewiß keine unbedeutende Stadt, aber es lag doch weit ab von den großen Zentren des bewegten mediterranen Lebens; und was Mondänität angeht, so konnte es sich natürlich nicht mit Antiocheia oder Konstantinopel messen, dem Wirkungskreis des Predigers und Bischofs Joannes Chrysostomos († 407).[27] Diese Großstädte verlangten von einem christlichen Missionar, als den sich Chrysostomos immer sah, mehr Einfühlungsvermögen und Takt, als Basileios besessen zu haben scheint. Abgesehen davon: Die entscheidenden Passagen, in denen Basileios zu Fragen des täglichen Lebens, der Ehe und der Geschlechtlichkeit Stellung bezieht, richten sich in der Hauptsache an Mönche; und dieses Auditorium bedurfte in den Augen des Basileios keiner besonderen Rücksichtnahme und keiner Umschreibungen. Chrysostomos aber beherrscht gerade diese Art von Diskretion in ausnehmendem Maße. Er bringt in die Kirche ein Prediger- und Seelsorgertalent ein, das in der Orthodoxie wohl nie wieder erreicht wurde. Er kennt als Großstädter alle Begleiterscheinungen des städtischen Alltags, den Druck der Bedürfnisse und die conditio humana schlechthin. So stellt er nicht etwa in eherner Reihenfolge Maxime neben Maxime, Gebot neben Gebot wie Basileios, sondern er leitet ein, leitet über und nähert sich bedachtsam dem Kern dessen, was er sagen will, bis er glaubt, die Herzen der Zuhörer vorbereitet zu haben für eine letzte, strenge Forderung. Kraft seiner Stellung und infolge der weiten Verbreitung seiner Schriften konnte er auch in Fragen der Erotik und des Sexuallebens auf breite Wirkung rechnen. Doch was die Lehre selbst betrifft, so unterscheidet er sich nicht wesentlich von den Rigorismen des Basileios.[28]

So überrascht es zunächst keineswegs, daß für Chrysostomos die gepriesene Jungfräulichkeit das Ideal christlicher Lebensführung schlechthin darstellt. Sie bedeutet die größtmögliche Annäherung an das Leben der Engel, ja stellt dieses noch in den Schatten, da den Engeln der tägliche Kampf um die tägliche Bewährung des Ideals erspart bleibt. Chrysostomos weiß sehr wohl, daß in seiner Zeit, wie auch schon früher, nicht wenige gottgeweihte Jungfrauen ihren Gelübden untreu geworden sind. Er warnt davor, ohne Prüfung oder gar nur aus Verachtung der Ehe sich für das Gelübde zu entscheiden. Doch dies sind Präliminarien, die dann weiter nicht mehr schwer ins Gewicht fallen.

Zunächst geizt er keineswegs mit dem Lob der Ehe. Er, der Jünger des Apostels Paulus, den er fortwährend im Munde führt, kann gar nicht anders: Er muß die Ehe gelten lassen, und zwar als gottgewollte und damit christliche Institution. Wenn Vertreter des Ideals der Jungfräulichkeit die Ehe als etwas Unreines herabsetzen, so müssen sie sich von ihm sagen lassen, daß sie damit ihre eigene Jungfräulichkeit negieren, denn auch sie entstammt einer Ehe, und wie könne etwas Reines wie die Jungfräulichkeit aus etwas Unreinem entstehen?[29] Doch die Einschränkungen, die er dann immer wieder anbringt, sind derart, daß vom Lob nicht mehr viel übrig bleibt. Das ergibt sich schon aus seiner gewagten Grundsatzargumentation: Die Ehe muß deshalb als ein Gut betrachtet werden, weil es sonst unmöglich wäre, die Jungfräulichkeit als das höhere Gut darzustellen. Kann etwas Gutes nur mit etwas Schlechtem verglichen werden, dann stellt es kein besonders bemerkenswertes Gut mehr dar. Bemerkenswert und ausnehmend gut kann nur etwas sein, was über ein anderes als solches anerkanntes Gut hinausgeht. Gut oder weniger gut: Die Ehe ist jedenfalls Folge des Sündenfalles im Paradies, der die Konkupiszenz auslöste, jenes verderbte Wollen, das es vor dem Südenfall nicht gab.[30] Kein Wort darüber, wie es denn dann zum Sündenfall kommen konnte!

Vor dem Sündenfall war also an Ehe nicht zu denken. Und auch als Gott dem Adam eine Frau, Eva, «zur Gehilfin» gab, war damit nicht Ehe beabsichtigt. Das erste Ehepaar lebte auch ohne Geschlechtsverkehr glücklich und zufrieden. Mit der Sünde aber kam der Tod. «Und wo Tod ist, da ist Ehe».[31] Nur die Jungfräulichkeit transzendiert sogar den Tod. So ist die Ehe im Grunde doch nur eine Institution für die Schwachen. Und wenn der Apostel Paulus zugunsten der Ehe zu sprechen scheine, so sei dies eine sublime Rhetorik, denn in Wirklichkeit diene alles, was er darüber zu sagen wisse, nur der Hinführung zur Jungfräulichkeit.[32] Und wenn schon Ehe, dann müsse sie sich an der Jungfräulichkeit orientieren. So haben denn auch «Erholung und Lust» in der Ehe keinen Platz, und es wäre Schamlosigkeit, solchen Wünschen nachzugeben.[33] Offenbar ist allein der Coitus als solcher gestattet. Über Eros und echte Leidenschaft weiß Chrysostomos überhaupt nichts zu sagen, und vielleicht kann man dies für seine Epoche gar nicht erwarten. Ebensowenig ist von Agape in der Ehe ausführlicher die Rede. So wird die Ehe im Grunde zum bloßen Instrument der geschlechtlichen Befriedigung, des Gatten vorab. Bei Chrysostomos spielen nicht einmal mehr die Kinder eine bedeutsame Rolle. Denn die Welt ist nach ihm jetzt stark genug bevölkert, so daß der Wachstumsbedarf der Bevölkerung, mit dem offensichtlich Gegner des Jungfräulichkeitsideals operiert haben, die Ehe nicht mehr rechtfertigen kann. Und selbst wenn es einen Bedarf an Bevölkerungswachstum gäbe, so müsse man es Gott zutrauen, dieses Problem auch ohne sexuelle Verbindungen zu regeln! Außerdem dürfe man bei jenen, die über Kinderschwund klagen, unterstellen, daß es ihnen nur um eine Rechtfertigung ihrer sexuellen Unersättlichkeit gehe. Es sei die widernatürliche Unzucht, die man für den Kinderschwund verantwortlich machen müsse, nicht die Jungfräulichkeit.[34] Jedenfalls geht der eheliche Verkehr immer knapp an der Sünde vorbei und bleibt von der Sünde affiziert, auch wenn dies nicht immer eindeutig zum Ausdruck kommt.

Die Instrumentalität der Institution Ehe für die Befriedigung des männlichen Geschlechtstriebes – vom Bedürfnis der Frau ist kaum die Rede –, die selbst dem Kind kaum noch eine Rolle beimißt, bedeutet ohne Zweifel einen Tiefpunkt der Herabwürdigung der Ehe als solcher. «Das vergängliche Sklavengewand der Ehe» ist auf jeden Fall ein schweres Hindernis auf dem Weg zur Tugend. Um die Ehe aber noch weiter unschmackhaft zu machen, offenbar überzeugt, daß das Ideal der Virginität allein schwer obsiegen würde, häuft Chrysostomos nach Art der kynischen Diatribe alles auf, was sich an Mühsal und Plage, an Enttäuschung und Leid während einer Ehe auf beiden Seiten ansammeln kann.[35] Das heißt, er verläßt seinen theologischen Höhenflug und verliert sich an der Klagemauer. Da ist die Frau: ihre Bosheit, ihre lockere Zunge, ihr Geschwätz – Eigenschaften, die nach Chrysostomos allen Frauen gemeinsam sein sollen. Also doch wohl auch den Jungfrauen? Dann ihre Putzsucht und ihre Eitelkeit und Geltungssucht. Dies alles kommt immer wieder zusammen, und die Folge ist, daß die Frau den Mann zu allen möglichen Sünden verführt, die er ohne die Frau nicht begangen hätte. Selbst eine gute Gattin belästige ihren Mann ständig mit ihren Sorgen um Haushalt und Kinder und «lasse ihm keine Zeit, sein Auge auch nur für kurze Zeit zum Himmel zu erheben». Auf der anderen Seite gibt Chrysostomos zu, daß die Frau immer wieder unter der Brutalität oder der Verachtung oder der Eifersucht des Mannes zu leiden habe. Chrysostomos betont zwar den Grundsatz des Apostels Paulus, daß sich die Ehepartner jederzeit ohne Einschränkung geschlechtlich zur Verfügung stehen müßten, aber den Satz, daß die Frau nicht über ihren Leib verfüge, sondern Sklavin des Mannes sei,[36] bringt er vice versa nicht vor. So liegt die Betonung deutlich auf der Verfügbarkeit der Frau. Für sie gibt es kein Entrinnen; für den Mann offensichtlich doch!

Zwar hat Gott Eva, laut dem Buch Genesis, dem Manne zur Hilfe geschaffen, aber ein paritätisches Verhältnis vermag Chrysostomos daraus nicht abzuleiten. Dadurch, daß Eva auf die Schlange hörte und sich verführen ließ, hat sie sich der würdevollen Aufgabe, Helferin des Mannes zu sein, unwürdig gemacht. Gewiß: Sie kann Kinder gebären und großziehen und den Haushalt versorgen, doch dies ist keine wirkliche Hilfe, sondern eine Äußerlichkeit. Es käme darauf an, daß sie sein Beistand auf dem Weg zur Tugend und Heiligkeit wäre. Aber dazu müßte sie selbst zur Heiligen werden und über ihre Weiblichkeit hinauswachsen, denn gerade mit dieser sei sie dem Manne keine Hilfe.[37]

Es gibt natürlich im riesigen Predigtwerk des Chrysostomos genug Stellen, wo über die Frau und auch die Ehe positiver geurteilt wird. Wie schon angedeutet: Chrysostomos weiß sich anzupassen. Der Traktat über die Jungfräulichkeit aber ist keine Predigt, und der Verfasser hatte keine Veranlassung, Rücksichten zu nehmen.

Die Frau bleibt die Betroffene, und sie ist selbst daran schuld, denn ohne Evas Fall wäre die eheliche Misere gar nicht in die Welt gekommen. Sie ist es, die die Menschheit dem Tod überantwortet hat, so wie zahlreiche Frauen in der Geschichte am Verderben ihrer Männer die Schuld tragen. Natürlich ist Adam mitschuldig geworden; doch was zählt dies schon, verglichen mit der Schuld Evas? Chrysostomos findet sich mit dieser Art zu argumentieren in der Gesellschaft nicht weniger Kirchenväter, denen es offenbar wenig ausmacht, Adam als Tölpel abzustempeln. So zieht denn Chrysostomos die Summe seines Wissens von der Frau aus dem Alten Testament, das im übrigen für seinen Preis der Jungfräulichkeit keinen Beitrag liefert: «Alle Schlechtigkeit ist unbedeutend, gemessen an der Schlechtigkeit des Weibes» (Eccles. 25, 26).[38]

Zur Ehre des Kirchenvaters ist zu sagen, daß trotz aller Mängel des weiblichen Wesens, die er lustvoll zusammenstellt, manchmal der Gedanke an die Würde der Frau doch durchbricht. Es ist, wie er es sieht, gerade die Ehe, die diese Würde verletzt und die Frau versklavt. Und da es nur eine Alternative gibt, ist es eben die Jungfräulichkeit, die allein imstande ist, diese Würde zu retten. Nur als Jungfrau ist die Frau wirklich frei, auch theologisch. Die Jungfrau untersteht keinem Manne mehr, ihr einziger Herr ist Christus. Dieser aber ist auch der Herr des Mannes; so fällt hier der Unterschied der Geschlechter in sich zusammen.

Mit Basileios und Chrysostomos kommen zwei der repräsentativsten Vertreter der Orthodoxie in Sachen Erotik zu Worte. Sie werden über Jahrhunderte zitiert, ausgeschrieben und ausgepredigt. Gelegentlich werden ihre Gedanken überspitzt, aber im großen und ganzen haben sie gesagt, was die Orthodoxie zum Thema zu sagen hatte. Wem sie zu weit gingen, d. h. wer eine weniger rigoristische Linie vertrat, hat diese Väter nicht etwa korrigiert, sondern über ihre Lehre geschwiegen. Die Grundalternative bleibt und kennt kein Drittes: Entweder ein gottgeweihtes jungfräuliches Leben oder die Monogamie. Die monogame Ehe aber bleibt eine triste Angelegenheit. Und, wie gesagt, die Erstbetroffene bleibt die Frau.

Es sind die Männer, welche die ethischen Werte des Christentums definieren und jeweils zu wissen vorgeben, wer unter welchen Umständen hic et nunc für ihre Verwirklichung die besten Voraussetzungen mitbringt. Auch im Heidentum waren es die Männer, die diese Aufgabe vollbrachten, und auch dort ging nicht selten das meiste zu Lasten der Frauen. Die Kirchenväter, denen es kaum gelang und die wohl auch nicht die Absicht hatten, die familiäre Struktur der Einehe der Spätantike zu verändern, taten nicht viel und meist nur Theoretisches, um die Mißachtung, deren sich die Frau, vor allem die Ehefrau erfreute, zu mildern. In der Bibel hieß es zwar: «in Christus gibt es weder Juden noch Heiden, weder Freie noch Sklaven, weder Mann noch Weib; alle sind sie eins in Christo». Aber den Theologen fiel es nicht schwer, diesen Text in schwindelnder Höhe zu belassen und ihn mit einer Exegese auszustatten, die in praxi nicht dazu zwang, Folgerungen daraus zu ziehen. Zwar hat die Orthodoxie die alten Sexual-Sakralität abgelehnt, aber die archaische Bewertung der Frau in ihrer mehr negativen Komponente unbesehen übernommen. Es scheint ganz einfach so zu sein, daß sie die Frau gefürchtet haben: Es war die Angst vor einem nicht erklärbaren und jedenfalls nicht kontrollierbaren Anderssein, vor einer mächtigen Ursprünglichkeit, ja vor der Überlegenheit über den Mann schlechthin. Das Weib bleibt beängstigend. Seher des Christentums haben aus ihm das Symbol der Endzeit gemacht, jenes apokalyptische Weib, das vom Drachen bedroht einen Sohn gebiert, der die Völker mit eisernem Szepter regieren wird; ein Weib, das eine «Polis» ist, eine Zusammenballung von Macht, der alle Reiche der Erde untertan sind. Doch Visionäre stehen außerhalb des Alltags, und ihre großen Symbole werden am besten unter Verschluß gehalten, um den Wunsch, daraus Vorteil zu ziehen, schon im Keim zu unterdrücken. Solche Träume von der Urgewalt des Weibes erfordern geradezu polizeiliche Vorsorge. Das Weib muß unschädlich gemacht werden, entweder tabuisiert und aus dem Verkehr gezogen wie die Jungfrau, die bald hinter Klostermauern verschwinden wird, oder hinter den Zaun der Ehe gesteckt, der ihr nur geringe Bewegungsfreiheit läßt. Ein Drittes darf es nicht geben, denn dies wäre Hurerei.

Um die Urschuld der Frau zu unterstreichen, scheuten sich manche theologische Schriftsteller nicht, den biblischen Bericht über den Sündenfall zu verdrehen. Der Verfasser z.B. einer pseudo-chrysostomischen Predigt verlegt die Initiative zum Südenfall nicht mehr auf die Seite der Schlange, wie es die Bibel tut, sondern schiebt sie einzig und allein Eva zu. Schon vor dem Sündenfall habe sie Adam immer wieder allein gelassen und sich im Paradies herumgetrieben auf der Suche nach Gelegenheit zur Unzucht. Wäre sie an Adams Seite geblieben, wäre sie der Schlange erst gar nicht begegnet; denn «vom Manne getrennt wird die Frau schamlos, selbst wenn sie sich in der Gesellschaft von Engeln befände».[39] Und in einer Sammlung theologischer Quodlibeta etwa aus dem 6. Jahrhundert ergeht sich der Verfasser über die Bibelstelle «die Frau hat in der Kirche zu schweigen». Dieses Verbot erkläre sich aus der Tatsache, daß es Eva unternommen habe, Adam zu belehren und aufzuklären («... wir werden sein wie die Götter») und damit den Sündenfall herbeigeführt habe. Mit dieser fehlgeschlagenen Rede habe die Frau für immer das Recht verwirkt, den Mund aufzutun. Es macht dem Verfasser offenbar nicht das geringste aus, daß das zitierte Wort von der Bibel der Schlange und nicht Eva in den Mund gelegt wird. Jedenfalls ist der Autor jetzt im richtigen Fahrwasser und reiht zu Dutzenden die Beschimpfungen der Frau aneinander, als könne er kein Ende finden, von der Quelle aller Schlechtigkeit bis zur Herberge aller Hurer, vom Verderben der jungen Männer bis zum Dolch im Herzen des eigenen Mannes.[40]

Der Osten unterscheidet sich hierin nicht wesentlich vom Westen. Schon Tertullian war der Meinung, die verheiratete Frau opfere das kostbare Gut der Jungfräulichkeit ganz einfach ihrer Begierde.[41] Augustinus weiß nicht recht, ob nicht der eheliche Verkehr als solcher schon Sünde ist. Und beim ehelichen Verkehr hat selbst der Mann auf das Vergnügen zu verzichten, vor allem darf er nicht «das Fleisch einer einzigen um ihrer selbst willen lieben».[42] Frank und frei wie sich Hieronymus immer auszudrücken beliebt, meint er, eine verheiratete Frau könne ihr ewiges Heil nur erwirken, wenn sie aufhöre, Gattin zu sein.[43] Gewiß übernahmen die Kirchenväter nicht die Lehren jener Häretiker, die in jeder Frau ein Geschöpf Satans erblickten, aber ihre eigene, die männliche Tugend sahen sie durch die Frau auf jeden Fall in Frage gestellt. War eine Frau nicht Nonne, so hatten die Theologen für sie nur dann mitleidige Achtung übrig, wenn sie als Mädchen in Züchten zu Hause abgeschlossen und behütet sich allen häuslichen und religiösen Tugenden widmete, oder wenn sie als verheiratete Frau oder tugendsame Witwe – die froh zu sein hatte, der Ehe entronnen zu sein – ihr Schicksal geduldig auf sich nahm. Wollte die Verheiratete bewährten hagiographischen Vorbildern folgen, tat sie gut daran, schon während der Schwangerschaft das erwartete Kind Gott zu weihen, d.h. für die Jungfräulichkeit und das Klosterleben zu reservieren. Darin lag sogar eine gewisse Rechtfertigung für ihren sexuellen «Fehltritt», denn, wie es Hieronymus einmal ausdrückt, im jungfräulichen Kind findet die Frau einen gewissen Ausgleich für den eigenen Verlust der Jungfräulichkeit bei der Empfängnis des Kindes.

Es sei wiederholt: Nicht alle Theologen äußern sich ähnlich rigoristisch, aber die Rigoristen haben doch das wirkliche Sagen. Man distanziert sich nicht von ihnen, man geht nur manchmal nicht so weit wie sie.

Von echter Liebe zwischen gleichwertigen Partnern ist so gut wie nie die Rede. Das Gebot der Monogamie vermittelt nur die Illusion eines wirklichen Paares, denn das bloße Nebeneinander und die sexuelle Vereinigung zum Zwecke der «Kanalisierung» der Begierde machen kein Paar. Das Paar ist eine höfische und keine christliche Erfindung, obwohl doch eigentlich das Christentum diese Erfindung gemacht haben müßte.[44] So groß die Sittenlosigkeit der spätantiken Frau auch gewesen sein mag, über welche sich manche Kirchenväter so gekonnt erregen: Gewiß entsprach sie mit ziemlicher Genauigkeit der Sittenlosigkeit der Männerwelt. Aber man maß, wie immer, mit zweierlei Maßen, und die Theologen taten nichts, um das Maß zu vereinheitlichen. Je glimpflicher man, d.h. die Männer, mit den Männern verfuhr, um so vehementer ließ sich gegen die Frauen wettern. So wurde die Frau gar nicht so selten zum Freiwild der Orthodoxie. Den Frauen wollten die Theologen gewiß kein Selbstvertrauen einimpfen, und die Männer profitierten davon.[45] Weil die Theologen sich vom archaischen Bild der Frau nicht zu lösen verstanden, ihrer Besonderheit alles absprachen, was man früher unter Sakralität verstand, haben sie der Zügellosigkeit ein Alibi verschafft, auch wenn sie es nicht wollten. Sie schufen sich ihre Probleme mit der Erotik zum Teil selbst, und dies nicht zuletzt aus eigener Kurzsichtigkeit, die nicht bereit war, der «Welt» zu belassen, was der Welt gehörte.

So bleibt die Ehe gesichtslos, wenn auch in der Regel unumgänglich. Das Beste ist, man legt der Frau so viele Beschränkungen auf wie nur möglich. Was immer sie sich an Weiblichkeit leisten möchte, bleibt verpönt. Das Christentum schafft der Frau einen Platz als Mutter, aber es denkt nicht an ihre Weiblichkeit. So darf sie sich nicht schminken oder herausputzen; verpönt ist das harmlose Geschwätz im Frauenbad und auf dem Vorplatz der Kirche, gar mit irgend einem männlichen Wesen, verpönt bleiben ein wenig Tanz hier, ein wenig Musik dort. Und die Gesetzgebung hilft nach. Ein Mann, der seine Frau verprügelt, handelt zwar nach Chrysostomos wie ein wildes Tier,[46] Doch nach Basileios hat die Frau nicht das Recht, deshalb auf Trennung zu klagen.[47] Auch die Novelle 117 Justinians gibt der mißhandelten Frau kein Recht auf Scheidung; der Mann kann sich dagegen schon scheiden lassen, wenn seine Frau ohne sein

Wissen mit einem Fremden ißt oder das Bad oder das Theater besucht. Umgekehrt gelten diese Grenzen natürlich für den Mann nicht. Will sich eine Frau scheiden lassen, so muß der Mann schon in aller Öffentlichkeit und im Dauerzustand die Ehe brechen.[48] Manche kanonische Bestimmungen gehen so weit, die Frau auf Tage aus der Kirche auszuschließen, wenn sie in der Öffentlichkeit schwätzt oder lacht oder mit einem fremden Mann ins Gespräch kommt.[49] Länger dauert die Kirchenstrafe, wenn sie einem Mann einen Kuß gibt oder ihn auch nur berührt, auch wenn weiter nichts vorfällt.[50] Die Frau ist ja imstande, jeden Mann in Versuchung zu führen, auch wenn sie sich von ihm die Hand küssen läßt, etwa weil er sich für einen Dienst bedanken will.[51] Unrein bleibt die Frau auf jeden Fall. Es ist ihr verboten, während ihrer Periode das Sakrament zu empfangen, ja auch nur die Kirche zu betreten.[52] Nach einer Geburt hat sie vierzig Tage der Kirche fern zu bleiben. Das Sakrament kann sie in diesem Zustand nur empfangen, wenn Todesgefahr besteht.[53] Und der eheliche Umgang schließt für diesen Tag beide Partner von der Kommunion aus.[54]

Es scheint nicht, daß man bei der Erziehung junger Männer irgend einen Wert darauf legte, sie auf die Begegnung mit der Frau vorzubereiten – was mit «Aufklärung» zunächst ja noch gar nichts zu tun hat. Das Rezept des Joannes Chrysostomos in seinem Traktat über Hoffart und Kindererziehung besteht darin, den Eltern zu empfehlen, ihren jungen Sohn umgehend zu verheiraten, um ihn von den Huren fernzuhalten.[55] In den langatmigen Versen des Bischofs Amphilochios von Ikonion († ca. 394) an einen jungen Verwandten finden sich alle möglichen Ratschläge: Ermunterung zur Gottesfurcht, Streben nach gediegener Bildung, Flucht vor Theater und Rennbahn, vor allem aber äußerste Vorsicht, was die Korrektheit in Glaubenssachen anlangt. Von der Frau als seiner künftigen Partnerin wird mit keinem Wort gesprochen. Dabei handelt es sich offensichtlich nicht um einen Kandidaten für den Priester- oder Mönchsstand, sondern um einen Menschen der Großstadt.[56]

Nur ein Marginale: Nach dem Gesagten überrascht es kaum, daß verheiratete Frauen, die in der Ehe gestorben sind, nur selten in den byzantinischen Heiligenkalender gerieten – was nach Art der «Kanonisation» in Byzanz nicht mit finanziellen Schwierigkeiten erklärt werden kann, wie nicht selten später im Westen. Sieht man von Märtyrinnen ab, die einen Sonderstatus genießen und deren Zeit bald abgelaufen ist, so sind Jungfrauen oder gottselige Witwen gegenüber den Verheirateten weit in der Überzahl. Zwei dieser als Heilige verehrten Ehefrauen sind Kaiserinnen (wobei gegenüber «dynastischen» Heiligen immer Vorsicht geboten ist): Plakilla (Aelia Flacilla), eine Spanierin, war die Frau des Kaisers Theodosios des Großen, bekannt durch ihre Wohltätigkeit. Sie starb schon 386. Vielleicht war es der Umstand, daß Theodosios den mächtigen Redner Gregorios von Nazianz mit einer Gedächtnisrede betraute, der den Weg in den Heiligenkalender ebnete. Die zweite Kaiserin ist Theophano, die erste Frau des Kaisers Leon VI., gestorben 893. Die Vermutung ist vielleicht nicht ganz abwegig, daß man mit ihrer Verehrung das öffentliche Mißfallen zum Ausdruck bringen wollte, das die sexuellen Seitensprünge des Kaisers und die damit ausgedrückte Verachtung seiner legitimen Gattin hervorgerufen haben. Genannt sei auch noch eine heilige Maria, die sogenannte «Jüngere», die Frau eines höheren kaiserlichen Militärs in der Provinz, ca. 902 gestorben infolge der maßlosen Schikanen ihres eifersüchtigen Gatten. Es ist möglich, daß es noch weitere zu Tode geprügelte Heilige in Byzanz gibt. Viele dürften kaum ausfindig gemacht werden, jedenfalls nicht im Heiligenkalender.

Manchmal sieht es so aus, als hätten die byzantinischen Frauen über die Minderwertigkeit ihres Geschlechts nicht anders gedacht als die Männer. Mit Schönheit scheinen sie noch den tiefsten Eindruck gemacht zu haben. Eine dichtende Nonne des 9. Jahrhunderts, Kasia oder Kassiane geheißen, hatte sich vor dem Eintritt ins Kloster bei einer Schönheitskonkurrenz vor Kaiser Theophilos durch eine «vorlaute» Antwort auf eine taktlose Bemerkung des Kaisers dessen Gunst verscherzt. Die Krone blieb ihr versagt. Jetzt dichtet sie trübsinnig:

Von Übel ist es, Weib zu sein, auch wenn man schön ist.
Schönheit ist einiger Trost.
Fehlt sie, dann ist das Übel doppelt groß.
Nun fehlt auch noch der Trost.[57]

Kassiane dürfte schön gewesen sein; leider war sie auch geistreich. Als Nonne hatte sie wahrscheinlich gelernt, von ihrer Schlagfertigkeit nur noch wenig zu halten. Die Prinzessin Anna Komnene im 12. Jahrhundert, wahrscheinlich nicht minder geistreich als Kassiane, soll sich, gleichermaßen betroffen über ihr Weibsein, allerdings in fast obszönen Ausdrücken, beklagt haben.[58]

Doch wir dürfen nicht verallgemeinern. Zwar geht, wie man es formuliert hat, das politische und dogmatische Wachstum der Orthodoxie Hand in Hand mit dem Kampf gegen Frauenemanzipation sowohl auf kirchlicher wie auf gesellschaftlicher Ebene (Thraede). Aber die gesellschaftliche Emanzipation war eben doch längst schon weit fortgeschritten, so daß die Orthodoxie nur nachhinken konnte. So haben sich nicht wenige byzantinische Frauen trotz aller theologischen Rigorismen und trotz der konventionellen Einschränkungen, die ihnen die Männer gern auferlegen wollten, energisch durchgesetzt und zwar gerade durch den Einsatz ihrer Weiblichkeit und der dieser eigenen besonderen Kräfte. Daß solche Frauen zumeist in höheren Kreisen anzutreffen sind, besagt zunächst nicht viel; dies liegt am Charakter der byzantinischen Geschichtsschreibung und Chronistik, für die «Volk» nur in Ausnahmefällen, revoltierend oder lästig oder als willkommenes Kriegsmaterial, existiert. Andererseits hätte ja gerade diesen Damen der höfischen Gesellschaft bescheidene orthodoxe Frömmigkeit besonders gut angestanden, wie es ihnen auch von den Predigern immer wieder anempfohlen wurde. Daß die arbeitende Frau der mittleren und unteren Schichten allein schon den Notwendigkeiten des Alltags entsprechend freizügiger sein mußte, versteht sich wohl von selbst. Und manche literarische Quelle zeigt klar, daß sie mit dieser Freizügigkeit auch umzugehen verstanden ohne noch auf die beschwörenden Worte der Hierarchie zu hören. Liest man etwa die Ehesatire des Ptochoprodromos (12. Jahrh.), so entdeckt man unschwer den typischen Pantoffelhelden in der gesellschaftlichen Mittelschicht.[59] Und die Frivolitäten der Frauen im Syntipas, über den noch zu sprechen sein wird, zeigen das weibliche Geschlecht in einer Haltung, die den Männern ohne weiteres überlegen ist; noch dazu kommt dieser Stoff aus dem Osten und nicht etwa aus dem angeblich aufgeklärteren Westen.

Für den Pantoffelhelden in höheren Kreisen ist der große Feldherr Belisar schlagender Beweis. Immer wieder läßt er sich von seiner Frau Antonina an der Nase herumführen; sie, vielleicht gedeckt durch die Kaiserin Theodora, macht sich über den Helden auf den Schlachtfeldern, glaubt man dem Pamphletisten Prokop, auf eine Weise lustig, die nur noch zynisch genannt werden kann. Vor allem aber der Hof, die Kaiserinnen, kümmern sich nicht selten keinen Deut um orthodoxe «bienséance» und um Respekt vor den mahnenden Worten der Hierarchen. Man braucht nur an die Kaiserin Eudoxia zu erinnern, die Gattin des Kaisers Arkadios (395–408), gegen deren Intrigenspiel Joannes Chrysostomos öffentlich predigte, wofür sie ihn denn auch bald zu Fall brachte. Oder an ihre Tochter Pulcheria, die mit dem Augusta-Titel ausgezeichnete Schwester des Kaisers Theodosios II. (408–450), die ihren Bruder politisch am Gängelband führte. Sie bestimmte sogar, wen er zu heiraten hatte. Es war die berühmte Athenais aus Athen, als Kaiserin Eudokia genannt, eine hochgebildete Dame, die «Manns» genug war, auch nach der erzwungenen Scheidung vom Kaiser und dem Verweis aus Konstantinopel sich in Jerusalem kaiserlich einzurichten und von dort aus die Religionspolitik ihres Ex-Gatten nicht selten der Lächerlichkeit preiszugeben. Aus dem Eros war mörderischer Haß geworden, und kein Provinzgouverneur von Palästina wagte es, ihr das Handwerk zu legen. Verina, die Frau des Kaisers Leon I. (457–474) wollte sich nach dem Tod ihres Mannes keineswegs mit ihrer Witwenschaft abfinden; immer wieder intrigierte sie nicht ohne Erfolg gegen ihren Schwiegersohn, den Kaiser Zenon, stellte sich hinter Gegenkaiser und urkundete bei allem mit Kaiserbriefen (Sacra), wie sonst nur regierende Kaiser.

Über die Kaiserin Theodora, die Frau Justinians I. (527–565) ist genug geschrieben und vor allem gedichtet worden. Sie war gewiß energischer als ihr Kaiser und wahrscheinlich auch klüger. Sie spielte nicht nur diese Klugheit aus, sondern auch die Majestät ihrer weiblichen Erscheinung und machte sich damit Feinde genug. Die Frauen Konstantinopels aber erfreuten sich offensichtlich weitgehend ihres Schutzes vor männlicher Willkür. Jedenfalls glaubt der Historiker Prokop berichten zu können, daß es auf den Einfluß der Kaiserin zurückging, wenn jetzt «fast alle Frauen sittlich verdorben waren» und ihren Männern keinen Gehorsam mehr erwiesen. Folge sei gewesen, daß sich die meisten Männer, aus Furcht vor der Kaiserin, von ihren Frauen alles gefallen ließen.

Martina, die Nichte des Kaisers Heraklios, die dieser gegen den Willen der Kirche heiratete, war nach des Kaisers Tod nicht gewillt, in den Hintergrund zu treten. Obwohl das Volk von ihrer vormundschaftlichen Herrschaft über die jungen Kaisersöhne nichts wissen wollte und nur die Söhne als Kaiser anerkannte, gab sie lange Monate das Spiel nicht auf, bis sie einer grausigen Revolte zum Opfer fiel (641).

Eirene (780–802) war für die orthodoxen Mönche und

die Frommen im Lande die große Kaiserin, die den verbrecherischen Bilderstürmern das Ende bereitet hatte. Aber unter dem Mantel ihrer Frömmigkeit pflegte sie nachdrücklich ihre Herrschsucht, die vor nichts zurückschreckte. Schließlich ließ sie sogar ihren eigenen Sohn Konstantinos, obwohl er der einzige regierungsberechtigte Kaiser war, blenden, um weiter am Ruder bleiben zu können. Mit allen möglichen Eunuchen trieb sie ihr politisches Spiel, bis sie das Opfer ihres Finanzministers wurde, der es nicht mehr mitansehen mochte, wie sie mit unsinnigen wohltätigen Spenden den Ruf ihrer Frömmigkeit und Güte untermauern wollte und dabei die Staatsfinanzen ruinierte.

Im 10. Jahrhundert fand die Kaiserin Theophano den Weg aus der Kneipe ihres Vaters auf den Thron. Kneipen, Kneipenwirtinnen und Kneipenwirte waren in Byzanz verrufen; immer wieder wird die Nähe zum Bordell unterstellt. Theophano, ihr ursprünglicher Name war Anastaso, galt als die schönste junge Frau der Stadt. Der liederliche Kronprinz, der spätere Kaiser Romanos II., hat offenbar auf seinen nächtlichen Streifzügen mit seinen Kumpanen Anastaso aufgetan und sich von ihr gewinnen lassen. Romanos starb zwar nach fünfjähriger Regierung, aber Theophano war nicht gewillt, die gottinnige Witwe zu spielen. Sie verstand es, den General Nikephoros Phokas, der nach der Krone griff, zu bestricken und wurde neuerdings Kaiserin. Von Phokas hatten fromme Kreise bis dato angenommen, er würde die Generalsuniform ausziehen und auf dem Athos sich zum Mönch scheren lassen; er war bekannt ob seines asketischen Lebenswandels.

Theophano brachte ihn offensichtlich auf andere Gedanken; aber auf die Dauer wurde ihr dieser rauhe Krieger doch zuwider, und sie half mit, ihn aus dem Wege zu räumen. Der Mörder, Joannes Tzimiskes, wurde sein Nachfolger und wollte Theophano sofort neuerdings zur Kaiserin machen. Aber nun legte der Patriarch sein Veto ein. Und jetzt zog Tzimiskes doch die Krone der schönen Theophano vor. Unter unflätigen Beschimpfungen auf den ganzen Hof – wohl bleibende Erinnerung an die Zeit in der Kneipe – wurde sie aus der Stadt verwiesen und samt ihrer Mutter in ein Kloster verfrachtet. Immerhin waren ihr drei Kaiser erlegen, und wenn ihr die dritte Ehe nicht mehr gelang, so gelang diese ihrer Enkelin, der Kaiserin Zoe, von der noch zu berichten sein wird.

Kaiser Konstantinos IX. Monomachos machte sich geraume Zeit durch seine Geheimnistuerei mit seiner Mätresse Skleraina bei den Höflingen lächerlich, bis er den Mut fand, sie offiziell bei Hofe einzuführen. Kaiser Alexios I. Kommenos löste sich nie von der Schürze seiner Mutter Anna Dalassena – und wahrscheinlich tat er gut daran. In den Thronwirren nach dem Tod Manuels I., als seine Witwe für den unmündigen Sohn die Regierung führte und sich dabei der intimen Hilfe des Protosebastos Alexios bediente, der wohl selber Kaiser werden wollte, da «bewährte» sich eine ältere Schwester des unmündigen Kaisers, Maria, als eine kriegerische Frau von tollkühnem Mut, die sich nicht scheute, sich eine zusammengewürfelte Hilfstruppe anzuheuern und damit die strategisch wichtigen Punkte im Bezirk und Vorfeld der Hagia Sophia zu besetzen und von da aus stundenlang gegen die Truppen des Protosebastos zu kämpfen, bis sie zum Aufgeben gezwungen war. Yolanthe schließlich von Montferrat, die Gattin des Kaisers Andronikos II., der offenbar ein bigotter Langweiler war, entschloß sich kurzerhand, den Kaiser zu verlassen und sich in Thessalonike einzurichten, von wo aus sie ihre eigene Politik betrieb, die durchaus nicht ins Konzept Konstantinopels paßte.

So spärlich die Belege sind, so punktuell die Argumentation bleibt, jedenfalls wird klar, daß diese Damen keineswegs dem Frauen- und Gattinen-Ideal der rigoristischen Kirchenväter entsprachen, ja die Ängste der Väter nur bestätigen konnten. Gewiß haben sie alle mit frommem Augenaufschlag auf die Mahnungen ihrer geistlichen Väter gelauscht, aber überzeugen ließen sie sich offensichtlich nicht. Und diese geistlichen Väter waren ihnen kaum gewachsen; so wenig der große Prediger und Patriarch Joannes Chrysostomos der Kaiserin Eudoxia gewachsen war. Geschichte machten diese Frauen trotzdem.

Dafür fehlt es in der byzantinischen Geschichte – soweit ich sehe – an Frauengestalten, wie sie Platon ersonnen hatte und von denen das spätere Mittelalter träumte. Kein byzantinischer Sokrates beruft sich auf eine Diotima, und kein byzantinischer Dichter läßt sich von einer Beatrice führen. Die einzige Ausnahme, die man vielleicht namhaft machen kann, ist die, wohlgemerkt heidnische, Philosophin Hypatia in Alexandreia um die Wende zum 5. Jahrhundert. Sie war eine anerkannte Gelehrte, sogar mit naturwissenschaftlichen und mathematischen Interessen, aber sie war nach allem, was wir erschließen können, zugleich eine bezaubernde Frau, wenn auch aus den Fingern gesogen ist, was der englische Romancier Charles Kingsley im vergangenen Jahrhundert zum Vergnügen einiger Generationen über sie erzählen zu können glaubte. Vom fanatisierten christlichen Pöbel wurde sie 415 auf offener Straße zerfleischt. Auf Synesios, ihren Studenten, hat sie einen ungeheuren Eindruck gemacht, aber einem solchen Eindruck unterlag auch der kaiserliche Gouverneur, und, was besonders bemerkenswert ist, auch der kaustische und eher frauenfeindliche Satiriker Palladas, der sonst Frauen kaum seine Hochachtung bezeugt. Um so sprechender sein Epigramm:

> Bei deinem Anblick, deinen Worten sinke ich ins Knie
> und hebe zum Gestirn der Jungfrau meinen Blick.
> Denn auf die Himmel zielt dein Tun, zum Himmel weist
> der Worte Schönheit, göttliche Hypatia,
> du reiner Stern der Weisheit.[60]

Doch wenn für die Byzantiner Hypatia eine verehrungswürdige Erinnerung blieb, dann höchstens transfiguriert in eine christliche Heilige: Aikatherine, die hl. Katharina, die reine, lange Zeit Patronin philosophischer Fakultäten auch im Westen, die für die reine christliche Philosophie gemartert worden sein soll, um dann auf den Berg Sinai zu entschweben.

Ein Byzantiner, der aufrichtig um sein ewiges Heil besorgt war, dem Basileios kein Unbekannter war und der willens war, die Lehren dieses Kirchenvaters ernst zu nehmen – wie konnte er zurecht kommen und was sollte er tun? Doch wohl nur, sich von der Welt zurückziehen und in ein Kloster gehen. Die Zahl der Mönche, besser ihre Unzahl, scheint für einen durchschlagenden Erfolg des Basileios zu sprechen. Doch die Mehrzahl der Byzantiner wurde eben nicht Mönch. Hatte ihnen die Orthodoxie dann nichts zu bieten? Kirchenvätern zu widersprechen, gehörte nicht zum byzantinischen Stil, jedenfalls kaum vor der Spätzeit. War man als Theologe anderer Meinung, dann polemisierte man nicht gegen sie, sondern überging sie mit Stillschweigen und sprach schlicht die eigene Meinung aus. Und es gibt byzantinische Theologen, welche den Rigorismus des Basileios nicht teilten und nicht aller Welt nahelegten, sich ins Kloster zurückzuziehen. Schon in einer frühbyzantinischen Responsa-Sammlung «(Erotapokriseis») stellt ein Fragender fest, er sei zu alt und schwach, um als Mönch zu leben. Ob er denn seine Seele retten könne? Und die Antwort lautet: Gott hat uns nicht zu Ehelosigkeit verpflichtet und auch nicht dazu, die Welt zu verlassen. Es genügt, Gott und den Nächsten zu lieben und die übrigen (Alltags)-Tugenden zu üben. Denn in der Bibel heißt es: «Mein Joch ist süß und meine Bürde ist leicht.»[61] Auch der enthusiastische Mystiker und Mönch Symeon der Neue Theologe widmet einen seiner Hymnen dem christlichen Leben der Weltmenschen und betont, daß jeder seinem Beruf in der Welt treu bleiben soll. Auch er habe die Möglichkeit, in dieser Stellung Gottes Wohlgefallen zu gewinnen.[62] Die beiden Zeugen stehen nicht allein.

Die Massen aber, welche die Welt verließen und in ein Kloster oder in die Einsamkeit gingen, bedürfen einer kritischen Sichtung. Gewiß: Die einen verließen die Welt schon in der Jugendzeit, ehe sie eine Frau erkannt hatten oder mit einem Mann in Berührung gekommen waren; sie erhielten von allem Anfang an ein mönchisches Training, und aus ihresgleichen könnten sich die Mustermönche im Geiste des Basileios rekrutiert haben. Viele aber entschlossen sich zum Eintritt in ein Kloster erst später und aus sehr unterschiedlichen Motiven. So manche in der Frühzeit verließen die Welt auf der Flucht vor den Steuerbeamten oder dem Militärdienst – Anachoresis ist fast ein Terminus technicus für diese Art, der Belastung durch den Staat zu entgehen. Andere brachen aus der Ehe aus und ließen Frau und Kinder allein. Die Hagiographen geben nicht selten zu verstehen, die Frau sei damit einverstanden gewesen; warum, dies bleibt dunkel und wird mit der Angabe von asketischen Gründen nicht sehr viel heller. Die klösterliche Profeß jedenfalls hatte nach der Lehre der Kanonisten eine Ehe auflösende Wirkung. Auch die justinianische Gesetzgebung geht von dieser Annahme aus.[63] Der verlassenen Frau blieb wohl nichts anderes übrig, als sich selbst in ein Kloster zurückzuziehen, worüber auch nicht selten berichtet wird, entweder weil sie sich ihres Alleingelassenseins schämte oder um auf ein materiell abgesichertes Leben rechnen zu können. Was daraus an Nonnen entstand, bleibt jedenfalls offen. Ließ sich aber ein Mann zum Bischof weihen, was jedenfalls später ohnedies in der Regel voraussetzte, daß er zunächst Mönch wurde, dann war die Frau vom Gesetz gezwungen, in ein Kloster einzutreten. Die Ambition des Mannes hatte den Vorrang.[64] Und wieder stellt sich die Frage, wie diese Frauen das Spektrum der byzantinischen Monastik bereicherten.

Es ist evident, daß auch eine ganze Reihe anderer Motive für den Klostereintritt mit den Idealen des Basileios nichts zu tun hatte. Es gab Beamte und Politiker, die in Ungnade gefallen waren und sich Schlimmerem nur durch die Flucht in ein Kloster entziehen konnten; es gab gestürzte Kaiser, die nur dem Tod entgingen, wenn sie sich zum Mönch scheren ließen. Wir kennen den mönchischen Rentner, dem es gelang, in ein Kloster Aufnahme zu finden, in dem es vom Stifter fest dotierte Pfründen gab; ferner Bauern, die von den Steuern und einer Unmenge von Leistungen erdrückt ihr Gütchen einem Kloster überantworteten, dort sorglos leben konnten, während das Kloster ihre Verpflichtungen übernahm, meist ohne ihnen wirklich gerecht zu werden, weil es innerhalb des Systems eine Unzahl von Privilegien genoß. Es gab strafweise in einem Kloster Internierte usw.

Man darf ruhig annehmen, daß in nicht wenigen Fällen mit den Postulanten auch «Welt» ins Kloster einzog und sich dort breit machte, weltliche Gewohnheiten, Wünsche und Begierden, Ideen und Überzeugungen, die mit den alten Idealen nichts zu tun hatten. Und sicher zog damit auch die Erotik ins Kloster mit ein.

Über Umfang und Zahl solcher Einbrüche lassen sich unmöglich statistische Angaben machen, wohl aber kann man zeigen, wo die Schwachstellen des Systems zu suchen sind, auf Grund welcher Strukturen die Welt und insbesondere die Welt der Erotik am leichtesten Eingang fand:

Eine Besonderheit des byzantinischen Mönchtums ist, daß das Koinobion, also das Gemeinschaftskloster unter einheitlicher, straffer Leitung, wozu auch die «stabilitas loci» d.h. die lebenslange Bindung an ein und dasselbe Kloster gehörte, zwar als Ideal hochgepriesen wurde – es war das Ideal des Basileios schlechthin –, in Wirklichkeit aber immer wieder und allzu oft freizügigeren Formen des mönchischen Daseins unterlag. Den kirchlichen und staatlichen Behörden ermöglichte nur das Koinobion eine Kontrolle über die fast unkontrollierbaren Haufen von Mönchen. Aber gerade von dieser Kontrolle wollten die Mönche wenig wissen. Charakteristisch bleibt der Drang nach Ortswechsel – im Idealfall als «peregrinatio religiosa» und als asketische «Heimatlosigkeit» gepriesen, in der Praxis aber oft genug weit hinter den Idealfall zurückfallend. Es ist der «Gyrovage», der schweifende Mönch, dem wir immer wieder begegnen, auf der Straße, auf dem Markt, in der Schenke und in Privathäusern, wo fromme Frauen sich durch solche Besuche geehrt fühlten. Der Gyrovage war den Versuchungen der Welt schutzlos ausgeliefert. Bezeichnend ein Kanon des Konzils in Trullo von 691:[65] Angebliche Eremiten streifen umher und suchen die Städte heim, dunkel gekleidet und langhaarig, d.h. ohne die mönchische Tonsur; sie treiben sich mit Laien, auch Frauen, herum und bringen damit das Mönchtum in Verruf. Entweder sollen sie sich die Haare schneiden lassen und in ein Kloster der Stadt zurückziehen, oder man soll sie aus der Stadt vertreiben.

Der Verdacht sexueller Verfehlungen wird zwar nicht ausgesprochen, aber nahegelegt. Das asketische Imponiergehabe mag diesen Mönchen so manches fromme Gemach geöffnet haben. Der Kommentar des Kanonisten Balsamon zu dieser Konzilsbestimmung zeigt, daß die Verhältnisse im 12. Jahrhundert kaum besser waren. Ein Brief des Michael Psellos zeigt die grotesken Auswüchse dieser Freizügigkeit mit aller Deutlichkeit.[66] Er erzählt von einer Seereise, auf welcher er einen solchen Gyrovagen namens Elias kennen lernte. Der Mönch hatte nichts anderes im Sinne, als sich bei den Matrosen und Mitreisenden über die Kneipen und Bordelle der Hauptstadt zu erkundigen. Er wollte alles genau wissen, die Zahl der Häuser und ihre Adressen, die Qualität der Wirtinnen und vor allem des verfügbaren weiblichen Personals. Psellos will ihn zur Rede gestellt haben. Die Antwort habe gelautet, er, der Mönch, hure nur in der Rede, nicht in der Tat. Wollte Elias auf jene «Apatheia», jenes perfekte Gefeitsein gegen alle sinnlichen Regungen anspielen, das so leicht zur asketischen Bravour verführte? Diese Bravour spielt ja in der Mönchsliteratur schon frühzeitig eine merkwürdige Rolle. Für ihre Überspitzung bietet der Kirchenhistoriker Euagrios in der zweiten Hälfte des 6. Jahrhunderts einen sprechenden Beleg.[67] Es gebe in Palästina Mönche von solcher Vollkommenheit in Sachen Apatheia, daß sie keiner sinnlichen Leidenschaft und Begierde mehr ausgesetzt seien. Zum Beweis begeben sie sich in öffentliche Bäder für Männer und Frauen zugleich, und weder der Anblick nackter Frauen noch ihre Berührung, ja nicht einmal ihre Umarmung könne sie aus der Fassung bringen. Von einer ähnlichen Bravour berichtet auch die Vita des alexandrinischen Patriarchen Joannes Eleemon.[68] Was immer man vom einzelnen Fall denken mag, die Kehrseite dieser Bravour ist vorstellbar. Auch die Klostermauern schützten nicht immer. Noch einmal berichtet Psellos in einem Brief von einem Mönch – ist es derselbe Elias? –, der in einem Kloster lebt, aber schon beim Psallieren an die Huren denkt. Ist der Gottesdienst vorüber, sucht er das Bordell auf, kehrt dann «reumütig» zurück, um am nächsten Tag fortzufahren, wo er tags zuvor aufgehört hat.[69]

Eine weitere Einbruchstelle boten offenbar die sogenannten Doppelklöster, wobei die Quellen nicht immer deutlich zu verstehen geben, ob es sich um das Zusammenleben von Mönchen und Nonnen unter einem Dach oder um zwei eng benachbarte Häuser bei Gütergemeinschaft und einheitlicher männlicher Leitung handelt.[70] Weltliches Recht sowohl wie Kanonistik sehen in dieser Institution eine bedauerliche Gefährdung der Sittlichkeit. Kaiser Justinian spricht etwas undeutlich von einem gemeinsamen «Haushalt» mit gemeinsamem Mobilien- und Immobilienbesitz und der Möglichkeit ungehinderten gegenseitigen Verkehrs. Er befiehlt, den Besitz pro rata der Zahl der Mönche und Nonnen aufzuteilen und den gemeinsamen Haushalt aufzulösen. Den Nonnen erlaubt er nur noch einen greisen Seelsorger, der im liturgischen Bedarfsfall einen jüngeren Diakon mitbringen darf. Aber im Kloster zu wohnen, ist ihnen verboten. Wie in so vielen anderen Fällen, blieb dem Kaiser auch hier der Erfolg versagt; die Doppelklöster überlebten den Kaiser, und das Konzil von Nikaia von 787 beschränkte sich darauf zu bestimmen, daß «ab jetzt» keine neuen Doppelklöster errichtet werden dürften, denn sie seien ein Skandal für die Christenheit.[71] Die vorhandenen Doppelklöster dürften nur als Nachbarschaftsklöster weitergeführt werden. Auch wenn ganze Familien sich zum klösterlichen Leben entschlössen – in Byzanz kein ganz seltener Fall –, müßten die Geschlechter getrennt werden.

Doch der Skandal scheint geblieben zu sein. So berichtet der Biograph des Patriarchen Nikephoros für die Zeit etwa 20 bis 30 Jahre nach dem genannten Konzil, der Patriarch habe eine Kommission über Land geschickt, die den Doppelklöstern endgültig den Garaus machen sollte.[72] Tatsächlich hören wir dann für geraume Zeit nichts mehr von ihnen. Um so erstaunlicher ist es, daß um die Wende zum 14. Jahrhundert der strenge Sittenrichter und Zensor des mönchischen Lebens, der Patriarch Athanasios, neuerdings ein Doppelkloster stiftete, allerdings als Nachbarschaftskloster, aber mit Gütergemeinschaft, gleicher Regel und gleicher Verpflegung unter einheitlicher Leitung, einem Abt. Zunächst scheint es glimpflich gegangen zu sein, doch dann kam es auch hier zu den früher gerügten Skandalen, und zwar in einem Ausmaße, daß nicht nur das klösterliche Leben als solches litt, sondern auch «alles, was christliche Sittlichkeit ausmacht». Patriarch Neilos teilte deshalb im Jahre 1383 den gemeinsamen Besitz wieder auf, entsprechend den Normen, die Kaiser Justinian niedergelegt hatte, und machte dem gemeinsamen Leben ein Ende.[73]

Die Doppelklöster werfen das Problem des «Abaton», der Klausur auf, der strengen Trennung der Klöster von der Welt, die den Vertretern des anderen Geschlechts den Zugang strikt verbot. Manche Klosterstifter wußten wohl, was sie taten, wenn sie in Männerklöstern sogar die Haltung weiblicher Tiere verboten. Auch gegen die Gefahren der Homosexualität suchte man sich abzuschirmen durch das Verbot, «unbärtige» junge Leute aufzunehmen oder im Kloster – wohl als Gäste – verweilen zu lassen. So gibt es im byzantinischen Mönchswesen auch kaum eine Institution, die sich mit den Klosterschulen des Mittelalters im Westen vergleichen ließe. Ausnahmen kommen vor, fallen aber nicht ins Gewicht.[74] Was die Einhaltung der Klausur durch die Nonnen betrifft, so ist die Tatsache verdächtig, daß in einem der Bußbücher der Beichtvater aufgefordert wird, die Frauen nachdrücklich zu befragen, wie oft sie abgetrieben oder ihre Leibesfrucht getötet hätten; dies gelte allen Frauen gegenüber, mit Vorzug aber gegenüber Nonnen.[75] Wenn es unter den Mönchen «Stadtstreicher» gab, so unter den Nonnen vermutlich «Stadtstreicherinnen», wie der Bericht über eine Nonne in der Vita des hl. Abramios bezeugt, die sich in einer Kneipe der Prostitution hingegeben haben soll.[76]

Für die Durchlässigkeit der Klausur noch ein sicherer historischer Beleg aus der Zeit des Kaisers Alexios I. und den heiligen Berg Athos betreffend, den keine Frau betreten und auf dem keine weiblichen Tiere gehalten werden durften.[77] Auf Drängen der halbnomadischen Hirten aus dem Stamm der Vlachen, die um Weidegründe besorgt waren, und wohl auch in Erwartung des Pachtzinses ließen sich die athonitischen Mönche herbei, den Vlachen mit ihren Herden Zutritt zum heiligen Berg zu gewähren, unter der Bedingung, daß sie keine Frauen und Kinder mitbrächten. Aber entweder wollten die Hirten nicht über Monate auf ihre Frauen verzichten oder diese nicht auf sie, jedenfalls brachten sie auch ihre Frauen und Töchter mit, allerdings in männlicher Verkleidung. Vielleicht waren die Frauen auch für die Milchwirtschaft unentbehrlich. Es scheint, daß es bald diese verkleideten Frauen und Mädchen waren, welche die Männer im Kloster mit «Laktizinien» versorgten, denen frische Milchprodukte sicher besser schmeckten als vertrocknete Käsestücke aus der Speisekammer des Kellermeisters. Es kam, wie es kommen mußte: Die Frauen und Mädchen waren gern zu weiteren Dienstleistungen bereit, und der Skandal war fertig. Weniger laxe Mönche berichteten darüber dem Patriarchen, der in einem Schreiben von Greueln erzählt, gegen deren Schilderung sich seine Feder sträube. Auch der Kaiser wurde eingeschaltet, und die Affäre zog sich hin, weil den Bürokraten der Hauptstadt die Frage wichtiger dünkte, wer denn auf dem Athos das endgültige

Sagen habe, der Kaiser oder der Patriarch. Eine Delegation der Athosmönche reiste nach Konstantinopel, um dem Kaiser einen Ausweisungsbefehl gegen die Vlachen auszureden. Wie balzende Hähne, meinte der Patriarch, hätten sie sich aufgeführt. Wie es weiter oder ausging, verraten die Quellen nicht. Am besten vermutet man wohl, die Lage hätte sich «normalisiert».

Der vehemente Einbruch weiblicher Anziehungskraft in eine ansonsten anscheinend hermetisch abgeschlossene Männerwelt ist sozusagen systembedingt, noch dazu, da diese abgeriegelte Männerwelt häufig Mangel an konkreter Beschäftigung hatte. Die Ausrichtung auf Kontemplation hat ihre psychologischen Grenzen, die zugleich Zeitgrenzen sind. Sie kann den Tag nicht füllen, wie später die Hesychasten auf dem Athos vorgaben. Verzweiflung, ja Selbstmord konnten die Folgen sein,[78] und sie konnte umkippen in jene Indifferenz dem Sittlichen gegenüber, von der schon bei den Messalianern die Rede war.

Wie groß die Probleme auch gewesen sein mögen, die das byzantinische Mönchtum, wenn es dem Konzept des Basileios entsprach, nach sich zog: der Preis dieser Lebensform verstummt über das ganze byzantinische Jahrtausend so gut wie nie. Der kirchliche Kalender ist voll von Gedenktagen mönchischer Heiliger; wer das Bischofsamt anstrebt, tut gut daran, sich vorher zum Mönch scheren zu lassen; die klösterlichen Stiftungen und die Übergabe von Grund und Boden samt den Grundholden reißt nicht ab. Um so bemerkenswerter manche kritische Stimmen. Erstaunlich dabei, daß einer der heftigsten Angriffe von seiten innerkirchlicher Kreise erfolgt, nämlich von dem Diakon der Großen Kirche Eustathios, der dann Erzbischof des damals zweitwichtigsten Bistums des Reiches, Thessalonike, wurde (12. Jh.).[79] Er tadelt vor allem den Geiz, die Besitzgier der Klöster, die Ignoranz und Faulheit der Mönche, ihr «Stadtstreichertum», aber auch die geistliche Selbstsucht der Eremiten. Und nicht zuletzt wirft er ihnen vor, begierig die Augen zu öffnen, wenn Indezentes in Sicht kommt. Nicht daß er das Mönchtum abgeschafft wissen wollte; wohl aber hält er eine grundsätzliche Reform für dringend nötig. Erst in der letzten Phase der byzantinischen Geschichte erhebt sich die Stimme des Philosophen Plethon, für den die Mönche ganz einfach die Drohnen der byzantinischen Gesellschaft sind und sonst nichts. Aber Plethon hat mit der Orthodoxie insgesamt nichts mehr im Sinne.

Trotz aller mehr oder weniger fiktiven und aus den Fingern gesogenen hohen Zahlen über die «Vermönchung» der byzantinischen Gesellschaft, es bleibt dabei: Die überwältigende Mehrzahl der Byzantiner fühlte sich nicht bemüßigt, den Mönchstand zu wählen, was und wie viel immer sie von den Lehren des Basileios gewußt haben mochte. Und man darf sich fragen, ob sehr viele davon gewußt haben. Auf dem Dorf jedenfalls und außerhalb der intellektuellen und schon a priori auf Askese eingestellten Kreise in der Hauptstadt und in anderen Zentren: Wer hätte ihnen da die Doktrin des Kirchenvaters vermitteln sollen? Gewiß nicht der «Leutpriester», denn dieser war fast immer verheiratet und dürfte wenig Lust verspürt haben, eine Lebensart anzupreisen, an der gemessen seine eigene nur abgewertet werden konnte.

So richtete sich der Durchschnittsbyzantiner wohl eben recht und schlecht in seinem Alltag ein, wie es der Alltag verlangte und nahelegte. Zum Alltag aber gehören Mann *und* Frau, gehört, auch christlich gesprochen, die Not, die Versuchung, die Sünde und wohl auch Bedauern und Reue. Die Rigoristen der Orthodoxie hatten, wie schon angedeutet, für diesen Alltag nicht viel übrig. Sie «transzendierten» ihn souverän in wohl gespielter Ignoranz. Die Traktate, die den rechten Mittelweg weisen wollten, lassen sich wahrscheinlich an den Fingern der beiden Hände abzählen, und am Ende verlangten auch diese eine Askese, die dem Weg der Mönche nahekam. Aber der Alltagsbyzantiner, der fromm bleiben wollte, hatte einen Rückhalt: die Liturgie; sie sprach dem Auge zu und schmeichelte sich ins Ohr. Sie hielt Trost bereit, wo kein Dogma mehr tröstete, sie tauchte den Gläubigen in ein Numinoses ein, das nicht mehr tremendum war sondern fascinans, das Geborgenheit und Wärme bot. Die Unmöglichkeit aber, im Alltag mit den Geboten der Rigoristen zurechtzukommen, mußte in manchen Fällen mit Sicherheit zur Gleichgültigkeit gegenüber diesen Normen führen, ja zur Gleichgültigkeit gegenüber der orthodoxen Kirche als moralischer Instanz überhaupt. Dies nicht nur auf dem Gebiet von Eros und Sexus. Denn die offizielle Kirche traute ihren Gläubigen wenig zu und versuchte, mit einem Netz von Verboten und Strafandrohungen ihm alle möglichen kleinen Freuden und Vergnügungen zu vergällen.[80] So verbot sie kategorisch das Würfelspiel als solches und nicht nur die möglichen Exzesse dabei; sie verbot nicht nur jede Art von Karnevalsrausch, sondern den Karneval überhaupt; ebenso Neumondfeste, den Sprung über das Feuer an bestimmten Tagen, die Teilnahme an Schaustellungen etwa von Bärentreibern, Tanzvergnügungen, ja sogar scherzhafte Aufzüge der Jurastudenten in der Hauptstadt. All dies wurde als heidnisch gebrandmarkt und mit nicht weniger als der Exkommunikation bestraft. Mit anderen Worten: Alle Gelegenheiten festlichen Zusammenseins, und dies sind ja wohl immer die Gelegenheiten, bei denen sich die jungen Leute wirklich näher kommen konnten, waren verpönt. Aber zu Ehren der Selbständigkeit der byzantinischen Laien sei hervorgehoben, daß sie sich trotzdem nicht einschüchtern ließen: Die meisten der hier zitierten Verbote wurden nachweislich nicht eingehalten, auch wenn all diese Laien orthodoxe Christen bleiben wollten und wohl auch blieben. Das dürfte auch für alle Möglichkeiten zu Erotik zutreffen. Wie schon angedeutet: Nach Ansicht der Rigoristen sollten Frauen und Mädchen kaum das Haus verlassen, und, außer wenn sie dazu gezwungen waren, mit niemand sprechen. Sie sollten keine Liebeslieder singen und sich nicht herausputzen. Von den Gästen des Hauses sollten sie ferngehalten werden, und von einer Betonung ihrer Weiblichkeit durfte überhaupt nicht die Rede sein. Natürlich wurde auch dies nicht befolgt. Die Sittenprediger sind hier keine zuverlässige Quelle, denn ihnen ist es standeseigen, aus jeder Mücke einen Elefanten zu machen. Aber Chroniken und Gelegenheitsschriften geben genügend Aufschluß. So kann man annehmen, daß der durchschnittliche Byzantiner «tapfer sündigte» und immer wieder auch tapfer bereute. Es scheint, daß sich auch unter den Mönchen genug Beichtväter fanden, die mehr Verständnis für die Bedürfnisse und Nöte des Alltags in der Welt hatten als ihre erlauchten Meister. Und zum guten Ende gab es immer noch Hoffnung auf Heil; denn wenn es ans Sterben ging, konnte man noch das «Engelskleid», d. h. die Mönchskutte überziehen und damit hoffen, wie ein neugetauftes Kind ins Paradies einzugehen.

Rigorismus freilich kann auch andere Attituden hervorrufen. Je höher die Ideale geschraubt werden, desto leichter erfolgt der verzweifelte Umschlag ins Gegenteil. Man kapituliert grollend und gibt beherzt die Mißachtung zurück, deren Opfer man geworden ist. Man richtet sich bewußt und nachdrücklich in der Welt ein, und zwar gerade so, wie es die Reizstoffe der Welt nahelegen. Was dann Basileios und andere zu sagen haben, besagt nichts mehr. Erotik, das erotische Fest und die Orgie genügen sich selbst, auch ohne noch als Bestandteil des «Heiligen» gesehen zu werden. Sie werden profan. Ein Gang durch die byzantinische Geschichtsschreibung und die Chronistik, durch die polemische Literatur, durch Anekdote und Satire zeigt deutlich, daß sich auch solche Attituden in Byzanz verifizieren lassen. Hier kommt mitunter ein sehr «säkulares» Byzanz zum Vorschein, dem es offenbar genügt, Orthodoxie Orthodoxie sein zu lassen und ein Leben zu führen, wie es eben zupaß kommt; dies vielleicht nicht das ganze Leben hindurch, aber doch in den entscheidenden Phasen.

V. Erotik im frühen Byzanz

Das erotische Leben durch die Jahrhunderte in Byzanz zu erfassen, stößt, nach Lage der Quellen, auf außerordentliche Schwierigkeiten. Facta sind nur punktuell namhaft zu machen. Und angesichts der allgemeinen Erscheinungsweise der byzantinischen etablierten Gesellschaft dürfte die klandestine Erotik die Hauptrolle gespielt haben, die sich natürlich der Darstellung erst recht entzieht. Aber es gibt eine Redundanz der Gefühle, die sich in Literatur niederschlägt. Ihre Aussagekraft ist gewiß beschränkt, aber darüber nicht bedeutungslos. Und da das Volk der Byzantiner in seiner mittleren und höheren Schicht ein Volk von Literaten ist, dürfte es sich lohnen, den Gang durch die Jahrhunderte nicht zuletzt am Ariadnefaden der Literatur zu wagen.

Was die frühbyzantinische Zeit, das sechste Jahrhundert mit eingeschlossen, anlangt, so machte die Christianisierung des Reiches überraschende Fortschritte, zunächst allerdings in den Städten, während sich die Missionare um die bäuerliche Bevölkerung weniger gekümmert zu haben scheinen, so daß noch im 6. Jahrhundert sich in den gräzisierten Provinzen Kleinasiens zahlreiche heidnische Siedlungen finden ließen. Während in den intellektuellen Kreisen, die sich etwas auf Philosophie zugute taten, das christliche Dogma frühzeitig zum Spielball aller möglichen Spekulationen wurde, das heißt die Neigung zur pointierten dogmatischen Orthodoxie durchbrach, blieb die Glaubenslehre beim einfachen Volk und in jenen gebildeten Kreisen, die ihren Intellekt auf anderen Feldern einsetzten, wohl auf einfache, mehr oder weniger, eher weniger, durchdachte Grundsätze beschränkt. Hier vollzog sich die Christianisierung mit Vorzug im Bereich des Rituellen, in der Teilnahme am Gottesdienst und im Empfang der sakramentalen Heilmittel der Kirche. Was aber die sittlichen Forderungen der neuen Lehre anging, so ähnelten viele von ihnen, die nicht gerade überzogene Ideale vertraten, im großen und ganzen und prima vista jenen Forderungen, die schon eine hochstehende heidnische Ethik aufgestellt hatte: keine Ausschweifungen, Treue in der Ehe und kritische Einstellung gegen einen überzogenen Materialismus in jeder Form. Prinzipiell schärfte das Christentum diese Forderungen nachdrücklicher ein als die heidnische Ethik und umgab sie vor allem mit Sanktionen, deren Tragweite bis weit über den Tod hinaus, ja für eine Ewigkeit Bedeutung zugeschrieben wurde. Gerade dieses Jenseits aber, von dem das Heidentum wenig wußte und wenig wissen wollte, blieb auch in der christlichen Lehre vage und dunkel und damit auch in den Augen der neuen Christen ziemlich farblos. So haben sicherlich auch die Drohungen mit Strafen im Jenseits, wie wir immer wieder feststellen können, keinen sehr tiefen Eindruck gemacht.

Wovon sich ein Gutteil der neuen Christen, wenn auch je nach sozialer Schicht aus unterschiedlichen Gründen, offenbar am schwersten trennte, war der alte Mythos. Dabei geht es jetzt nicht um irgendwelche Göttergeschichten, an die man «geglaubt» hätte, sondern um den Mythos als symbolischen Niederschlag einer Grundeinstellung zu Natur und Dasein in einer umfassenden Vitalität. Und so war es bald ersichtlich, daß der Mythos trotz aller äußeren Christianisierung beherzt weiterlebte. Der Predigt der Kirchenväter ist die Entmythologisierung nie ganz gelungen, und dies wohl deshalb, weil sie sich zumeist auf eine falsche Thematik einstellte, die vor allem für die halbwegs Gebildeten längst nicht mehr aktuell war. Die Amouren etwa des Vaters der Götter und Menschen der Lächerlichkeit preiszugeben, war längst überflüssig. Das hatten die Satiriker und die Leute auf der Schaubühne nachdrücklich besorgt. Für die Kirchenväter etwa ist die Geschichte von Zeus, der sich in einem Goldregen in seine Geliebte, Danae, ergießt, der Gipfel der Obszönität; die Epigrammatiker der Zeit sehen darin kaum eine Obszönität, sondern ein treffendes Bild für die Geldgier der Kurtisanen! Im übrigen waren die Kirchenväter noch zu sehr Kinder ihrer Zeit, als daß sie mit den alten Göttern zur Gänze fertig geworden wären. Sie entthronten sie und warfen sie aus dem Olymp; aber dann kam sie die Furcht an, und sie ließen sie weiterleben, wenigstens in der Form nicht ungefährlicher Dämonen.

Das Weiterleben des Mythos bedeutet allerdings mehr als nur das Fortleben degradierter Götter im Untergeschoß des «Heiligen». Es bedeutet das Fortleben einer nicht rationalisierbaren Verständnisinnigkeit mit Natur und Welt, die den Menschen umgeben und von denen er ein nicht herauslösbarer Teil ist. Welt und Natur bleiben auf undeutliche, aber deshalb nicht unwirksame Weise des Gottes und des Göttlichen voll. Natur und natürliches Leben werden konzentriert in Symbolen, die ein deutlich faßbares Bewußtsein der Weltzusammenhänge ermöglichen, Geborgenheit darüber hinaus und ein «Gefühl der Nähe», das ein vitales Gegengewicht gegen eine allzu «nominalistische» Weltansicht bietet und gegen einen Spiritualismus, der nicht mehr fähig ist, die Flöte Pans zu hören oder das Lied der Musen. Es genügt, den «Dion» des Synesios zu lesen, eines Mannes auf der Grenzscheide zwischen heidnischer Antike und Christentum, um zu ermessen, was der Mythos für einen geistig hochstehenden Menschen immer noch bedeuten konnte, auch wenn er den Dialog mit dem Christentum längst aufgenommen hatte.[81] Und immer noch, jedenfalls bis ins 5. Jahrhundert und wahrscheinlich darüber hinaus, gab es alte Mysterienkulte, in denen der Vollzug des Mythos Erlösung versprach.

Die bildende Kunst bestätigt derartige Befunde. So entdeckte man im alten Ephesos in Wohnhäusern, die im 7. Jahrhundert durch Erdbeben zerstört wurden, einen reichen Mosaiken- und Freskenschmuck von fast rein heidnischer Ikonographie, mit Heroen, Göttern und Göttinnen, deren Posen kaum mit den strengen Vorstellungen der orthodoxen Moral zu vereinbaren waren. Die Bewohner gehörten keineswegs einer Aristokratie an oder versprengten heidnischen Konventikeln, die sich an selbstgebastelte antikische Vorstellungen gehalten hätten, sondern nach Befund der Wohnanlagen «bürgerlichen» Kreisen, die nachweislich christlich waren. Diese Wand- und Fußbodendekorationen gehen auch nicht auf die Zeit vor der christlichen Missionierung der Stadt zurück, sondern wurden im 4. und 5. Jahrhundert angebracht und blieben bis zur Zerstörung im 7. Jahrhundert.[82]

Dieses, wenn man so will, heidnische Lebensgefühl konnte die Predigt der Kirchenväter gegen den Mythos nur noch verstärken – mit einiger Übertreibung sei diese Behauptung gewagt. Die in dieser Predigt beschlossene teils latente, teils offene Ablehnung der Natur, ihrer Vitalität und ambivalenten Kraft, der «Manichäismus» der Kirchenväter also, widersprach dem Empfinden des spätantiken Menschen, soweit er sich nicht auf spiritualistische Spekulationen versteifte. Der Mythos war aber auch die eingängigste «Verpakkung» antiker Erotik in all ihren Formen, einer «sakralen» Erotik, die – wenn auch nur scheinbar – vom betroffenen Menschen weniger verlangte als die Eros-Verbote des Christentums in ihren verschiedenen Abstufungen. Und sollte schon das Christentum recht haben und die Natur schon verdorben sein, so bot der Mythos immer noch die Traumwelt einer, wenn auch eigenartigen und seltsam fragwürdigen Unschuld, wie die eines Daphnis und einer Chloe.

Weil die byzantinischen Literaten aus einem schon auf die Zeit des Hellenismus zurückgehenden Gefühl der Verpflichtung gegenüber der klassischen literarischen Erbschaft in einem weiten Umfang Nachahmer waren, d. h. sich je nach Talent in ihrem Schaffen mehr oder weniger erfolgreich an Form und Inhalt ihrer klassischen Modelle orientierten, mußte der Mythos in ihren Werken sorgfältige Pflege finden – eine Pflege, die sich nicht immer auf rein formale Treue gegenüber dem Modell reduzierte. Das Feuer unter der Asche konnte jederzeit wieder aufflammen. Dies ist der

Grund, warum die Kirchenväter so unwillig auf die Beschäftigung von Christen mit der alten klassisch-heidnischen Literatur reagierten. Der erotische Mythos vor allem und die allgemeine Freizügigkeit dieser Literatur in Sachen Erotik waren es, welche die Kirchenväter aufs Korn nahmen. Man führte dagegen nicht selten die «Liberalität» des Basileios an, wenn er seine berühmten «Mahnworte an die Jugend» richtet.[83] Daß die jungen Leute in der Schule tagein tagaus mit dieser Literatur befaßt wurden, konnte auch Basileios nicht ändern. So gibt er die Anweisung, sie auf eine strenge Auswahl zu beschränken: nur was der Tugend förderlich sei, dürfe im Unterricht verwendet werden. Basileios verlangt sozusagen jeweils eine «Editio ad usum Delphini». Im übrigen dürfe diesem Unterrichtsstoff nur propädeutische Bedeutung beigemessen werden, d.h. Einführung in ein gutes Griechisch und einen guten Stil. Das Wesentliche christlicher Bildung aber sei nur mit dem Studium der Heiligen Schriften zu erreichen. Beschäftigung mit profaner Literatur um ihrer selbst willen, also unter Einbeziehung des Inhalts und der den Inhalt bestimmenden Intentionen der Verfasser, sei reine Frivolität.

Mit der Liberalität des Kirchenvaters ist es also nicht zu weit her. Und wenn er nicht gezwungen ist, auf ein Schulsystem Rücksicht zu nehmen, das er nicht von heute auf morgen verändern kann, d.h. in seinen Predigten ans Volk, dann bleibt an der Antike und ihrer Literatur kein gutes Haar. Nicht einmal Propädeutik ist mehr gefragt.[84] Die Auswahl der Lektüre der Klassiker, die in der Schule behandelt wurden, oblag bestimmt nicht jenen jungen Leuten, an welche sich Basileios richtet. Das Lehrpersonal aber war völlig an den paganen Bildungsgütern orientiert und geschult, auch wenn sie schon als Christen ihre Lehrtätigkeit ausübten. Und alle Welt hing inbrünstig an diesen heidnischen Literaturwerken, weil sich auf ihnen der Stolz auf die griechische Padeia gründete. Man erinnere sich: Kurz bevor Basileios Bischof wurde, hatte Kaiser Julian jenes berühmte Bildungsedikt erlassen, das, wie die Ausführungsbestimmungen deutlich machten, christlichen Lehrern verbot, sich im Unterricht mit heidnischer Literatur zu befassen.[85] Damals ging ein Aufschrei der Entrüstung durch die Welt der gebildeten Christen: Auch sie seien Hellenen, und die Klassiker gehörten ihnen genauso wie den Heiden. Selbst ein Heide wie Ammianus Marcellinus[86] fand das Edikt intolerant und würdig, von der Geschichte verschwiegen zu werden. Einzelne Versuche von Christen, so etwas wie christliche Schulbücher zu verfassen, Evangelien im Hexameter und dergleichen, scheiterten sehr bald. Die Hochachtung vor der griechischen Klassik, längst vor der Gründung Konstantinopels fester Bestandteil des griechischen Selbstbewußtseins, mit dem man sich von der «Romanitas» abhob und kraft dessen man an der Spitze der Menschheit stand, war nicht mehr abzuschwächen. Zwar gab es im frühen Christentum durchaus Kreise, die mit höchster Verachtung von dieser Bildung sprachen, aber jene Gruppen, denen die Zukunft gehörte, weil sie die Angepaßten waren, hatten immer den Wunsch und das Bestreben, gerade durch den Anschluß an die stolze Welt der griechischen Paideia den Beweis zu erbringen, daß das Christentum nicht gewillt war, außerhalb der etablierten Gesellschaft und Kultur zu bleiben. Dagegen vermochte das ganze byzantinische Jahrtausend hindurch keine mönchische Opposition etwas, was von Dauer gewesen wäre. Manche der Kirchväter geraten hier ins Zwielicht. Basileios z. B. – es wurde eben erwähnt – wettert in seinen Predigten nach Kräften gegen die heidnische Antike, insbesondere gegen die heidnische Philosophie, und verrät doch in seinen moralischen Schriften auf Schritt und Tritt die Anleihen, die er bei dieser Philosophie, insbesondere der Stoa, aufgenommen hat. Andere können sich etwa in den einleitenden Worten zu einer Predigt oder einem hagiographischen Text nicht genug tun in der Verdammung rednerischer Techniken, ihrer Verlogenheit und Verderbtheit, um dann im nächsten Augenblick sich eben dieser Techniken sehr gekonnt zu bedienen.

Man wollte nicht ins Abseits geraten, mußte aber auch dem Rigorismus und einer angeblichen evangelischen Simplicitas die Reverenz erweisen. Die offizielle Orthodoxie gab sich schließlich – so weit man auf diesem Felde überhaupt verallgemeinern darf – damit zufrieden, wenn man sie glauben machen konnte, man sei nur noch an verbalen und stilistischen Feinheiten der antiken Autoren interessiert, lehne aber den Inhalt kategorisch ab. Dieser Formalisierungsversuch gedieh ohne Zweifel relativ weit, aber einen vollen Erfolg konnte er nie verbuchen, schon gar nicht im 5. und 6. Jahrhundert. Die Orthodoxie gab sich offenbar nicht Rechenschaft über die Unmöglichkeit, sich durchwegs auf Formalismus zu beschränken; vorab konnte dies einem Humanisten nicht gelingen, dessen Herz an dieser Literatur hing. Und deren gab es noch genug. Der höhere Klerus aber, der über einige Bildung verfügte, unterschied sich nach Studiengang und Wissen in nichts von den weltlichen Literaten. Er war auf die gleiche Bildung nicht weniger stolz als jene, so daß ein paganisierender Humanismus bei ihm auf nicht viel Widerstand stoßen konnte. Dieser Klerus war der «Gefahr des Mythos» ebenso ausgesetzt wie die Literaten.

Dies sind Vorbemerkungen, die wohl unumgänglich sind, will man der Erotik in der frühbyzantinischen Literatur gerecht werden.

Wirft man nach dem Gesagten einen Blick auf die frühbyzantinische Literatur, d.h. die Literatur der Zeit zwischen dem 4. und dem beginnenden 7. Jahrhundert, so wird man kaum überrascht sein, daß von einer Ablösung dieser Literatur vom Mythos, gerade da wo der Mythos erotisch ist, kaum die Rede sein kann. Zunächst ein paar Beispiele aus dem 4. und 5. Jahrhundert. In diese Zeit, wahrscheinlich in das Ende des 4. Jahrhunderts, gehört der Liebesroman des Heliodoros aus Emesa, die «Aithiopika», in welchem die wechselnden Schicksale der Helden Theagenes und Charikleia bis zum Tag der Hochzeit erzählt werden, ein Werk, das sich in Byzanz durch lange Jahrhunderte ungebrochener

Beliebtheit erfreute – ohne Zweifel ein Stück Weltliteratur, dessen Nachhall noch in Verdis Aida festzustellen ist.[87] Der Verfasser stellt sich selbst vor als einen «Phönizier aus Emesa, Sohn des Theodoros, Abkömmling des Helios selbst». Es ist klar, daß es sich um einen «heidnischen» Roman handelt; allerdings ist zu betonen, daß der «theologische» Hintergrund schon stark monotheistisch ist, und daß der Sieg der Tugend der Helden die moralisch entscheidende Tendenz des Romans ist. Der Kirchenhistoriker Sokrates erzählt in seiner Geschichte (5. Jahrhundert) von einem Bischof Heliodoros der thessalischen Stadt Trikka, der seinem Klerus besonders nachdrücklich den Zölibat eingeschärft habe.[88] Dieser Bischof habe in seiner Jugendzeit ein erotisches Werk, Aithiopika genannt, verfaßt. Ob Sokrates zwischen dem bischöflichen Eifer für den Zölibat und der unverkennbar moralischen Tendenz des Romans einen Zusammenhang herstellen wollte, ergibt sich aus dem Text nicht. Angesichts der Reiselust der spätantiken Menschen ist es nicht auszuschließen, daß ein Phönizier nach Thessalien verschlagen wurde; auch nicht auszuschließen, daß er Christ und schließlich Bischof wurde. Auch Synesios von Kyrene, ein anderer Literat der Zeit und noch dazu Verfasser eines Schlüsselromanes, der «Ägyptischen Geschichten», wurde schließlich Bischof. Auf der anderen Seite ist es wahrscheinlicher, daß eine Verwechslung vorliegt, die vielleicht sogar dazu diente, den Liebesroman für die christliche Bildungsschicht zu retten.

Besonders wichtig in diesem Zusammenhang ist die Gestalt des Nonnos aus dem ägyptischen Panopolis in Ägypten (5. Jahrhundert). Er gehört zu jenen Literaten, die – wie schon manche Autoren zur Zeit des Kaisers Julian – sich darum bemühten, christlich-biblische Stoffe im Gewande altgriechischer Dichtung dem Geschmack einer neu entstehenden christlichen Literatenschicht anzupassen. So verfaßte er eine metrische Paraphrase des Johannes-Evangeliums. Wichtiger ist sein umfassendes Epos, die «Dionysiaka».[89] Es handelt sich um einen bakchantischen Hymnus auf die

Triumphe des Gottes des Rausches aus der Feder eines Dichters, der völlig dem Mythos verfallen ist. Diese Dionysiaka, deren perfekte Metrik man anerkennt, die man aber im übrigen gelegentlich als poetische Ungeheuerlichkeit abgetan hat, sind einer der sprechendsten Belege für das ungebrochene Fortleben einer in den Mythos verpackten Sinnlichkeit und Erotik, die bei den Literaten des seit einem Jahrhundert christlichen Imperiums sich keinen Zwang anzutun nötig hatten. Nonnos, so hat man gesagt, führt in die erotische Literatur den «Voyeur» ein: Der oder die Liebenden verstecken sich im Gebüsch oder auf Bäumen oder wo immer sich Gelegenheit findet, und betrachten von da aus begeistert, begierig und nicht selten lüstern die Reize schwimmender Göttinnen oder Nymphen, lieblicher Knaben und Mädchen, die nackt in der Hitze des Tages ihr Bad nehmen. Baden sie nicht, so ergehen sie sich in durchsichtiger Gewandung, die wenig oder nichts bedeckt. Die keusche Artemis preßt dabei die Beine zusammen, andere geben sich weniger Mühe. Das Letzte freilich bleibt dem Voyeur vorbehalten: Ein Zweig, Blätter usw. erfüllen hier ihren Dienst und die Metapher muß die Einzelheiten ersetzen. Freilich bietet sich auch die Metapher in glühenden und verführerischen Farben an.[90]

Wir wissen vom Leben des Dichters wenig. Die Behauptung, er müsse zuerst die Dionysiaka geschrieben haben, sei dann Christ geworden und habe jetzt das Johannes-Evangelium vorgenommen, ist aus der Luft gegriffen und unterstellt den Menschen des byzantinischen 5. Jahrhunderts mehr Folgerichtigkeit, als sich im allgemeinen feststellen läßt. Sie verkennt das häufig zu beobachtende nahtlose Nebeneinander von heidnischen und christlichen Attituden.

Nonnos hatte seine Verehrer, die versuchten, es ihm nachzutun. Zu erwähnen ein Kolluthos, um 500, ebenfalls aus Ägypten, der ein Kurzepos über den «Raub der schönen Helena» hinterließ.[91] Kolluthos ist wesentlich nüchterner als Nonnos, und ergeht sich kaum in erotischen Miniaturen.

Zur Not, daß Aphrodite vor Paris ihren Busen enthüllt. Die Ereignisse folgen sich in fast zwanghafter Geschwindigkeit. Nur am Ende geht der Dichter über die vorgegebenen mythologischen Daten hinaus und bringt die rührende Klage der Tochter Helenas, die so erbarmungslos von ihrer Mutter verlassen wird, die sich auf göttlichen Zwang hinauszureden versucht.

Unmittelbarer und ausschließlicher auf Erotik und Sexualität zielt Aristainetos.[92] Er ist der Verfasser von 50 erotischen Briefen. Schreiber und Empfänger sind allesamt an einem interessiert, nämlich an der erotischen Eroberung. Zwischen Huren und Ehefrauen ist kaum zu unterscheiden; sie stehen im Rampenlicht. Hier die Klage einer Hure über eine andere, die ihr ihre jüngste Eroberung abspenstig gemacht hat; dort eine zweite, die ihre Kollegin bewundert, die es fertig bringt, Alte und Ältliche von sich fern zu halten und sich nur mit Jungen zu vergnügen. Hier der Verdruß einer dritten, die sich mit Serenaden statt mit Geld zufrieden geben soll; dort eine verheiratete Frau, die den Sklaven ihrer Freundin begehrt und zum Ausgleich ihr ihren Mann zur Verfügung zu stellen bereit ist. Gleichgültig, wie viele Motive und einzelne Züge sich bereits in der erotischen Briefliteratur der vorausgegangenen Jahrhunderte finden, die Aristainetos kennt und verwertet: Entscheidend in unserem Zusammenhang ist die Zeit der Publikation dieses Werkes. Es dürfte um 500 abgefaßt worden sein, als allerchristlichste Kaiser wie Anastasios das Reich regierten und den Ton bestimmten. Was Aristainetos zu bieten hat, wird durch keine kritische Bemerkung aus seiner Feder etwa als verwerflich hingestellt. Er bringt alles ohne Anflug von Prüderie, wie das Natürlichste von der Welt, vermeidet allerdings die offene Obszönität nach Möglichkeit. Moralische Bedenken gibt es im Bestfall entsprechend dem Ehrenkodex der Welt der Dirnen. Alles klingt nach vertrautem Alltag, und wenn «das, was folgt» weiter nicht ausgeführt wird, so war dies zumeist auch schon bei den Vorgängern des Aristainetos der Fall, –

es wird der Fall bleiben durch die ganze erotische Literatur der Byzantiner. War Aristainetos Christ? Die Briefe verraten keine Spur davon, obwohl es nicht a priori auszuschließen ist.

Zu dieser vorsichtigen Stellungnahme veranlassen zwei Dichternamen der nächsten Generation: Paulos Silentiarios[93] und Agathias.[94] Ersterer lebt bis 575, letzterer bis 582, beide in der Hauptstadt Konstantinopel.

Die sogenannte Anthologia graeca, von der noch zu sprechen sein wird, enthält von Paulos an die 80 Epigramme; die Hälfte davon findet sich in Buch V, das den Liebesepigrammen gewidmet ist. Von Agathias bringt die Anthologie an die 100 Epigramme, auch davon etwa die Hälfte im Buch V. Aber auch manche Epigramme, die sich in anderen Büchern der Sammlung finden, gehören zu den Erotika. Was in diesen Epigrammen fast ausschließlich wichtig genommen wird, ist das schöne junge Mädchen, von dem jederzeit verlangt wird, daß es sich dem männlichen Begehren füge, und die lockende junge Dirne. Selten nur findet die reifere Frau noch Beachtung, wie einmal beim Silentiarios:

Deine Falten, Philinna, bedünken mich schöner als alle
Glätte der Jugend, und mehr lockt's mich, mit spielender Hand
deine Äpfel zu kosen, die schwer ihre Knospen schon senken,
als die schwellende Brust bei einer blühenden Maid.
Köstlicher scheint mit dein Herbst als der Frühling der andern, und wärmer
als deren Sommer scheint mir dein Winter zu sein.[95]

Mit alten Huren aber, die immer noch glauben, im Geschäft bleiben zu sollen, kennt diese Epigrammatik keine Spur von Erbarmen:

Sie, die mit prangender Schönheit dereinst sich gebrüstet, die eitel

einherschritt und das Geflecht ihrer Locken vor sich her trug,
dir nur mit Hochmut und Hohn auf meine Leiden herabsah:
jetzt, vom Alter zerfurcht, hat sie der Schönheit entsagt.
Schlaff ist ihr Busen, erloschen ihr Blick, verschwunden die Brauen
und aus dem Munde ertönt greisenhaft lallend das Wort.
Rächer der Liebe, – so nenn ich verblichene Haare: sie zeigen
rasch sich den Stolzen, und dann sitzen sie streng zu Gericht.[96]

Besonders verhaßt aber sind ihnen alte Frauen, die sich plötzlich verpflichtet fühlen, sich um die Tugend junger Mädchen zu kümmern:

Ist sie nicht alt wie drei Krähen, dies Weib! Nur um mich zu ärgern
schob das Verhängnis so oft ihren Tod immer wieder hinaus.[97]

Für Agathias ist Liebe in der Ehe eine absurde Sache:

Seine eigene Gattin mit reizlosem Kusse zu herzen,
Liebe zu geben als Pflicht, kann dies wohl wirklich ein Mann?[98]

Dies sind Zeilen aus einem Epigramm, in dem Agathias die Chancen möglicher Liebesbeziehungen, sozusagen als Jurist, der er ist, gegeneinander abwägt. Eine Jungfrau zu deflorieren führe entweder zwangsweise zu einer verhaßten Ehe oder aber vor den Strafrichter. Daß man dabei auch mit der orthodoxen Moral in Konflikt kommt, daran denkt der Epigrammatiker offenbar überhaupt nicht oder es rührt ihn nicht. Dirnen aber seien zu kostspielig, und was die Witwen betrifft, so nähmen sie es teilweise an Geilheit mit den Dirnen auf, oder aber sie zögen sich reumütig zurück, kaum daß sie sich auf das Spiel eingelassen hätten.

Kost du die eigene Magd, dann sei auch im Herzen gewärtig,
daß du deinerseits selbst Sklave der Sklavin nun bist.

Mit all dem hat Agathias alles andere als Enthaltsamkeit im Sinne. Nur Knabenliebe soll es nicht sein, – oder besser: darf es nicht sein.

Schön ist's frei sich zu fühlen von sinnlicher Regung, doch packt's dich,
laß dann die Liebe zum Mann nie dir verwirren den Sinn![99]

Andere Probleme liegen ihm mehr am Herzen. Etwa was zu tun ist, wenn man zwischen zwei Mädchen zu sitzen kommt und von beiden begehrt wird.[100] Oder wie man nächtens an ein Mädchen herankommt, daß mit seiner Mutter im gleichen Bette liegt, noch dazu, wenn die Tür abgeschlossen ist und die Magd davor Stellung bezogen hat. Diese aber hat möglicherweise zu viel getrunken, so daß der Held des Epigramms doch noch zum Ziele kommt.[101] Agathias kennt auch schon den leisen, fast zärtlichen Spott über ein konstantinopolitanisches Dirnchen, das zur «Künstlerin» aufgestiegen ist und sogar porträtiert wird:

Im byzantinischen Rom war ich einst ein Dirnchen und teilte
jedem, der wollte, für Geld gern meine Zärtlichkeit aus.
Künstlerin bin ich nunmehr, Kallirrhoe heiß' ich, und Thomas
stellte mich liebesentbrannt hier im Gemälde nun dar
und offenbarte dabei, wie zärtlich er fühlt; denn es schmilzt ihm
gleich dem schmelzenden Wachs selber im Busen das Herz.[102]

Paulos Silentiarios ist um keinen Deut zurückhaltender als sein Freund Agathias, eher deftiger und um einiges einfallsreicher. Er weiß genau Bescheid um die Kunstfertigkeit der Mädchen beim Küssen:

Demos Küsse sind weich, lang küßt und laut Galateia;
Doris hinwiederum beißt. Wo ist der größere Reiz?[103]

Er findet es ganz in der Ordnung, wenn eine Frau reihum ihre Gunst vergibt, und wenn sie mit einem beisammen ist, schon an den nächsten denkt. «Und will eine Frau mich darob schelten, dann soll sie sich doch ärmlich mit ihrem einzigen Mann begnügen.»[104] Für Paulos ist «süßer als offene, heimlich gestohlene Lust.» Er feiert stolz den Ehebruch, und wenn er ihm gelingt, dann «mag mich ein Fremder, ein Nachbar, ein Wanderer, ein Priester, ja selbst meine eigene Frau dabei ertappen.»[105] Fast schwärmerisch berichtet er von heftig Liebenden, die sogar die Kleider tauschen, so daß er dem jungen Achilles in Mädchenkleidern am Hofe des Lykomedes gleicht, während sie im kurzen Röckchen aussieht wie Artemis, die halbnackte Göttin der Jagd.[106]

All diese Epigramme schwelgen in einer Welt, die bei Basileios oder Chrysostomos nur tiefsten Abscheu erregt hätte. Es gehört schon fast zu den Absonderlichkeiten dieser Epigrammatik, wenn der Scholastikos Eratosthenes dichtet:

Schön ist das Kleinod der Keuschheit, doch wollte ein jeder nur sie
treulich bewahren, wie bald stürbe das Leben dann aus.
Nimm dir rechtens ein Weib und schenke der Mitwelt
fern der Unzucht ein Kind, das dich zu ersetzen vermag.[107]

Dies ist wohl das biederste all dieser Epigramme. Aber es richtet sich gewiß nicht nur gegen die Verächter der Ehe als solcher, sondern auch gegen die Verfechter des Ideals der Jungfräulichkeit.

Was ist von dieser von Erotik und sexueller Freibeuterei durchsetzten Epigrammatik, und was von der Welt dieser Epigrammatiker des 6. Jahrhunderts zu halten? Man hat argumentiert, es handle sich bei diesen Versen nur um Spiel, das allenfalls «an die Peripherie der Seele heranreiche». Die Gefühle, die hier ausgesprochen würden, seien «bar jeder Wirklichkeit». Offenbar wird dabei unterstellt, es handle sich um ein rein philologisches und antiquarisches Vergnügen, um Spaß an der gekonnten Reproduktion und Nachahmung klassischer erotischer Vorbilder, mit deren Variation man sein Wissen und Können unter Beweis stellte, ohne innerlich davon berührt zu sein. Denn die Welt, in der diese Dichter wirklich lebten, sei ganz anders beschaffen gewesen; sie sei geprägt gewesen von der Verachtung alles Irdischen und aller irdischen Lust und von einer entschiedenen Wendung zum Jenseits, wie es eben der orthodoxe Glaube, der Byzanz längst beherrschte, vorschrieb. Zum Beweis führt man aus der Fülle der Epigramme des 6. Jahrhunderts andere an, die denen der zitierten Epigrammatiker entgegenstehen: der Tod als Pforte zum Glück, die Wahrung der Keuschheit, ein vergeistigter Eros, der Heroismus der Tugend usw. Dagegen ist gewiß nichts einzuwenden, sofern man festhält, daß dies eben nur eine Seite jenes Doppellebens der Byzantiner darstellt, auf das man durch alle Jahrhunderte immer wieder stößt. Der allein gültige und maßgebende Repräsentant der Gesellschaft existiert auch in Byzanz nicht, und die Schilderung der einen Seite fegt die andere Seite nicht hinweg.

Beginnen wir mit der «Welt, in der die Dichter lebten». Wer der Ansicht ist, diese byzantinische Welt des 6. Jahrhunderts sei durchgehend von der Hinwendung zu jenseitigen Werten bestimmt gewesen, verrät eine erstaunliche Unkenntnis vor allem des Konstantinopels dieser Zeit. Die erotischen Epigramme bewegen sich in einem Raum, wo die leichten Mädchen sozusagen an jeder Ecke der Stadt anzutreffen sind und wo die käufliche Liebe zum Alltag gehört und die Ehe keinen hohen Kurswert hat. Genau dies aber ist die Welt der Hauptstadt und wahrscheinlich auch von Städten wie Antiocheia und Alexandreia. Die Dichter hatten es wirklich nicht nötig, für ihre Milieu-Schilderungen auf die alten heidnischen Epigramme zurückzugreifen.

Konstantin der Große scheint der Hoffnung gewesen zu sein, mit der Kasernierung der Huren in *einem* Bordell das Problem in den Griff bekommen zu haben.[108] Aber schon Theodosios der Große richtete neben den Remisen des Stadtpräfekten ein weiteres Haus ein, mit Vorzug für arme Huren. Und Malalas, der davon berichtet, unterstellt mit keinem Wort, daß die Behausung für Frauen «außer Dienst» bestimmt gewesen wäre.[109] Erstaunlich – oder auch nicht – die spätere Nachricht, es habe in Konstantinopel bis in die erste Hälfte des 8. Jahrhunderts einen ehemaligen Adelspalast gegeben, der als Absteige für Ehefrauen und Witwen des Adels gedient habe, «die es nicht fertig brachten, enthaltsam zu leben.»[110] Wir erfahren aber auch von privaten Hausbesitzern, die Wohnungen für Dirnen und Zuhälter vermieteten. Darüber hinaus traf man diese Frauen auf allen möglichen Plätzen und Straßen, auch in vornehmen Vierteln und bei Kirchen. Das Forum Constantini scheint erklärlicher Weise besonders beliebt gewesen zu sein. Die Kirchenväter beschweren sich sogar darüber, daß selbst in den Kirchen während der Liturgiefeier sexuelle Beziehungen angebahnt wurden.[111] Daß das Spiel zwischen und hinter den «Kulissen» und offensichtlich auch auf offener Bühne getrieben wurde, wird durch die Quellen reichhaltig belegt. Was Prokopios über das Bühnenleben der späteren Kaiserin Theodora zu berichten weiß, mag eine teilweise illegitime Übertragung bekannter allgemeiner Erscheinungen auf eine einzelne Repräsentantin des Standes sein, die Richtigkeit der Milieu-Schilderung ist kaum zu bezweifeln.

Aus den Novellen Justinians[112] erfahren wir von wohlorganisierten Jagden auf junge Mädchen in den Provinzen. Es scheint, als hätte sich mancher Gouverneur gewinnbringend daran beteiligt. Selbst vor Kindern von zehn Jahren wurde nicht Halt gemacht. Man ließ die Eingefangenen, die man zum Teil armen Eltern abgekauft hatte, heilige Eide schwören, dem neuen Stand treu zu bleiben und lockte sie mit nie eingehaltenen Versprechungen eines Lebens in Luxus und Freuden. Die Furcht vor einem Eidbruch habe viele dazu verleitet, nicht auszubrechen.

Wohl gemerkt: Prostitution war trotz aller Warnungen der Kirchenväter vom staatlichen Recht in dieser frühbyzantinischen Zeit nicht verboten. Das Strafrecht trat nur in Aktion, wenn damit Ehebruch verbunden war. Die Kirche selbst sah in jedem außerehelichen Geschlechtsverkehr Hurerei und bestrafte den Hurer – nach Basileios – mit 7 Jahren Exkommunikation. Im staatlichen Recht brachte erst die Ekloge des 8. Jahrhunderts eine Änderung.[113] Sie bedrohte den Hurer mit körperlichen Strafen. Wohl aber stand die justinianische Gesetzgebung den Zuhältern, die ohnehin als infam galten, entgegen. Die Hure selbst scheint von der Kirche nicht weiter beachtet worden zu sein; sie galt nicht minder als infam und rechtsunfähig als der Zuhälter. Die justinianische Gesetzgebung aber stellte die Schutzmaßnahmen für Huren in den Vordergrund.

Über die Zahl der Huren in der Hauptstadt lassen sich kaum verläßliche Angaben machen. Nach Malalas[114] soll die Kaiserin Theodora in Konstantinopel sich die Zuhälter samt den Mädchen haben vorführen lassen. Sie zwang sie zu einer eidlichen Aussage, wie hoch der Preis der Mädchen gewesen sei; sie nannten je fünf Goldstücke. Theodora habe ihnen dann die Mädchen abgekauft und ihnen die Freiheit gegeben. Bei Prokopios sieht die Nachricht etwas anders aus:[115] Die Kaiserin habe etwa 500 Prostituierte aus dem Umkreis des Forums wegholen lassen, um sie jenseits des Bosporos in ein «Reue»-Kloster zu sperren. Manche von ihnen sollen sich aus Verzweiflung in die Tiefe gestürzt haben, weil sie an ihrem Beruf hingen. Wie viele der Kaiserin und ihrem Spürsinn entgingen, bleibt die Frage. Und die räumliche Kapazität des «Klosters» dürfte ihre Grenzen gehabt haben.

Es gab auf jeden Fall wenig Barrieren gegen unzüchtiges

Treiben. Und wer dergleichen zum Gegenstand seiner Poesie machen wollte, brauchte nur die Augen aufzumachen. Es ist meines Erachtens unmöglich, die Drastik und die Frivolität eines Agathias oder Paulos Silentiarios auf philologische Artistik in Nachahmung der Alten zu reduzieren. Bei aller «Exemplarität» älterer Epigramme, ohne persönliche Identifikation mit dem Inhalt konnte es nicht abgehen. Wir haben keinen Grund, in den beiden Dichtern ständige Bordellgäste zu sehen. Aber selbst wenn es sich nur um Gebilde ihrer durch die Straße angeregten Phantasie handelt: auch solchen Gebilden eignet «Wirklichkeit», und sie setzen einen Identifikationsgrad voraus, der sicher nicht an der «Peripherie ihrer Seelen» haltgemacht hat. Dies scheint psychologisch denn doch sehr zweifelhaft.

Wir haben im übrigen allen Grund zur Annahme, daß diese Epigramme nicht nur im Kreise weniger Eingeweihter zirkulierten. Agathias rief jedenfalls seine Bekannten auf, ihm ähnliche Epigramme zu schicken, und Paulos insbesondere kam dieser Einladung mit Dutzenden solcher Produkte nach. Weder Paulos noch Agathias scheinen Anstoß erregt zu haben, jedenfalls findet sich davon keine Spur. Und Paulos Silentiarios bewegte sich dank seiner Herkunft und seines Hofamtes in den höchsten Kreisen. Überdies erhielt er kurz vor seinem Tod den kaiserlichen Auftrag, den großen Panegyrikus zur Einweihung der restaurierten Hagia Sophia (563) abzufassen und in der Kirche zum Vortrag zu bringen.[116] Hier ließ sich neben dem Kaiser auch der Patriarch feiern, der offenbar gegen den Autor keine Einwände hatte. Was Agathias betrifft, so geht er im Vorwort zu seinem Geschichtswerk, das er nur mit Hilfe von Männern des Hofes unternehmen konnte, auch auf seine frühere dichterische Tätigkeit ein, ohne mit einem Wort anzudeuten, er sehe darin etwas wie eine Jugendsünde. Hier erwähnte er auch ein Jugendwerk, Daphniaka genannt – es ist verloren gegangen –, «geschmückt mit gewissen erotischen Motiven und voll ähnlicher erfreulicher Motive».[117] In einem Epigramm, das er diesem Werk gewidmet hat, erklärt er, es der Göttin der Liebe geweiht zu haben, Aphrodite also, und daß es ihm darin weniger um die Musen als vielmehr um die «Orgien der Liebe» gegangen sei. Der einzige Lohn, den er sich von der Göttin erbeten: sie möchte ihm ein Mädchen über den Weg schicken, das sich nicht ziere und ihn nicht unnötig schmachten lasse.[118]

Bei Paulos Silentiarios ist in dem, was wir noch haben, das religiöse Epigramm überhaupt nicht vertreten. Agathias verfaßte ein paar Dedikationsepigramme an Engel und Heilige; doch vergleicht man die vielen erotischen mit den wenigen dürr-religiösen, so stellt man unschwer fest, wo er «mehr bei der Sache» war.

Vom Hof und von höfischen Kreisen war wenig Widerstand gegen eine derartige Erotik zu erwarten. Wie unscharf der Vorwurf «heidnisch» im 5. und 6. Jahrhundert auch gehandhabt worden sein mag, so ist doch bemerkenswert, daß noch im 5. Jahrhundert nicht wenige Stadtpräfekten Konstantinopels als heidnisch verschrieen waren.[119] Das Wenigste, was man daraus schließen mag, ist wohl eine äußerst permissive Einstellung gegenüber allen Äußerungen des öffentlichen Lebens, die noch heidnischen Stil verrieten. Vom Fortleben des Mythos als der gängigsten Verpackung von Erotik war schon die Rede, aber auch Heidentum als Stütze politischer Ideen und Ziele war noch nicht ausgestorben. Noch der Historiker Zosimos an der Schwelle des justinianischen Zeitalters ließ an Konstantin dem Großen kein gutes Haar und führte den Verfall des Reiches nicht zuletzt auf dessen, vom Christentum gedeckten Amoralismus zurück. Und noch der Magister Militum Illus, selbst ein Christ, betrieb seine politische Opposition mit Hilfe heidnischer, philosophisch eingefärbter Klüngel.[120] Kaiser Justinian suchte alle diese oppositionellen Kräfte auszuschalten und dem Christentum, wie er es verstand – es war wiederum primär die dogmatische Spekulation – die absolute Herrschaft zu sichern. Politik und Unterrichtswesen waren die

Erstbetroffenen; moralische Reserven vermochte er kaum zu mobilisieren, jedenfalls nicht an seinem Hof. Das Treiben der großen Damen, allen voran der Frau des großen Feldherrn und Pantoffelhelden Belisarios, hat Prokopios zu düsteren Schilderungen angeregt. Die Tatsachen, die er anführt, mögen übertrieben sein, aber er kann sie nicht samt und sonders aus der Luft gegriffen haben. Der Quaestor Sacri Palatii, der erste Jurist des Reiches, Tribonianos, der lange Zeit des Kaisers höchste Gunst genoß, galt allenthalben als Heide; aber wenn ihn Justinian zeitweise fallen ließ, dann gewiß nicht wegen seiner religiösen Einstellung.[121] Die Unmoral des Praefectus Praetorio Joannes von Kappadokien war Stadtgespräch. Daß die Nachricht über seine päderastischen Umtriebe uns in einem Werk erhalten geblieben ist, das sich thematisch mit der Reichsverwaltung befaßt, ist besonders auffällig.[122] Übrigens weiß Joannes Malalas für die Anfänge der Regierungszeit Justinians von der weiten Verbreitung der Päderastie zu berichten. Selbst einige Bischöfe kamen unter Anklage, und die Strafen gingen bis zur Kastration. Aber es scheint nicht, daß diese Art von Justiz auf die Dauer ihre Wirkung tat.[123]

Wiederum ergibt sich aus dem Gesagten der Eindruck, daß die moralische Lage in Konstantinopel, vor allem in den Kreisen, die das Sagen hatten, kaum dazu angetan war, einen Dichter von der Freizügigkeit der behandelten Epigrammatiker das Fürchten zu lehren. Und die Hierarchie, von der man hätte Protest erwarten können, erinnert man sich des Basileios und des Joannes Chrysostomos, schweigt. Die großen Wächter der Moral und die großen Prediger scheinen der Vergangenheit anzugehören. Was die justinianische Zeit an Predigern und Sittenlehrern aufzuweisen hat, ist gegenüber den Zeiten des Basileios, des Gregorios von Nazianz und des Chrysostomos verschwindend gering. Und Gregorios so gut wie Chrysostomos, beide in Konstantinopel Bischöfe, kamen aus der Provinz. Beider Tätigkeit war eine kurze Episode, Konstantinopel konnte sie gar nicht verkraften. Solange Chrysostomos die Fehler und Laster der kleinen Leute aufs Korn nahm, war er gepriesen und begehrt. Aber in dem Augenblick, wo er die Untugenden bei Hof zu tadeln begann, war sein Ende vorgezeichnet. Es ist unwahrscheinlich, daß man sich bei Hof in den nächsten Generationen einen zweiten Chrysostomos wünschen konnte. Für die neuen Hierarchen war kluge Zurückhaltung geboten; sie wußten, woran Chrysostomos gescheitert war. Außerdem hatte man unter dem dogmatischen Führungsanspruch des Kaisers genug mit theologischen Finessen zu tun, um dem Zickzackkurs der Majestät in gebührendem Abstand folgen zu können. Für Moral blieb keine Zeit, jedenfalls nicht für ernst gemeinte moralische Entrüstung.

Was man im 6. Jahrhundert von den erotischen Romanen der Spätantike, Heliodoros eingeschlossen, noch las, wissen wir nicht. Ein Teil davon drängt sich erst in mittelbyzantinischer Zeit wieder in den Vordergrund, und die Stellung, die man zu ihnen bezog, hatte mit der Mentalität des 6. Jahrhunderts nicht mehr allzuviel gemein. Trotzdem beschränkt sich der «leichte» Lesestoff dieses Jahrhunderts und der folgenden Jahrzehnte vor dem Arabersturm nicht etwa auf erotische Epigramme. Denn genau in dieser Zeit blühen der hagiographische, theologisch verbrämte Roman und eine Novellistik ähnlicher Art.[124] Es geht um Berichte über das Leben von Heiligen, die trotz ihrer erbaulichen Einkleidung gewiß auch dem Amusement dienten. Und manchmal ist auch ein gewisser erotischer Einschlag nicht zu verkennen. Eingeleitet wird diese Art von Literatur durch «apokryphe» Schriften, d.h. Bücher, die sich als zur Bibel gehörig ausgeben, aber keine Aufnahme in den Kanon der authentischen biblischen Schriften fanden; der romanhafte Einschlag ist besonders bei den apokryphen Acta Apostolorum deutlich. Weitschweifig wird von den Missionsreisen der Jünger Christi berichtet; sie führen in ferne Länder und fremde Welten mit all den «Mirabilia», an denen der spätantike und mittelalterliche Mensch so nachhaltig interessiert war. Man könnte, unser Thema betreffend, als Beleg die Akten des Apostels Joannes nennen. Hier sind zum Beispiel, ohne daß der Kontext es erfordern würde, mit beklemmender Deutlichkeit Szenen von Nekrophilie ausgebreitet, natürlich zu Ehren des Apostels, der mit seiner Wunderkraft damit fertig wird.[125] Musterbeispiel ferner die Berichte über eine gewisse Thekla, die innerhalb der Paulus-Akten eine Art Thekla-Kurzroman bilden.[126] Der Apostel Paulus predigt bei offenem Fenster in Ikonion vor seinen Anhängern über Enthaltsamkeit und Jungfräulichkeit: «Selig, die ihr Fleisch rein erhalten; selig die Enthaltsamen, die der Welt entsagt haben; selig, die Frauen haben, als hätten sie sie nicht». Die heidnische Jungfrau Thekla, die mit einem jungen Heiden verlobt ist, hört im Hause gegenüber diese Predigt. Drei Tage lang, ohne zu essen und zu trinken, ist sie von dieser Predigt hingerissen und «klebt wie eine Spinne am Fenster». Der Bräutigam, den sie nicht mehr beachtet, ist erbost und denunziert den Apostel beim Präfekten: Paulus kommt in den Kerker. Jetzt besticht Thekla mit ihrem Schmuck den Gefängniswärter und setzt sich die ganze Nacht dem Apostel zu Füßen, um sich weiter belehren zu lassen. Am nächsten Tag wird Paulus dem Richter vorgeführt, Thekla aber bleibt im Gefängnis und sie «wälzt sich auf dem Boden an der Stelle, wo der Apostel gesessen». Der Richter verbannt Paulus aus der Stadt, Thekla aber wird aufgegriffen und wegen Widerspenstigkeit zum Feuertod verurteilt. Sie wird in die Arena gebracht, nackt ausgezogen und auf den Scheiterhaufen gebunden. Aber ein Platzregen bringt das Feuer zum Erlöschen. Sie wird wieder frei und begibt sich sofort auf die Suche nach dem Apostel. Sie findet ihn und erklärt ihm: «Jetzt will ich mich rundum scheren und dir folgen», und sie bittet um die Taufe. Paulus vertröstet sie auf später, aber sie ziehen zusammen nach Antiocheia. Dort sieht ein vornehmer junger Mann das Paar. Er ist von der Schönheit Theklas, die er für eine Sklavin des Apostels hält, entzückt und bittet diesen, sie ihm zu verkaufen. Und da Paulus erklärt, sie gehöre ihm nicht, reißt er sie ohne weiteres an sich und umarmt sie. Thekla wehrt sich tugendhaft, reißt ihm den Kranz vom Kopf und zerreißt seine Kleider. Das bringt sie neuerdings vor Gericht und sie wird «ad bestias» verdammt. Nackt, nur mit einem Schurz bekleidet, kommt sie wiederum in die Arena. Natürlich tun ihr die wilden Tiere nichts. Da sieht sie eine Grube voll Wasser mit gefräßigen «Robben» darin. Sie ruft aus: «Jetzt ist es Zeit, ein Bad zu nehmen!» und mit den Worten: «Im Namen Christi taufe ich mich auf den letzten Tag» springt sie ins Wasser, worauf die Robben sofort tot auf der Oberfläche treiben. Wieder frei, legt sie Männerkleider an und macht sich neuerdings auf die Suche nach dem Apostel. Beide finden sich, trennen sich dann, und Thekla reist nach dem isaurischen Seleukeia, wo sie eines seligen Todes stirbt. Ihr Grab wird zu einem vielbesuchten Wallfahrtsort.

Dies eine Art Muster des hagiographischen Romans. Der Autor des Textes, ein kleinasiatischer Priester des 2. Jahrhunderts, war offenbar gewillt, den Leser nach Kräften anzuregen, so daß die vorgegebene Erbaulichkeit darüber wohl ins Wanken kommen konnte. Offensichtlich ging auch dieses Buch, wie die meisten apokryphen Apostelakten, der Orthodoxie zu weit; die meisten von ihnen wurden verboten, was aber ihrem Fortleben wenig schadete. Was der Hauptgrund des Verbotes war, ist nicht eindeutig. Wahrscheinlich war es die dreiste Konkurrenz zu den authentischen Schriften des Neuen Testaments, und darüber hinaus heterodoxe Formulierungen, wie zum Beispiel die Taufformel Theklas. Ob die Erotik eine Rolle spielte, bleibt fraglich, es kam wohl hier wie in allen hagiographischen Romanen auf den Grundsatz an: «Quidquid recipitur, ad modum recipientis recipitur.»

Neben echten oder fiktiven Nachrichten über die Apostel ließen sich auch etwas spätere Heiligenleben romanhaft verwerten. Nüchterne biographische Skizzen werden ausgeschmückt und mit novellistischen Zügen angereichert. Für Heilige, von denen man nur das Todesdatum und das Grab kannte, werden ausführliche Biographien nachgeliefert, und nicht allzu selten werden ganz einfach neue Heilige erfunden und mit einer Lebensbeschreibung ausgestattet, offensichtlich in erster Linie für das Vergnügen der Leser. Der Phantasie waren Tür und Tor geöffnet. Eine «glaubhafte» Schilderung eines Heiligenlebens war ja nicht allzu schwer. Man wußte, was man einem Heiligen zumuten konnte, und was man von ihm erwarten durfte: zunächst die Erfüllung eines Pensums von Pflichten. Er hatte tugendhaft zu sein, und zwar in einem heroischen Grad. Was es an Tugenden gab, war längst in ein System gebracht, das jeder Kenner der religiösen Literatur beherrschte. Und dann ein seliges Ende. Die Wunder aber gehören zum Erweis der Gottgefälligkeit des Helden. Am besten wirkt er sie schon zu Lebzeiten, gewiß aber nach seinem Tod. Und je auffälliger, erstaunlicher und unglaublicher sie sind, um so besser. Die Art der Wunder aber wird bestimmt vom wechselnden Bedarf seiner Verehrer. Damit ist ein gültiger Rahmen vorgegeben, und innerhalb dieses Rahmens läßt sich gut und gern auch Unterhaltsames und Verfängliches unterbringen, ja auch das Laster. Dieses vielleicht sogar leichter und weniger gefährdet als im Roman alter Gattung. In der Hagiographie haben ja Irrungen und Wirrungen und selbst die offene Schilderung der erotischen Ausschweifung eine teleologische und theologische Funktion: die Erbauung. Denn je krasser das Laster, um so erhebender die Bekehrung und die Standfestigkeit des Helden gegenüber der Versuchung. Das Gute siegt auf jeden Fall, und zwar triumphal, und die Reue hat ein Recht auf Absolution.

Was den vorhin erwähnten «modus recipientis» betrifft, so sei hier auf die berühmte Vita des Mönchsvaters Antonios aus der Feder des nicht weniger berühmten Patriarchen Athanasios von Alexandreia verwiesen.[127] Sie ist um 357 entstanden und fand rasch weltweite Verbreitung. Von Interesse sind hier vor allem die Versuchungen, denen sich Antonius in seiner Einsamkeit ausgesetzt sah, Versuchungen insbesondere durch schöne, lüsterne Frauen, die ihm seine Phantasie vorgaukelte und die ihm ungehemmt ihre Reize anboten. Dies wird lebhaft geschildert und kann lebhaft geschildert werden, denn der Heilige widersteht. War dies erotisch anregend? Wir haben darüber, soviel ich sehe, für die ganze byzantinische Zeit keine Andeutung. Und dies ist im Genos der Hagiographie, vor allem dann, wenn ein so erlauchter Name wie Athanasios als Verfasser zeichnete, auch nicht sehr wahrscheinlich. Denkt man aber an die Malerei im Westen, an Hieronymus Bosch zum Beispiel, bei dem gerade die sexuellen Versuchungen des Heiligen keine unwichtige Rolle spielen, oder an Literatur-Werke wie «La tentation de saint Antoine» von Gustave Flaubert, dann bekommt man eben doch eine Ahnung, wie Hagiographie die erotische Phantasie anregen kann. Ob Rückschlüsse auf Byzanz getätigt werden können, bleibt aber nach wie vor unklar und auf jeden Fall fragwürdig.

Hagiographie als bescheidenes Alibi für ein gewisses Maß an Frivolität in Byzanz ganz auszuschließen, scheint mir allerdings zu weit zu gehen. Jedenfalls kann man wohl ähnliche Tendenzen im hagiographischen Roman und in der hagiographischen Novellistik des ausgehenden 6. und beginnenden 7. Jahrhunderts vermuten. Jetzt taucht beispielsweise zum ersten Mal das Motiv der nackten, büßenden Hure auf, die sich bekehrt und eine Heilige wird. Freilich hat das Motiv wenig mit der Art zu tun, wie es im Westen, insbesondere im Barock, gehandhabt wurde. Die halbnackte Büßerin, deren wallendes Haar die Pracht des Körpers mehr entblößt als verhüllt – dies alles ist dem byzantinischen Prototyp der Büßerin, der ägyptischen Maria, fremd.[128] Diese nackte Heilige – keine Spur von Halbakt! – ist eine Frau von 76 Jahren, die 47 Jahre ihres Lebens ohne Berührung mit der Außenwelt oder den kosmetischen Mitteln des Barock in der palästinensischen Wüste verbracht hat. Inzwischen sind ihr die letzten Fetzen ihrer Kleidung vom Körper gefallen, sie ist schwarz gebrannt von der glühenden Sonne und hat nur noch wenige Büschel weißen Haares auf dem Kopf. So entdeckt sie ein alter Mönch, dem sie, kurz bevor sie stirbt, ihr Leben beichtet. Hier erst ist es, wo die Welt der Huren zur Darstellung kommt, – dann aber farbig genug. Mit 12 Jahren hat sie sich aus freien Stücken zum erstenmal prostituiert. In aller Öffentlichkeit hat sie sich sämtlichen Arten der Ausschweifung hingegeben, ohne Geld zu nehmen, sondern aus reiner Lust. Um ihren Lebensunterhalt ging sie betteln oder sie übernahm Spinnarbeiten. Einmal sah sie eine Schar von Männern zum Hafen von Alexandreia eilen. Neugierig lief sie hinterher und erfuhr, daß sie zum Feste Kreuzerhöhung nach Jerusalem unterwegs waren. Sie bat eine Anzahl junger Leute sie mitzunehmen, und da sie die Passage nicht zahlen konnte, «bot sie ihnen ihren Körper als Preis für die Überfahrt an». Aus der Wallfahrt wurde eine Orgie, und diese Orgie wurde in Jerusalem die Tage vor dem Fest fortgesetzt, mit Pilgern sowohl wie mit Bürgern der Stadt. Am Festtag selbst wollte auch sie in die Grabeskirche, aber eine Wunderkraft hinderte sie daran, über die Schwelle zu kommen. Jetzt gelobte sie, sich zu bekehren und Buße zu tun, und die Kirche stand ihr offen. Dann aber ging sie für alle übrigen Jahre ihres Lebens über den Jordan in die Wüste. Die Erzählung dieses Vorlebens einer Büßerin ist drastisch genug. Ist sie auch pikant? Doch wohl nur in Grenzen. Ein gewisses Behagen des Verfassers darf trotzdem unterstellt werden, denn in ähnlichen Erzählungen aus späterer Zeit wird mit einem solchen Vorleben umsichtiger umgegangen. Die Zeiten änderten sich offensichtlich auch in Byzanz.

Die büßende Maria von Ägypten steht nicht allein. In verschiedenen Ausfertigungen gibt es eine gewisse heilige Pelagia.[129] Eine Ausfertigung führt nach Antiocheia. Hier ist die Sünderin durch Unzucht steinreich geworden und am ganzen Körper derart mit Schmuck überladen, daß sie vom

Volk nur noch Margarito, die Dame mit den Perlen, genannt wird. Von Sklaven und Sklavinnen geleitet paradiert sie vor dem Klerus, der unter dem Kirchenportal sitzt. Herman Usener, der Bearbeiter der Legende meinte: die Bewegung in den Köpfen der Geistlichen wäre ein Bild für Makart gewesen. Aber Makart ist dekadentes Wien um die Jahrhundertwende, und Usener selbst hatte für einen Heiligen als solchen wenig übrig. Pelagia jedenfalls bekehrt sich, zieht Männerkleider an, wie Thekla, verbirgt ihr Geschlecht und lebt als Mönch Pelagios auf dem Ölberg. Erst nach ihrem Tod entdeckt man ihr Geschlecht, – ein Motiv, das im Mittelalter nicht allzu selten ist.

Während hinter der Thekla-Geschichte das enkratitische Motiv der Jungfräulichkeit steht, gibt es auch hagiographische Geschichten, die «eheförderlich» sind und fast als contes drôlatiques bezeichnet werden könnten. In einer Kirche der heiligen Ärzte Kosmas und Damian, die zu Lebzeiten ihre Kunst gratis ausgeübt haben sollen und dafür den ehrenden Beinamen «Anargyroi» d.h. die Honorar-Verweigerer bekamen, wurde immer noch nach dem Muster antiker Asklepios-Heiligtümer der sogenannte Heilschlaf gepflegt.[130] Der Kranke begab sich zur Nachtruhe in die Kirche und bekam zumeist von den Heiligen im Traum therapeutische Anweisungen. So lag in dieser Kirche einmal eine Frau, die nicht mehr sprechen konnte. Zwei Betten weiter lag ein Gelähmter und dazwischen ein Dritter, der uns die Geschichte erzählt. In der Nacht bekam der Gelähmte – er war offensichtlich nur partiell gelähmt – von den Heiligen die Weisung, sich zu der von Aphasie befallenen Frau ins Bett zu legen. Der Berichterstatter beeilt sich zu bemerken, daß die Heiligen ihn natürlich nicht zur Unzucht auffordern wollten. Der Gelähmte freilich scheint anderer Meinung gewesen zu sein. Jedenfalls zögerte er geraume Zeit und machte sich erst ans Werk, als die Heiligen zu drohen begannen. Mit Mühe kroch er auf allen Vieren zum Bett der Frau. Diese erwachte und schrie entsetzt auf – und war von der

Aphasie geheilt. Vom Schrei erschreckt, glaubte der Lahme, die Leute würden zusammenlaufen und ihn verprügeln. So sprang er auf, um sich in Sicherheit zu bringen – auch er war geheilt! Und dann die Pointe: bald darauf seien beide wunderbar und wunderlich Geheilten ein Paar geworden.

Der Erbaulichkeit wird in solchen Geschichten manches zugemutet. So erzählt der Bischof Leontios von Neapolis auf Kypros ohne mit der Wimper zu zucken manch verquere Züge aus dem Leben seines Helden, eines Symeon, der ein «Salos» ist, d.h. ein Narr um Christi willen.[131] Etwa wie er auf offenem Platz mit je einer Hure am Arm herumtanzt, sich aber auch von den Huren verprügeln läßt. Oder wie er eine Hure als Freundin haben wollte und ihr einen Haufen Geld versprach unter der Bedingung, daß sie sich ihm nicht verweigere – die Fortsetzung fehlt (schon im Original!). Die sogenannte asketische Narretei mochte als Entschuldigung dienen, jedenfalls in den Augen des bischöflichen Autors, welcher der hochgepriesenen Tugend der «Apatheia», d.h. der Ungerührtheit allen leidenschaftlichen Regungen gegenüber, offenbar alles mögliche zutraute. Ob der Durchschnitt der Leserschaft in einem solchen Büchlein mehr sah als eine Sammlung ergötzlicher Schnurren?

Derselbe Bischof Leontios erzählt in seiner Biographie des alexandrinischen Patriarchen Joannes des Almosengebers von einem Mönch, von dem er nicht bemerkt, er habe den «Salos» gespielt.[132] Dieser Vitalios kam aus einem palästinensischen Kloster nach Alexandreia und sammelte dort die Adressen sämtlicher Huren, deren er habhaft werden konnte. Dann ging er tagsüber an die Arbeit und verdiente dabei je ein Keration, d.h. etwa ein Vierundzwanzigstel eines Goldstückes. Für einen Teil dieses Geldes aß er; den Rest brachte er des Nachts jeweils einer Hure in ihre Behausung unter der Bedingung, daß sie keinen Klienten einlasse. Sicherheitshalber blieb er des Nachts über bei ihr und betete, während sie schlief. Am Morgen verließ er sie, nachdem er sie zum Schweigen verpflichtet hatte. Offenbar schwiegen die Huren nicht, und Vitalios kam in einen erbärmlichen Ruf, da er noch dazu in der Folgezeit jeden Abend bekannt gab, welche Hure an der Reihe sei. Erstaunlich seine Erklärung gegenüber seinen Lästerern: «Habe ich nicht den gleichen Leib wie ihr anderen auch? Oder zürnt Gott nur den Mönchen?» Wenn man ihm riet, doch gleich die Kutte abzulegen und zu heiraten, meinte er: «Nur damit ihr kein Ärgernis habt, soll ich mir ein Hauskreuz aufladen und üble Tage hinnehmen?». Angeblich hatte er Erfolg: Einige Huren hätten ihren Beruf aufgegeben, andere sogar geheiratet. Als er starb, begleitete ein Schwarm von Huren und Bekehrten seinen Sarg mit Kerzen in der Hand.

Eines ist wohl deutlich: Wer sich beim Lesen amüsieren wollte, konnte es auch mit hagiographischen Texten.

VI.
Philologen und Antiquare

Seit der Mitte des 7. Jahrhunderts sind die Verhältnisse, auf deren Hintergrund sich das Hin und Her zwischen Orthodoxie und Erotik abspielt, in vieler Hinsicht andere als im 6. Jahrhundert. Jene Großstadt, in der Joannes Chrysostomos seine Ideale einer äußerst mobilen, um nicht zu sagen morbiden Bevölkerung einzuprägen versucht hatte, Antiocheia, ist schon im 6. Jahrhundert infolge von Naturkatastrophen und persischen Einfällen so gut wie ausgeschieden. Im Jahre 642 ging Alexandreia für das Reich verloren und fiel in die Hände der islamischen Araber. Trotz mancher Ermüdungserscheinungen, die nicht zu leugnen sind, war diese Stadt in der frühbyzantinischen Zeit, was das geistige Leben anlangt, Konstantinopel immer überlegen gewesen. Wer geistig in jener Zeit zählte, hatte zumeist in Alexandreia studiert und dort an jener Auseinandersetzung zwischen «Mythos» und Christentum teilgenommen, die den Rhythmus der Zeit bestimmt hatte. Konstantinopel war daran gemessen immer «zweite Wahl». Jetzt hatte dieses Konstantinopel zwar das Monopol, aber ohne darüber qualitativ aufzuholen – eher ist das Gegenteil feststellbar. Die humanistenfeindliche Einstellung Kaiser Justinians wirkte sich aus. Durch die Eroberung der Araber gingen dem Reich so wichtige Provinzen wie Ägypten, Palästina und Syrien verloren, die sich lange Jahrzehnte dem Zentralismus Konstantinopels entzogen hatten. Mit diesem Verlust ist das Ausscheiden der meisten Monophysiten aus dem Reich verbunden, jener christlichen Kirche also, die nicht wenige Kräfte der offiziellen Orthodoxie gebunden hatte. Die Reichskirche selbst wurde damit territorial sehr eingeengt, auf der anderen Seite jedoch gewann sie an Selbstsicherheit. Orthodoxie wird jetzt endgültig zum echten Kennzeichen der Integration in die Reichsideologie, und die Macht der Kirche kommt ungehemmter zur Geltung als früher. Dies um so mehr, weil der Staat nach dem Verlust wichtiger Ressourcen in den abgetretenen Provinzen sich nicht selten auf die finanzielle Hilfe der Kirche angewiesen sieht. Die Kirche weiß dies sehr wohl und besteht auf Willfährigkeit des Staates ihr gegenüber. Es ist interessant festzustellen, wie zum Beispiel kanonistische Anschauungen der Kirche, etwa im Ehe- und Scheidungsrecht, allmählich auch Eingang in die staatliche Gesetzgebung finden, die sich früher um diese Kanonistik nicht allzu sehr gekümmert hatte. Schließlich verlagern sich die Schwerpunkte des Mönchtums, die bisher in Ägypten, Palästina und Syrien gelegen hatten, nach dem Norden und dem Nordwesten, d.h. das Mönchtum hat neue Chancen, seinen Einfluß in die Nähe der Reichszentrale zu tragen und dort selbst zur Geltung zu bringen. Mönchische ethische Idealvorstellungen verbunden mit den moralischen Forderungen der hierarchischen Orthodoxie können nun, so scheint es, mit wesentlich mehr Nachdruck diktiert werden als in der Frühzeit des Reiches. Typisch für diese Entwicklung ist es, daß noch im 7. Jahrhundert das Konzil «in Trullo» jene schon oben angeführten Bestimmungen erläßt, die alles mit dem Anathem belegen, was sich an unschuldigen und da oder dort vielleicht weniger unschuldigen Arten der Volksbelustigung, die wohl auch mit Erotik zu tun haben konnten, anführen läßt.

Der Humanismus aber – hier verstanden als eine immer noch das Lebensgefühl bestimmende oder doch beeinflussende Beschäftigung mit den heidnisch-antiken Bildungsgütern – ermattet darüber mehr und mehr. Was von diesen Bildungsgütern überleben sollte, bedurfte einer besonderen Absicherung. Dies läßt sich besonders deutlich am spätantiken Roman und seinem Fortleben in dieser Zeit ablesen. Dabei geht es in diesem Zusammenhang natürlich nicht um den reinen Reiseroman oder ähnliches, sondern um den erotischen Roman. Wie schlug sich der Roman von «Chaireas und Kallirrhoe» des Chariton von Aphrodisias, wie die «Ephesiaka» des Xenophon von Ephesos oder «Daphnis und Chloe» von Longos durch die Jahrhunderte? Abgesehen von Daphnis und Chloe, den der Romancier Eugenianos im 12. Jahrhundert zitiert und als bekannt voraussetzt, hören wir kaum etwas von ihnen. Und doch überlebten sie. Und wenn, abgesehen von Papyrusfragmenten, die handschriftliche Überlieferungen erst mit dem 13. oder 14. Jahrhundert richtig einsetzt, dann darf mit Vorsicht unterstellt werden, daß diese neuen Handschriften nicht etwa Uncial- oder Kursiv-Exemplare frühester Zeit kopieren, sondern Minuskel-Exemplare, die kaum vor dem Ende des 8. Jahrhunderts entstanden sind. Das hieße, daß man auch damals schon die Romane gelesen und kopiert hat, ohne sich mit dieser Kenntnis öffentlich gebrüstet zu haben.

Von einer literarischen Beschäftigung mit solchen Romanen, die offen zutage liegt, können wir bestfalls beim Roman des Achilles Tatios, «Leukippe und Kleitophon»[133] und bei den «Aithiopika» des Heliodoros,[134] von denen schon die Rede war, sprechen, wobei Tatios wohl sicher vorbyzantinisch ist, d.h. etwa dem 2. Jahrhundert zuzurechnen ist.

Hier kurz die Abfolge der Ereignisse im Roman des Tatios, die in dieser oder jener Variation in allen übrigen Romanen, die byzantinischen des 12. Jahrhunderts eingeschlossen, fast dieselbe bleibt:

Ein junger Mann aus Tyros, Kleitophon, bekommt von seinem Vater seine Tochter aus zweiter Ehe Kalligone zur Frau bestimmt. Doch da kommt der Onkel des Kleitophon samt Frau und Tochter Leukippe nach Tyros und Kleitophon verliebt sich stracks in Leukippe. Da Kalligone inzwischen geraubt wurde, hindert ihn nichts mehr, mit Hilfe seines Freundes Klinias und eines sehr geschickten Sklaven, zu einem Rendezvous mit Leukippe zu kommen, die ihm sehr geneigt ist. Die Mutter des Mädchens überrascht sie, doch Kleitophon kann unerkannt entwischen, hält es aber jetzt für ratsam, zusammen mit dem Mädchen, Klinias und dem Sklaven das Weite zu suchen. Die Fahrt geht nach Ägypten, doch schiffbrüchig werden sie an das ägyptische Ufer gespült, wo sie prompt in die Hände von Sumpfräubern fallen. Leukippe soll geopfert werden, aber jetzt greifen reguläre Truppen die Räuber an, sie retten Kleitophon, doch sie müssen bald wieder abziehen, und Leukippe bleibt in den Händen der Räuber, die sie – scheinbar – ihren Göttern opfern. Kleitophon gelingt es, in der Nacht an die Stätte des Opfers vorzudringen, um am Grabe der Geliebten selbst den Tod zu suchen. Aber das Opfer war nur Schein, der Sklave bringt Leukippe lebend aus einem Verließ, und das liebende Paar ist nun wieder frei. Allerdings verliebt sich nun der Kommandeur der Truppe in Leukippe, das Glück ist wiederum gefährdet, doch schließlich wird das Paar wieder frei und kommt nach Alexandreia. Aber Leukippe wird wiederum entführt und von den Räubern auf ein Schiff gebracht und dort enthauptet. Kleitophon gelingt es, den Rumpf aufzufischen und zu begraben. Nun ist keine Hoffnung mehr, und da ihn ein lüsternes Weib, Melitte, eifrig umgarnt, verspricht er ihr, mit ihr ins Bett zu gehen, allerdings erst in der Heimat Melittes, in Ephesos. Dort angekommen, gerät Kleitophon in die Nähe einer unscheinbaren, offenbar schwer mitgenommenen Sklavin auf den Gütern Melittes. Es könnte doch Leukippe sein, und sie ist es tatsächlich! An ihrer Stelle wurde auf dem Schiff ein anderes Mädchen enthauptet, Leukippe aber in Ephesos als Sklavin verkauft. Doch Melitte drängt Kleitophon, sein Versprechen zu erfüllen, und er tut es schließlich auch, d.h. er bricht die Ehe, denn der Mann Melittes, Thersandros, ist noch am Leben und kommt hinter die Beziehungen seiner Frau. Er läßt Kleitophon in den Kerker werfen und bemüht sich nun seinerseits um die Liebe Leukippes, wird aber energisch abgewiesen. Da er sich rächen will, aber da auch andere an Leukippe interessiert sind, verschwindet das Mädchen in einem versperrten Versteck, so daß auch Thersandros nicht mehr weiß, wo sie ist, und darob Kleitophon und Melitte des Mordes bezichtigt. Alles ist nun so verworren, daß nur noch ein Prozeß den Knoten entwirren kann. Kleitophon wird als Mörder der Leukippe zum Tod verurteilt. Doch vor der Exekution erscheint der Hohe Priester der Artemis mit einer Festgesandtschaft aus Byzanz, an deren Spitze der Vater der Leukippe steht. Noch dazu gelingt es Leukippe, aus ihrem Gefängnis zu entkommen, d.h. Kleitophon kann nicht ihr Mörder sein. Nachdem Leukippe außerdem zwei Keuschheitsproben, im «Wasser des Styx» und in der «Grotte des Pan» erfolgreich überstanden hat, steht dem ferneren Glück des Paares nichts mehr im Wege.

Die Erotik des Romans liegt offen zutage. Ja sie ist vom Verfasser ausdrücklich gewollt, ja forciert. Eine Liebesgeschichte, so erklärt er schon in der Einleitung, sei ein gutes Stimulans für die Begierde. Sollte sich jemand Enthaltsamkeit zum Gebot gemacht haben, so belehre ihn der Roman eines Besseren. Das Beispiel reize zur Nachahmung, insbesondere wenn die Liebeshelden aus der Oberschicht oder der Welt der Götter kommen. Den einfachen Mann hindere zunächst die Scham, über die Stränge zu schlagen; doch so erlauchte Beispiele könnten ihn dazu bewegen, es ihnen nachzutun und sich die gleichen Freiheiten herauszunehmen. Nach diesem Rezept entwickelt der Autor die Methoden, mit denen ein junger Mann sich das Mädchen seines Begehrens gefügig machen kann; er bedient sich dabei einer didaktischen Nachdrücklichkeit, die kein Detail vernachlässigt. Auch die Homoerotik wird gewürdigt, und der Vergleich beider Liebesweisen, etwa in der Technik des Küssens, fällt derart anschaulich aus, daß ein englischer Übersetzer des Romans bei dieser Passage aus dem Englischen in jenes Latein hinüberwechselt, das bei den Moraltheologen früher bei ähnlichen Anlässen den deutschen Text unterbrach. Einzuräumen ist, daß die Tugend der Heldin Leukippe jeder Versuchung standhält, so oft und nachdrücklich sie auch gefährdet werden mag. Anders sieht es bei den männlichen Protagonisten aus: Eine Konkubine neben der Geliebten, die man sich als Braut wünscht, scheint nichts Auffälliges und kaum etwas Anstößiges dargestellt zu haben; und wenn es gar nicht anders geht, weil ein Weib allzu zudringlich ist, dann muß eben einmal auch eine Ehe gebrochen werden. Natürlich wäre es dem Helden lieber, Leukippe würde nachgeben, aber sie tut es nicht, so lange keine Hochzeit vorausgeht. Leukippe scheint die Ausnahme zu sein, denn die übrigen Damen des Romans sind meist von lustvoll geschilderter Lüsternheit.

Harte Kritik wäre zu erwarten; aber man ist überrascht, daß sie so spät einsetzt. Photios nennt im codex 87 seiner Bibliothek den Roman ein Machwerk über eine unpassende Geschichte.[135] Der Stil insgesamt sei zwar nicht schlecht, aber das Buch sei allzu obszön, als daß man es empfehlen könnte. Jedenfalls hat Photios das Buch gelesen, und es kam ihm offenbar nicht in den Sinn, es nach der Lektüre der Einleitung des Autors, von deren Inhalt und Tendenz eben die Rede war, wieder aus der Hand zu legen. Um so überraschender ist dann ein Epigramm in der Anthologia Palatina:

> Zwar bittre Liebe, doch ein reines Leben wird
> durch Kleitophons Geschichte gleichsam offenbar.
> Leukippes reines Leben reißt uns alle hin:
> wie sie geschlagen wird, wie man das Haupt ihr schor,
> wie man sie schnöd behandelte, und sonderlich wie
> dreimal fast getötet sie dennoch alles trug.
> Wenn, Freund, auch du ein reines Leben führen willst,
> schau nicht auf Einzelheiten der Erzählung hin;
> mach dich mit der Geschichte Sinn zuerst bekannt,
> der dieses Paar, das keusch gelebt, zur Hochzeit führt.[136]

Das Lemma des Epigramms läßt die Wahl zwischen Photios und einem Philosophen Leon. Nach dem, was Photios in seiner Bibliothek zu sagen wußte, scheidet er wohl als Verfasser aus, es sei denn, er habe bei einer lectio repetita sein Urteil revidiert, obwohl doch der Inhalt stellenweise nach wie vor unwiderleglich obszön war. Mit der Identifikation des Philosophen Leon ist es nicht einfach. Am ehesten läßt sich an den Philosophen Leon Choirosphaktes denken. Gerade ihm wurde der Vorwurf gemacht, sich allzu intensiv mit dem Heidentum und heidnischer Literatur zu befassen, so daß man ihm die Rehabilitierung eines etwas verrufenen antiken Autors gern zutrauen möchte. Man hat dagegen eingewendet, dieser Leon habe ein sehr lobendes Epigramm auf seinen Lehrer, eben Photios, verfaßt, so daß es kaum verständlich wäre, wenn er nun dem Urteil des Photios widerspräche. Derartig tüftelige Argumentationen sind nichts wert, weil dahinter kein gesichertes Wissen über die Zeitenabfolge steht. Choirosphaktes kann sein Epigramm sehr wohl geschrieben haben, bevor er Kenntnis vom Urteil des Photios in seiner Bibliothek bekam, in einem Werk also, das schon seinem Umfang nach kaum in jedermanns Bücherregal auffindbar war.

Der codex 87 des Photios bedeutet jedenfalls eine eindeutige Verurteilung des Romans, gerade wegen seiner lasziven Erotik. Kann diese Verurteilung als Verdikt der Orthodoxie angesehen werden, oder handelt es sich nur um die Privatmeinung des Photios? Die Abfassungszeit der Bibliothek ist ein umstrittenes Thema. Am einleuchtendsten scheint mir die These von C. Mango,[137] es handle sich bei diesen Codices um ein «lifetime of study», dessen Beginn frühestens etwa 838 anzusetzen sei und mit dessen Ende man in die Zeit nach 876 komme. Innerhalb dieses langen Zeitraums die Verurteilung des Tatios zu datieren, ist unmöglich. Doch selbst wenn sie in die Patriarchatszeit des Photios gehören sollte, handelt es sich um keine kirchliche Indizierung. Andererseits geht es gewiß um die Stimme eines orthodoxen Mannes, und verallgemeinernd könnte man angesichts der Bedeutung des Photios sagen, um die Stimme des Gewissens der gebildeten Schicht in Byzanz. Was die Ehrenrettung durch das Epigramm betrifft, so scheint es, daß der Verfasser das Urteil irgendwelcher Leute kannte, die mit Tatios nichts anfangen konnten – es muß nicht das Urteil des Photios gewesen sein; d.h. der Roman war wohl umstritten, und das heißt, man hat ihn gelesen. Von einer allegorischen Deutung ist im Epigramm nichts zu finden.

Vielleicht gehört es auch zu einer versuchten Ehrenrettung des Romans, wenn in dem Suda genannten Lexikon des 10. Jahrhunderts Achilles Tatios nicht nur als Christ, sondern als Bischof erwähnt wird.[148] Ein Liebesroman aus der Feder des Bischofs muß ja wohl einwandfrei sein. Ich vermute allerdings, daß die Suda hier einfach Heliodoros mit Tatios verwechselt hat.

Der Roman dieses eben genannten Heliodoros nennt sich Aithiopika, d.h. äthiopische Geschichten. In Byzanz wird er nach der Heldin zumeist einfach Charikleia genannt. Er gehört dem 4. nachchristlichen Jahrhundert an. Im Schlußsatz, allen Handschriften gemeinsam, stellt sich der Verfasser selbst vor: «Heliodoros, Phönizier aus Emesa, Sohn des Theodoros, Abkömmling des Helios selbst.» Der Kirchenhistoriker Sokrates, wenn nicht Zeitgenosse Heliodors, so doch nicht sehr viel jünger, berichtet in seinem Geschichtswerk, wie schon erwähnt, einiges über die Tätigkeit des von ihm vermuteten Verfassers.[139] Ob er zwischen Jugend und Tätigkeit als Bischof – hier Zölibat, dort Erotik – einen Zusammenhang herstellen wollte, kann nicht gesagt werden. Erst recht haben wir keine Ursache, aus den Worten des Sokrates eine Verteidigung des Romans herauszulesen, denn er stellt zwischen den beiden Aussagen zur Tätigkeit des Heliodoros nicht den geringsten Zusammenhang her.

Die Verträglichkeit freilich der Moralvorstellungen dieses heidnischen Romans mit den christlichen war hier besser gewährleistet als bei Tatios. Der Roman ist ein engmaschiges Gewebe von gefährlichen Abenteuern, jeweils von verschiedenen Erzählern berichtet, im Umkreis der Helden Theagenes und Charikleia: Erste Liebe, Trennung, Wiederfinden, neue Trennungen, Gefährdung durch Piraten, durch Räuber und Liebestolle. Und durch das Ganze die unverbrüchliche Treue der Helden zueinander, die aber trotzdem keine sexuellen Beziehungen vor der Hochzeit erlaubt. Ebenso wie bei Tatios wird die Heldin immer wieder durch das maßlose Begehren Dritter gefährdet, aber ihre Tugend bleibt siegreich. Von einer Didaktik wie bei Tatios hier keine Spur, auch nicht von der Absicht des Verfassers, Begierde zu wecken; schlüpfrige Szenen fehlen vollständig. So schneidet dieser Roman in der Beurteilung durch Photios in Codex 73[140] seiner Bibliothek wesentlich besser ab als Tatios. Es stört Photios keineswegs, daß es sich um einen Liebesroman handelt, d.h. Liebe und das Verlangen nach Ehe sind keine zweifelhaften Werte mehr. Nur bei Photios oder ganz allgemein im 9. Jahrhundert? Daß der Roman von einem Bischof oder von einem Mann, der später Bischof wurde, stammen sollte, beeindruckte Photios nicht. Er kennt die Nachricht, tut sie aber mit einem «man sagt» ab. Übrigens scheinen ihn die Curiosa und Mirabilia des Romans tiefer beeindruckt zu haben als die Liebe der Helden. In dieser Liebe aber sieht er ein Muster vorehelicher Enthaltsamkeit. Eine weitere Sublimierung ist nicht nötig. In erster Linie aber geht es Photios um Sprache und Stil. Damit aber gerät die moralische Kritik von selbst ins Hintertreffen und die Philologie übernimmt die Führung. Hier deutet sich eine Wende an.[141]

Die Beschäftigung mit der alten heidnischen Literatur, auch jener, die der Erotik unvoreingenommen gegenüberstand, wird nach den bescheidenen Anfängen im 9. Jahrhundert im 10. sehr intensiviert, in jener Art, die Paul Lemerle «l'encyclopédisme du Xe siècle» genannt hat.[142] Nach Photios ist an erster Stelle dessen Schüler Arethas, der spätere Metropolit des kappadokischen Kaisareia, zu nennen, dessen «kodikologischer» Eifer für diese Strömung mustergültig ist. Und schon taucht auch gegenüber manchen Literaten der Vorwurf des «Hellenismus» d.h. einer heidnischen Einstellung auf, rhetorisch aufgebauscht bis zum Vorwurf des Götzendienstes und der Leugnung der göttlichen Trinität. Es ist bezeichnenderweise gerade Arethas, der ihn gegenüber jenem Leon Choirosphaktes erhebt, der vielleicht der Verfasser des zitierten Epigramms auf den Roman des Tatios ist. Der Vorwurf erhält damit ein gewisses, wenn auch bescheidenes Gewicht, denn um die bloße Beschäftigung mit den Formalia der antiken Literatur kann es sich nicht handeln, da Arethas selbst damit intensiv genug beschäftigt war.[143]

Im Verlauf des 10. Jahrhunderts sind es dann stark «antiquarische» Interessen, die das Bild dieses Hellenismus bestimmen. Inzwischen ist von der antiken Literatur nicht wenig in Vergessenheit geraten, teilweise auch verlorengegangen. Jetzt will man retten, was noch zu retten ist, und so setzt eine umfassende Tätigkeit des Sammelns und Exzerpierens ein, wobei eine gewisse Initiative, vor allem aber eine starke Protektion durch Kaiser Konstantinos VII. Porphyrogennetos gegen unpassende Angriffe nachdrücklich schützen konnte. Man ist versucht, diese Art von Enzyklopädismus als Denkmalschutz zu bezeichnen. Es genügt, daß es sich um «Altertümer» handelt, um sie pfleglich zu behandeln und aus der Kontroverse herauszunehmen, was immer der Inhalt sein mochte. Aus den Altertümern wurden endgültig «Kulturgüter der griechischen Nation», an denen herumzumäkeln geschmacklos wäre. Daß diese Kulturgüter das «Heidentum» neu beleben würden, diese Befürchtung stand nicht mehr im Vordergrund, jedenfalls nicht im 10. Jahrhundert.

Ein gutes Stück Freiraum war damit abgesichert. So hatten es auch die erotischen Epigramme des 6. Jahrhunderts und ihre Vorläufer aus der heidnischen Antike nicht mehr schwer, ungestört zu überleben. Epigramm-Sammlungen waren schon frühzeitig, z.B. durch Meleagros von Gadara (ca. 70 v. Chr.), veranstaltet worden. Für Byzanz besonders wichtig aber wurde die Sammlung des Agathias, die wahrscheinlich den Titel Sylloge oder Synagoge führte. Agathias, selbst Produzent von Dutzenden von Epigrammen, schreibt in der Folgezeit seine Freunde an, insbesondere Paulos Silentiarios, ihm Epigramme für eine Sammlung zu senden. Was er dabei erntete, bereicherte er mit Epigrammen einiger vorausgegangener Generationen und veröffentlichte es. Diese Synagoge machte offenbar fortune und erfreute sich geraume Zeit großer Beliebtheit; sie wurde exzerpiert, und neben ihr entstanden weitere kleine Sammlungen. So machte man sich um das Jahr 900 daran, den Bestand zu vereinheitlichen und noch weiter zu bereichern. Vor allem fügte man umfängliches antikes Material an. So entstand das erste umfassende Corpus der griechischen Epigrammatik, das den Bestand von mehr als eineinhalb Jahrtausenden enthielt. Die erotischen Epigramme standen dabei nicht weniger hoch im Kurs als andere. Der Veranstalter der Sammlung ist nicht etwa ein gebildeter Laie, sondern – so gut wie zweifelsfrei – der Chef des kaiserlichen Palastklerus (Protopapas) Konstantinos Kephalas. Wahrscheinlich begann seine Sammlung mit jener Gruppe, die heute Buch V der Anthologia Palatina bildet, d.h. den Erotika. Und vermutlich stammt aus der Feder des Kephalas das erste Epigramm dieses Buches:

> In jungen Herzen einen weisen Brand entfachend
> will ich mit Eros dieses Werk beginnen.
> Er ist es, der das Buch mit seinem Feuer füllt.[144]

Dies klingt gewißt nicht wie das Vorwort eines «Antiquars» zu seiner Sammlung. Das Adjektiv «weise» füllt den Vers und mag so oder so interpretiert werden. Ein Kopist der Sammlung, der etwa 50 Jahre nach Kephalas gearbeitet hat, verriet dann auch sein Bedenken: er ließ das Epigramm zwar stehen, fügte aber am Rand hinzu: «Flieht, junge Leute, den Pfeil des Eros, des Sohnes der Aphrodite.» Diese Notiz zeigt jedenfalls, daß man über allem antiquarischen Interesse da und dort den Leser noch nicht aus dem Auge verloren hatte.

Gab es denn damals schon dieses antiquarische Interesse? Wir befinden uns in der Regierungszeit des Kaisers Leon VI. Unter dessen Sohn Konstantin VII. Porphyrogennetos setzt jene Bewegung voll ein, die man den Enzyklopädismus des 10. Jahrhunderts genannt hat. Aber vorbereitet wurde die Bewegung schon ein bis zwei Generationen früher: die «Bibliothek» des Photios ist der beste Beleg dafür, die wesentlich intensiver an Wortschatz, Stil und Form der behandelten Literatur interessesiert ist als an den moralischen Qualitäten. Beleg auch jene Gruppe von neun Handschriften des ausgehenden 9. Jahrhunderts, die nicht nur kodikologisch zusammengehörten, sondern auch inhaltlich eine ganz bestimmte humanistische Richtung verraten.[145] Die Sammlung des Kephalas hat nicht nur Erotika ganz allgemein aufgenommen, sondern das für byzantinische Einstellung besonders befremdliche Buch der παιδικὴ μοῦσα, das der Knabenliebe gewidmet ist und jedenfalls zum größten Teil aus der Feder des Straton von Sardes (ca. 130 n. Chr.) stammt.[146] Hier steht in der Handschrift zur Erläuterung des Vorgehens eine wahrscheinlich Kephalas zuzuschreibende Notiz: «Wer wäre ich denn, wenn ich, nachdem ich dir alles Vorausgegangene vermittelt habe, die Knabenmuse des Straton unter den Tisch fallen ließe. Er hat sie ja selbst seiner Umgebung zum Vergnügen vorgetragen und er freute sich selbst daran, das heißt an der Sprache, nicht am Sinn!»[147] Ein wenig schlechtes Gewissen soll hier doch wohl beruhigt werden. Denn wenn Straton im ersten Epigramm seiner Sammlung sagt, daß diese Lieder, die der Knabenliebe gewidmet sind, wesentlich mit den Musen nichts zu tun haben, so ergibt sich daraus wohl eindeutig, daß es ihm doch zunächst um den Inhalt der Epigramme ging. Immerhin glaubt Kephalas oder wer es war, mit der Beschränkung auf Stil und Sprache (ἀπαγγελία) der Epigramme gerechtfertigt zu sein, auch wenn ihm offensichtlich dabei nicht ganz wohl war.

Was den Stand des Sammlers betrifft, d. h. die Tatsache, daß Kephalas Kleriker war, so ist dies weiter kaum befremdlich. Zum einen gibt es nichts in unserer Kenntnis der Bildung des byzantinischen Klerus, das uns zur Annahme zwänge, Kephalas sei wohl vertraut mit den Rigorismen eines Basileios oder Chrysostomos gewesen, und zum anderen ist es wahrscheinlich, daß er verheiratet war, daß er also der

Erotik gegenüber nicht von vornherein «zölibatär» eingestellt gewesen ist. Und seine Hochzeitsnacht war wohl kaum sein erster Schritt auf dem Felde der Erotik.

Seine Anthologie jedenfalls überlebte und gedieh. Etwa 80 Jahre nach Kephalas erfuhr sie eine Neubearbeitung, dies vor allem in einer Vermehrung der Epigramme.[148] Die Sammlung ist der Grundstock jenes berühmten codex Palatinus 23 der Heidelberger Bibliothek, nach dem das Ganze «Anthologia Palatina» genannt wird. Mit dieser Sammlung scheint auch der byzantinische Bedarf an erotischer Epigrammatik weitgehend gedeckt gewesen zu sein; jedenfalls gilt dies für die ganze mittelbyzantinische Zeit. Die Lust am Epigrammverfertigen selbst ist dabei durchaus nicht verloren gegangen. Wir kennen relativ umfangreiche Sammlungen aus dieser Zeit. Da ist etwa Joannes Mauropus zu nennen, zunächst Lehrer der Rhetorik und später Bischof. Mauropus ist eine anima candida und tief religiös außerdem. Das Thema Erotik lag ihm fern, und so ist auch seine Epigrammsammlung davon unberührt geblieben. Ein weiterer Epigrammatiker, Christophoros Mitylenaios, behandelt alle möglichen Themen, aber abgesehen von Epigrammen, mit denen er trösten will, geht es zumeist um Satire auf unschuldige menschliche Schwächen, um «niedliche Sachen», wie es Krumbacher nennt. Etwas anders liegt der Fall bei Joannes Geometres. Er spart das Thema Erotik nicht aus, aber er steht ihm nicht frei gegenüber wie die alten Epigrammatiker, sondern quält sich damit herum:

O, der Liebe Brand! Was hab ich Tor gemacht?
Was tun? Laß mich von deinen Lippen, Mädchen,
trinken. Doch es brennt nur stärker noch ...
Für diesen Durst kenn ich nur einen Arzt:
Liebe durch Liebe gehemmt, die heißer brennt:
Herr Christ, dir hang ich an; laß deine Wasser fließen
und lindernd sich in meinen Brand ergießen![149]

Es sieht fast so aus, als scheine die Erotik, wie sie im 6. Jahrhundert ihren dichterischen Niederschlag fand, den Literaten dieser Zeit tatsächlich nicht mehr vertretbar. Dann überrascht es auch nicht, wenn in dieser Zeit der hagiographische Roman und die hagiographische Novelle, anzüglich oder nicht, fast ganz verschwinden. Damit verschwindet zugleich ein Stück Literatur, das durch ihre Unbeschwertheit und ihre Lust am pittoresken Detail immer wieder für erotische Insinuationsmöglichkeiten gesorgt hatte. Die Hagiographie wird im 10. Jahrhundert durch Symeon Metaphrastes weitgehend formalisiert und typisiert. Der «Textus receptus» läßt keine Kapriolen mehr zu. Allerdings ist z. B. das Motiv der nackten Heiligen nicht gänzlich verschwunden. Wir kennen aus der Zeit um 900 das Leben einer – erfundenen – heiligen Theoktiste von Lesbos aus der Feder des Magistros Niketas.[150] Ohne Zweifel zum Teil eine Doublette der Maria Aegyptiaca, aber bezeichnenderweise ohne sündiges Vorleben. Besonderes Interesse könnte zunächst das Martyrium eines heiligen Ehepaares, Galaktion und Episteme in Emesa, geschrieben von einem gewissen undatierbaren Eutolmios, aber vormetaphrastisch, erwecken.[151] Emesa ist die Heimat des Heliodoros und Galaktion und Episteme heißt bei Tatios das Elternpaar von Kleitophon. Doch die Passio verrät nichts von einer «hagiographischen Ehrenrettung» des Romans des Tatios.

Denkmalschutz auf der einen Seite und Rückgang eigener erotischer Schöpfungen auf der anderen Seite. Hat der Mythos inzwischen seine stimulierende Kraft verloren?

Zunächst jedenfalls scheint die Philologie als solche den Mythos, auch den erotischen Mythos, seiner emotionalen Kräfte zu berauben. Und damit wird auch der erotische Roman zum «Stilmuster». Schon bei Photios in der «Bibliothek» spielen solche Fragen eine bedeutende Rolle, und die moralischen Bedenken, die er ausspricht, sind eher ein Appendix, wenn auch ein ernst genommener. Für die Weiterentwicklung ist von besonderem Interesse Michael Psellos

(† ca. 1080). Zwischen ihm und Photios liegt die Periode, welche durch Konstantinos VII. Porphyrogennetos charakterisiert ist, d.h. die «Denkmalspflege», von der die Rede war. Vor «Hellenismus» schien man gesichert zu sein.

Das 11. Jahrhundert zieht aus dem Denkmalschutz die Folgerungen: Man fühlt sich durch diesen Schutz als Literat selbst geschützt; auf eine Textrenaissance folgt eine inhaltliche. Psellos ist innerhalb dieser Bewegung offenbar der führende Kopf. Ihm ging es zunächst freilich um die Philosophie, um eine Wiederbelebung der Platon-Studien, wenn auch im Rahmen einer formalen Orthodoxie. Trotzdem kam er bei den kirchlichen Behörden in den Verdacht des Hellenismus und er mußte sich verantworten. Wortgewandt, wie er war, kam er damit bestens zurecht. Dafür hielt man sich dann an seinen Schüler Joannes Italos, dem diese Gewandtheit offensichtlich fehlte und der auch nicht den nötigen Rückhalt in der byzantinischen Gesellschaft hatte, war er doch ein Italiener, wahrscheinlich aus einer normannischen Familie. Ihm wurde der Prozeß gemacht und das Urteil gesprochen. Aber es ist bezeichnend für seine Richter: Es geht keineswegs um hellenische, d.h. heidnische Lebensart oder Literatur, sondern einzig um bestimmte Sätze, die man mit dem orthodoxen Dogma nicht vereinbaren zu können glaubte.

Jedenfalls las man immer noch Tatios und Heliodoros. Und Psellos machte es sich zur Aufgabe, die beiden Autoren auf die Mustergültigkeit ihres Stiles zu überprüfen. Im Vergleich zwischen beiden Autoren gibt er Heliodoros den Vorzug. Freilich nicht ohne Einschränkungen. Er weiß auch, daß es Einwände gegen die Moral des Romans gab, und er sucht sie zu widerlegen, wenn auch ohne Kraftaufwand. Daß Tatios anrüchiger ist als Heliodoros, ist ihm nicht entgangen; eine vorsichtige Distanznahme ist unverkennbar, doch mit keinem Wort rät er – ungleich Photios – von der Lektüre ab.[152]

Jedenfalls setzt diese mittelbyzantinische Periode trotz aller philologischen Beschäftigung mit den Erotika der Vergangenheit nicht von sich aus zur Produktion neuer Werke an, die von einiger Bedeutung auf diesem Gebiet wären. Ist diese Periode prüder als die frühbyzantinische Zeit? Wahrscheinlich darf man dies ohne weiteres unterstellen, denn mit der «Philologisierung» der alten erotischen Schriftstellerei verlor auch der Mythos als die eingängige Verpackung von Erotik seine Kraft. Ob damit zusammenhängt, daß auch im öffentlichen Leben, etwa durch die Gesetzgebung, der erotische Spielraum ganz allgemein eingeschränkt wurde, scheint mir zweifelhaft, trotz einiger Verfügungen, die über das alte Recht ein gutes Stück hinausgingen.[153] So wird z.B. jetzt im Gesetzbuch der Ekloge aus dem 8. Jahrhundert, das im großen und ganzen trotz späterer Zusätze und Abänderung lange maßgebend blieb, der außereheliche Geschlechtsverkehr des Mannes, ob nun verheiratet oder nicht, unter Strafe gestellt.[154] Erst recht natürlich und gelegentlich verschärft, der widernatürliche Geschlechtsverkehr in allen Formen. Und während in der Ekloge die alte Institution des Konkubinats offenbar noch Duldung findet,[155] anerkennt Kaiser Leon VI. (886–912) nur noch die strenge Monogamie.[156] Auffällig dagegen sind gewisse Milderungen im kanonischen Strafrecht: Wenn Basileios z.B. geschlechtliche Beziehungen zwischen Männern mit 15 Jahren Kirchenbuße geahndet wissen wollte, so reduziert sich dieses Strafmaß, jedenfalls bei Theodoros Studites zu Beginn des 9. Jahrhunderts, auf zwei Jahre.[157] Soll man darüber auf eine nachsichtigere Beurteilung der Homosexualität durch die Kirche schließen? Kaum. Wir haben ein Zeugnis der Zeit, aus dem hervorgeht, daß man allzulange Kirchenbußen nicht mehr schätzte, weil man befürchtete, der Betroffene könne der Kirche überhaupt entfremdet werden.

Was die Prostituierten angeht, so besitzen wir einen Bericht, der an das Vorgehen der Kaiserin Theodora erinnert; nur die Methode hat sich geändert.[158] Nach Michael Psellos gab es zu seiner Zeit in Konstantinopel immer noch Scharen von Dirnen wie zur Zeit Justinians. Kaiser Michael IV. habe es erst gar nicht versucht, sie «mit Worten» zu bekehren, wollte aber (im Gegensatz zu Theodora) auch keine Gewalt anwenden. Dafür habe er ein großes, gut ausgestattetes Kloster erbaut und alle Dirnen, die sich bekehren wollten, eingeladen, dort Nonnen zu werden; es sollte ihnen an nichts fehlen. Angeblich folgten nicht wenige dieser Einladung. Von einem Überleben der Institution aber hören wir nichts; und es scheint auch nicht, daß sich die Zahl der Huren wesentlich vermindert hätte.

Dem Charakter der byzantinischen Chronistik entsprechend beziehen sich Nachrichten über das Sexualleben der Zeit zumeist auf hohe und höchste Kreise, besonders auf Kaiser und Hof. Kaiser Herakleios z.B. lebte über 30 Jahre verheiratet mit seiner Nichte Martina, nach damaligem Recht eine Inzest-Ehe, die vom Staat bestraft wurde, um von den kirchlichen Sanktionen ganz zu schweigen.[159] Der Patriarch hatte vergebens versucht, ihm diese Ehe auszureden, ließ sich dann freilich dazu herbei, Martina zur Kaiserin zu krönen. Der Chronist sieht in den körperlichen Mißbildungen der ersten beiden Kinder aus dieser Ehe eine gerechte Strafe Gottes; das Volk im Hippodrom schmähte das kaiserliche Paar, und selbst ein Bruder des Kaisers soll, als Herakleios Martina mit auf seine Feldzüge nahm, gespöttelt haben: Er will wohl seine Sünde immer vor Augen haben.[160] Besonders nachdrücklich nahm sich die Chronistik der postikonoklastischen Zeit der Moral der bilderstürmenden Kaiser an. Ihre Hauptzielscheibe ist Kaiser Konstantin V.[161] Nach Theophanes hätte er sich den wildesten Ausschweifungen hingegeben, dabei auch die Dämonen beschworen und Pferdeopfer dargebracht. Er berichtet von lasziven Tanzveranstaltungen und einer ganzen Kumpanei, die ihm dabei Gesellschaft geleistet habe. Klöster habe er Soldaten als Besitz zugewiesen und Kasernen daraus gemacht. Auch Homosexualität wird unterstellt. Er zwang auch angeblich Mönche, je mit einer Frau am Arm, im Hippodrom einen Umzug zuveranstalten, «wobei sie vom ganzen Volk angespuckt und beschimpft wurden». Nicht weniger arg soll es sein Gouverneur in Ephesos getrieben haben. Er zwang die Mönche auf einem Sportplatz zusammen und ließ ihnen nur die Alternative, entweder zu heiraten oder geblendet in die Verbannung zu gehen. Und es gab viele, «die ihr Seelenheil verloren», offenbar weil sie die Heirat der Blendung vorzogen. Noch genauer weiß es Georgios Hamartolos: Konstantin habe statt der Heiligen die Göttin Aphrodite und den Dionysos verehrt, wie ein neuer Julian der Apostat, und ihnen in einer profanierten Kirche außerhalb der Stadt geopfert, dabei Orgien gefeiert und sogar ein Kind geschlachtet.[162]

Natürlich sind von diesen Vorwürfen gewaltige Abstriche zu machen.[163] Post festum war gegen die Bilderstürmer jede Verleumdung rechtens. Daß die von den Mönchen gepredigten Ideale der Weltflucht und der Keuschheit von den Bilderstürmern aus sehr unterschiedlichen Gründen direkt ins Visier genommen worden waren, läßt sich kaum widerlegen. Die Klöster als lebendige Signale asketischer Vorstellungen scheiden für geraume Zeit aus. Und die «Freizügigkeit» scheint auch in den Klöstern, die überlebten, in der Folgezeit nicht gering gewesen zu sein. Ihr Einfluß ging zurück, wie übrigens auch der Einfluß der Hierarchie; denn in den Wirren der beiden Epochen des Bilderstreits hatten sich allzu viele Bischöfe schwer kompromittiert. Was die Klöster anlangt, so genügt es, die Kanones einer Synode durchzumustern, die knapp 20 Jahre nach Beendigung des Bilderstreites abgehalten wurde.[164] Hier erfahren wir, daß die Mönche, die vor der Verfolgung der Ikonoklasten geflohen waren, offenbar inzwischen Gefallen an ihrem freizügigen Leben gefunden hatten und keine Lust verspürten, in ihre Klöster zurückzukehren, und daß jetzt Laien sich in den Besitz der Klöster setzten und sich als Äbte aufspielten. Nicht selten mag dieser Usus begrüßt worden sein, weil solche Äbte über Vermögen verfügten, und man erwartete, sie könnten damit der finanziellen Lage der von den Ikonoklasten geplünderten Klöster wieder aufhelfen. Doch je länger desto nachdrücklicher sahen diese Herren im Kloster ihr Privateigentum, eine «unkündbare Kommende», und die Folgen für das Mönchtum waren Zustände wie im 17. und 18. Jahrhundert in Italien und Frankreich, ohne daß große Reformatoren sich nachdrücklich zu Worte gemeldet hätten. Um die Wende zum 9. Jahrhundert hatte dieses Mönchtum zwar durch Theodoros Studites eine Neubelebung erfahren; aber in der zweiten Etappe des Bilderstreites war sich auch Theodoros der Gefolgschaft seiner Mönche keineswegs sicher, und bald hört man von einem bemerkenswerten geistlichen Leben in Studiu kaum mehr etwas. Abgesehen davon waren die Klöster auch in dieser zweiten Etappe nicht tabu. Es ist bezeichnend, daß sich Kaiser Michael II. seine Frau in einem Kloster suchte: er raubte eine Nonne namens Euphrosyne.[165] Wäre es nicht der Kaiser persönlich gewesen, wäre ihm laut dem damals geltenden Recht der Ekloge die Nase abgeschnitten worden.

Sollte der orthodoxe Rigorismus bis dahin in den Klöstern seinen Rückhalt gehabt haben, so fallen diese Klöster nach dem Bilderstreit in dieser Funktion als Hüter der Ethik wahrscheinlich für geraume Zeit aus, und dies nicht ohne eigene Schuld.

Die Wiederherstellung der Orthodoxie nach dem Tode des Kaisers Theophilos wurde gefeiert als die Wiederherstellung wahrer Frömmigkeit. Doch was die hohen Herrschaften betrifft, so war Frömmigkeit wohl wiederum zunächst die neu eingeschärfte Treue dem richtigen Dogma gegenüber. Im übrigen scheint sich nicht viel geändert zu haben. Kaiser Michael III. konnte ungestraft mit seinen liederlichen Gefolgsleuten den frommen Patriarchen Ignatios und seine liturgischen Zeremonien auf offener Straße dem Gespött preisgeben. Natürlich hatte er auch seine Mätresse, die er dann seinem Mitkaiser Basileios I. abtrat, der sie heiratete und zur Kaiserin machte.[166] Sein Sohn Leon VI. heiratete reihum seine Geliebten, die er sich während seiner diversen

Ehen gehalten hatte.[167] Das ausschweifende Leben der Kaiser Alexandros und Romanos II., von dem die Historiker berichten, hatte gewiß auch seine sexuelle Seite.[168] Vielsagend berichtet Psellos in gemessenen Worten von der Genußsucht des Kaisers Konstantin VIII., um dann ebenso genüßlich sich über das geile Liebesleben von dessen Tochter, der Kaiserin Zoe, zu verbreiten, die sich erst spät zu einer ménage à trois mit Kaiser Konstantin IX. und seiner Geliebten Skleraina bequemte.[169]

Mit den Komnenen scheint zunächst wieder Zucht und Sitte am Hof eingekehrt zu sein, doch schon der Enkel des Kaisers Alexios I., Kaiser Manuel I. scheute nicht einmal vor dem Inzest zurück, und die Prinzen und Prinzessinnen seines Hauses folgten seinem guten Beispiel.[170]

Wiederum sei betont, daß sich dies nicht verallgemeinern läßt, d.h. daß wir kein Recht haben, die höfische Korruption auch in der übrigen Gesellschaft zu unterstellen. Ebenso muß freilich betont werden, daß uns die Quellen fehlen, die es uns erlauben würden, allzu rasche Schlüsse in dieser Richtung zu ziehen. Wichtig in diesem Zusammenhang ist vielleicht die Schlußfolgerung, daß sich die Literaten keinen hohen sittlichen Mustern gegenüber fanden, wenn sie zum Preis der Kaiser und Prinzen ansetzten, aber dann doch in diesen Preis auch die Ethik dieser Leute mit einschlossen. Eine «doppelte Wahrheit» bricht sich langsam Bahn. Und von der Kirche ist zu berichten, daß sich unter den Patriarchen dieser Generation allzu viele Nullen fanden, als daß sie ein Gegengewicht hätten bilden können. Und die großen Gestalten unter ihnen, Photios etwa oder Nikolaos I., waren wohl allzu stark mit Kirchenpolitik beschäftigt, als daß für die Katechese der Gesellschaft, in der sie lebten, viel Zeit geblieben wäre.

Was die erotische Literatur, d.h. eigene erotische Produktion angeht, so haben die Literaten zunächst und scheinbar wenig damit im Sinne. Statt dessen gibt es Importe. Man interessiert sich in dieser Zeit für Übersetzungen aus orientalischen Sprachen und auf diesem Wege wurde auch das «Buch von Syntipas dem Philosophen» in Byzanz bekannt, das etwa gegen Ende des 11. Jahrhunderts vermutlich in Melitene an der Euphratgrenze aus dem Syrischen ins Griechische übersetzt wurde.[171]

In Wirklichkeit handelt es sich um authentische hellenistische Novellistik, die aber im griechischen Sprachraum gegen Ende der Antike verloren ging, jedoch in Übersetzungen und Bearbeitungen im nahen Orient weiterlebte. Es ist die Geschichte von König Kyros und den Sieben Weisen. Der Sohn des Königs, von seinem Lehrer, dem Philosophen Syntipas zu befristetem Schweigen verpflichtet, wehrt sich gegen die unsittlichen Anträge seiner Stiefmutter, der Königin, und erbittert sie derart, daß sie ihn beim König verleumdet, er, der Prinz selbst, habe sich an ihr vergangen. Da verurteilt der König seinen eigenen Sohn, der sich nicht wehren kann, weil er schweigen muß, zum Tod. Die Sieben Weisen, argumentierend, daß niemand verurteilt werden dürfe, der sich nicht verteidigen könne, versuchen den König zu überzeugen, daß Klagen von Frauen in puncto Erotik ohnedies wenig glaubhaft seien. So erzählen sie eine Geschichte nach der anderen, um diese These zu beweisen; und der König hebt sein Urteil jeweils wieder auf. Aber die Stiefmutter weiß immer eine Gegengeschichte, die den König wieder umstimmt. Dies dauert so lange, bis die Schweigefrist des Prinzen verstrichen ist. Jetzt kann er sich selbst verteidigen, und um die Stiefmutter ist es geschehen. Wir haben es also mit einer Rahmenerzählung zu tun. Diese umfaßt einen ganzen Kranz von Kurzgeschichten, die offensichtlich ursprünglich selbständig kursierten und in ihrer anekdotischen Art einen populären Erzählstoff darstellten, etwas wie eine Art «Weiberspiegel». Die Geschichten sind zumeist offen erotisch, wenn nicht zynisch. Trotz der Gegengeschichten der Stiefmutter war es offensichtlich die Abgefeimtheit der Frauen, die den Redakteur besonders und nachdrücklich interessierte; die Männer sind dann jeweils die Tölpel, auf deren Rükken die Frauen ihr Spiel treiben. Da ist die Geschichte von einer Frau, die sich unmittelbar hintereinander zweier Männer bedient hat und nun den Ehemann heimkommen sieht. Da veranstaltet sie flugs einen Scheinkampf zwischen den beiden, erzählt ihrem Mann, der eine der Kämpfer habe sich in ihr Haus geflüchtet und der andere sei ihm nachgeeilt. Und der Mann glaubt es natürlich. Oder jener Papagei, der dem Manne vom Ehebruch seiner Frau erzählt: Diese bringt es mit optischen und akustischen Tricks so weit, daß der Papagei am anderen Morgen dem Manne von Blitz und Donner in der Nacht berichtet, wo doch der Mann genau weiß, daß die Nacht völlig ruhig verlaufen ist. Damit ist natürlich auch die Geschichte vom Ehebruch nicht mehr glaubwürdig, und die Frau hat nichts mehr zu befürchten. Potenzproben werden angestellt und drastisch geschildert; die Kupplerin läßt mit viel Erfolg alle ihre Künste spielen; in den Schenken lauern die Männer auf die vorübergehenden Frauen; und der Ehemann auf dem Feld hat selten eine Ahnung davon, was zuhause vorgeht. Der Erzähler nimmt nie ein Blatt vor den Mund. Prüderie ist nicht gefragt, und das Liebesspiel bedarf keiner einschmeichelnden Präliminarien. Die Pikanterie ist nicht unter Stilblüten verborgen, sondern völlig hart und unvermittelt. Dies zum Unterschied zu Boccaccios Decamerone, der über westliche Bearbeitungen des Stoffes daraus seine Anleihen geholt hat. Die Deftigkeit dieser Erotik läßt nichts zu wünschen übrig. Das Gewissen, gar ein christliches Gewissen, regt sich nie. Auch nicht beim Rückübersetzer, von dem es zu erwarten gewesen wäre. Es ist anscheinend eine dörfliche Gesellschaft, in der sich alles abspielt. Diese Gesellschaft hat ihre festen Normen, die der Frau wenig «Spiel»-Raum lassen. Aber sie schafft sich ihn, sie emanzipiert sich, nicht indem sie an den Normen rüttelt, sondern indem sie sie auf raffinierte Weise unterläuft und daran ihren Spaß hat.

Es bleibt auf jeden Fall merkwürdig, daß dieses Buch in der übrigen Literatur der Byzantiner keine verifizierbaren

Spuren hinterlassen zu haben scheint. Und doch wurde es gelesen, wie die nicht unerhebliche Zahl von Handschriften beweist; ja einige Jahrhunderte später wurde sogar eine Neubearbeitung in Richtung auf sprachliche und stilistische Vereinfachung, d.h. auf bessere Lesbarkeit unternommen. Was ist davon zu halten? Hier eine Hypothese, die sich gern durch eine bessere ersetzen läßt. Schon die spätantiken Romane hatten es schwer, von «ernsthaften» Vertretern der philologischen Schulen und von klassizistisch geschulten Literaten für voll genommen zu werden. Wie O. Weinreich es ausgedrückt hat: Die Klassizisten haben ihnen das Heimatrecht in ihrer Ars poetica verweigert, sie waren Bastards, die sich auf Nebenwegen um ihr Überleben kümmern mußten. Diese Unterschiede in der Bewertung haben sich allmählich verwischt, der Begriff Klassik dehnte sich für die Byzantiner weit in die Spätantike hinein. Beweis die Tatsache, daß sich bewußte «Attizisten» wie Psellos um Heliodoros und Tatios als Stilmuster bemühten. Hier war Syntipas ein Querschläger. Kaum wäre es einem Psellos und seinesgleichen in den Sinn gekommen, hier ein Stilmuster zu finden. Eine Aufnahme in den Kanon des Lesenswerten und philologisch Relevanten kam nicht in Frage. Und doch wurde das Buch gelesen. Da man aber den Leserkreis, d.h. den Kreis der des Lesens Kundigen und am Lesen Interessierten wohl doch nicht allzu weit spannen darf, der Syntipas aber gelesen wurde, haben ihn wohl auch die stolzen Attizisten gelesen und wahrscheinlich genossen, das aber heißt, ihr Exemplar Gleichgesinnten zum Abschreiben überlassen. Darüber aber Kreti und Plethi mit Syntipas bekannt zu machen, kam ihnen wohl nicht in den Sinn. Das Buch geriet sozusagen «unter den Tisch» und fand sich unter dem Tisch gut zurecht. Gegen hohe Verfechter der Moral war es damit bestens abgeschirmt.

Hier ist wohl der Ort, wo mit kurzen Worten auf das sogenannte byzantinische Nationalepos vom Grenzkämpfer Digenis Akritas eingegangen werden kann.[172] Von Epos kann man nur im ersten Teil sprechen. Der umfangreichere zweite Teil, der uns hier allein beschäftigt, ist eine lose Aneinanderreihung in romanhafter Art von Szenen und Episoden aus dem Leben des Helden, die er zum Teil selbst erzählt. Vieles erinnert an Bravour-Stücke Alexanders des Großen im Alexanderroman, anderes an epische Liedmotive. Das Rankenwerk verrät schon in der ältesten Fassung von Grottaferrata (ca. 12. Jahrh.) die Bekanntschaft mit Tatios und Heliodoros, aber dem Redakteur ist es immerhin noch gelungen, etwas vom historischen Hintergrund der Kämpfe mit den Arabern und mit Freibeutern an der Euphratgrenze einzufangen. Was in diesem Roman zählt, ist allein die Bravour des Helden. Dazu gehört dann auch, daß seine «Schöne», nicht selten auf einem Baume sitzend, seine Heldentaten mit verfolgen darf. Moralische Bedenken gelten hier wenig, auch nicht auf dem Gebiet der Erotik. Digenis raubt sich seine «Schöne» im Handstreich und metzelt dabei die Garde des künftigen Schwiegervaters, eines Generals der byzantinischen Grenzarmee, bedenkenlos nieder. Mit knapper Not, daß er die engsten Verwandten des Mädchens schont. Der folgende Ehestand bringt ungetrübtes Glück und die Fürsorge des Digenis für seine Frau wird in zärtlichen Tönen geschildert; das hindert ihn jedoch nicht an seinen Seitensprüngen. Auf einer seiner Fahrten trifft er auf eine junge Araberin, die von einem Christen entführt und dann in der Einöde verlassen wurde. Digenis bemächtigt sich ihrer und vergewaltigt sie. Und mit Unschuldsmiene zwingt er sie dann dem jungen Mann wieder auf, der sie verlassen hatte, um sich aus dem Staub zu machen. So ganz ohne Bewußtsein von Unrecht ist der Held nicht. Aber seine Entschuldigung ist sparsam: «Ich weiß nicht, was es mit mir war. Feuer und Gras vertragen sich eben nicht. Meine Seele war unaufmerksam und Satan war mit am Werk.» Später kämpft er mit der Amazone Maximo, besiegt sie und nimmt ohne Rücksicht auf seine Frau ihr Angebot an, ihm ihre Jungfernschaft zu schenken. Die Frau schöpft nach seiner

Rückkehr Verdacht, und Digenis reitet nochmals aus, trifft auf Maximo, die er jetzt die Ehebrecherin nennt, und tötet sie. Es ist bezeichnend, daß in einer späten Version des 17. Jahrhunderts, die ein Mönch hergestellt hat, Digenis das ausgesetzte arabische Mädchen nicht berührt, und nach dem Sündenfall mit der Amazone – ihre Ermordung wird verschwiegen – habe er harte Buße getan.[173] Aber dies kommt zu spät.

Der Held, der hier geschildert wird – er ist früh gestorben –, wäre auf Grund seiner erotischen Ausbrüche und sonstigen Exzesse aus der Kirchenbuße zeit seines Lebens nicht herausgekommen, um von den Strafen, die ihm kraft staatlichen Rechts zudiktiert worden wären, ganz zu schweigen. Aber die Geschichten spielen sich fern in jener Einsamkeit an den Ufern des Euphrat ab, wo von byzantinischer Zivilisation und von den allgemeinen Normen byzantinischer Kultur wenig zu spüren ist. «Kirche» ist hier so gut wie nicht vorhanden, und kirchliche Sittenwächter noch weniger. Nur religiöse Äußerlichkeiten lassen sich namhaft machen. Und wenn Orthodoxie, dann im Sinne eines rezitierbaren, einigermaßen korrekten Glaubensbekenntnisses, das noch dazu spätere Zutat sein dürfte. Es ist nicht unwahrscheinlich, daß ein Gutteil der hier erzählten Episoden und die epischen Heldengesänge, auf die sie zurückgeführt werden können, bis in die heroischen Zeiten jener Reconquista zurückgehen, als die Byzantiner in einem entschiedenen Gegenschlag gegen die Araber diesen ein Gutteil ihrer Eroberungen aus dem 7. Jahrhundert wieder abnahmen, aber auch daß die schweren Kämpfe der adeligen Clans des 10. und beginnenden 11. Jahrhunderts hier ihren Widerhall gefunden haben. Das heißt, der Digenisroman geht auf eine Epoche zurück, die jedenfalls in der Provinz von wilder Gesetzlosigkeit gezeichnet ist und wo christliche Moral am wenigsten gefragt war.

Irgendwann, spätestens im 12. Jahrhundert, erreichte der Stoff auch die Hauptstadt. Hier wohl oder in einem ähnlichen Milieu, wo antiquarische Gelehrsamkeit etwas galt, brachte man die Assonanzen an den spätantiken Roman ein und verbesserte in etwa die «orthodoxe Gesamtlage». Möglich, daß auch die Äußerungen der Reue des Helden neu formuliert wurden. Doch sehr weit ging man keinesfalls. Die hohe Philologie und damit auch der hohe Klerus haben wohl auch hier kein «berufliches» Interesse am Stoff gezeigt, was nicht bedeutet, daß er sie auch sonst nicht interessiert hätte.

Wenn nun auch die Schriftsteller dieser Zeit mit eigener erotischer Produktion äußerst zurückhaltend sind, so setzt doch gegen Ende der Periode so etwas wie ein neues Genos ein: die erotische «Novellistik» in der großen Geschichtsschreibung. Schon Prokop im 6. Jahrhundert hat sich auf diesem Gebiete hervorgetan. Aber alles, was er über das unsittliche Vorleben der Kaiserin Theodora zu berichten weiß und wobei er an grellen Farben nicht spart, steht in vorderster Linie im Dienste seiner Polemik gegen das Kaiserpaar. Auch wo er sich in diesen Schilderungen – wie nicht selten – widerspricht, geschieht dies nicht allein, um sein Vergnügen an Erotika zu befriedigen, sondern ist wiederum Folge seines Hasses, dem er seine Objektivität und eben auch die Folgerichtigkeit der Darstellung opfert. Bei Michael Psellos aber, um ihn als erstes Beispiel für die hier zur Behandlung stehende Zeit anzuführen, haben wir es wohl mit einer Schilderung um der Schilderung willen zu tun.[174] Er will nicht anklagen. Er amüsiert sich sichtlich, und wahrscheinlich will er auch seine Leser amüsieren. Darüber vergißt er, daß er mit der Ausführlichkeit der Schilderung solcher Details seinen hohen Zielen, die er sich als Historiker gesetzt hat, untreu wird, daß die Exkurse gelegentlich den Haupttext überwuchern, aber auch daß gelegentlich eingestreute moralische Bedenken nicht sehr überzeugend wirken. Besonders liegt ihm das Liebesleben der Kaiserin Zoe am Herzen, der schönsten Tochter des Kaisers Konstantinos VIII. In erster Ehe mit dem nicht mehr jungen Kaiser Romanos III. verheiratet, verliebt sie sich in einen jungen hübschen Angestellten des Hofes. Sie scheut sich nicht, es unter den Augen der Leute am Hof mit ihm zu treiben; auch dann nicht, wenn sie neben dem Kaiser im Ehebett liegt und der junge Bursche dem Kaiser die Füße zu massieren hat. Am Todes des Kaisers Romanos ist sie gewiß nicht unschuldig. Jedenfalls heiratet sie den Masseur und macht ihn zum Kaiser – Michael IV., der Paphlagonier, der freilich eines frühen Todes stirbt. Zunächst folgt ein Zwischenspiel mit dem Neffen des Verstorbenen, der natürlich wieder Kaiser wird, freilich bald abgewirtschaftet hat und gestürzt und verstümmelt wird. Auf ihn folgt Kaiser Konstantinos IX. Monomachos. Er wurde aus der Verbannung auf den Thron berufen. Zoe aber, inzwischen weit über die sechzig, wollte von ihm geheiratet sein. Von dieser Heirat hing seine Legitimation als Kaiser ab; natürlich nicht im staatsrechtlichen Sinne, wohl aber deshalb, weil das Volk bemerkenswert fest an der makedonischen Dynastie hing, die inzwischen nur noch in Zoe und einer ihrer Schwestern überlebte. Und ebenso fest scheint das Volk in einer liebevoll-verächtlichen Verehrung an der extravaganten Zoe gehangen zu haben. Die Legitimation war sentimental und doch unumgänglich. Natürlich hatte Konstantinos mit Zoe wenig im Sinne, und bei erster Gelegenheit ließ er seine Geliebte – übrigens inzestuös Geliebte, da sie seine Nichte war – aus der Verbannung zurückholen, in welche sie ihn begleitet hatte. Für einen byzantinischen Kaiser verfuhr er dabei mit bemerkenswerter Schüchternheit. Zunächst wurde die Geliebte, Skleraina war ihr Familienname, nach Konstantinopel verfrachtet und irgendwo fern vom Palast bescheiden untergebracht. Aber aus der bescheidenen Bleibe wurde durch Neubauten bald ein respektabler Palast. Dem Kaiser aber war es wichtig, sich mit dem Fortgang von Neubauten in Konstantinopel zu befassen – dies war schließlich seine Pflicht, doch die Besichtigungen dauerten unverhältnismäßig lange, weil er inzwischen bei seiner Mätresse Einkehr hielt. Das Gekicher seiner Begleitung hielt sich in Grenzen, besser gesagt, der Kaiser hielt es in gebührenden Grenzen, indem er die Leute für Stunden glänzend bewirten ließ. Am Ende holte er dann die Skleraina doch in den Palast, und die Kaiserin Zoe, inzwischen von Schminktöpfen und Ikonen umgeben und weise geworden, ließ sich auf einen Dreier-Haushalt ein, der feierlich durch einen Vertrag abgesichert war, dem sogar die Senatoren – hier sind einige rasch verstummende Laute der Empörung fällig – ihre Zustimmung gaben.

Von einem Protest der Kirche oder seitens der Vertreter des weltlichen Rechts und der Kanonistik keine Spur. Um diese Zeit ist der berühmte Michael Kerullarios Patriarch, der im Laufe der Zeit seine eigenwillige Kirchenpolitik auch dem Kaiser aufzuzwingen wußte. Aber er hatte sich früher, als er noch Laie war, der Revolte gegen das Kaiserhaus verdächtig gemacht und Zuflucht in der Klerikatur gefunden. Wahrscheinlich hielt er es nicht für tunlich, sich in die Liebesaffairen der Majestäten zu mischen, fürchtend, es könnten alte Vorwürfe wieder ans Licht gezogen werden.

Das Vergnügen an dieser Berichterstattung ist bei Psellos unverkennbar. Außerdem hatte er für die Skleraina etwas übrig, denn gelegentlich durfte er vor ihr Homer rezitieren. Aus der erotischen Novellistik auf dem Dorfe, wie bei Syntipas, hat sich eine höfische erotische Novellistik entwickelt. Und was auf dem Dorf, das ohnedies «nicht zählt», wahrscheinlich gang und gäbe war, wird jetzt «hoffähig». Und offensichtlich stößt sich niemand daran.

VII.
Neue Ansätze

Erst im späten Bereich der sogenannten mittelbyzantinischen Zeit, d.h. in der Epoche der Kaiser aus der Komnenendynastie (1081–1185) und der Dynastie der Angeloi (1185–1204), setzt auf dem Gebiet der Erotik bzw. der erotischen Schriftstellerei ein neuer Aufschwung ein.

Zunächst ist festzustellen, daß mit dem Historiker Niketas Choniates die erotische Novellistik im Geschichtswerk, wenn auch mit bescheideneren literarischen Mitteln, einen Fortsetzer findet. Was für Psellos Zoe und Skleraina, ist für ihn mit Vorzug Andronikos Komnenos, der spätere Kaiser Andronikos I., der Don Juan des 12. Jahrhunderts, dessen zwielichtigem Charme sich Choniates vergeblich zu entziehen sucht. Nie, auch nicht über den Kaiser Andronikos, kommt er zu einem einheitlichen Urteil, und selbst wo er die schlimmsten Züge herausstreicht, muß er wie unter einem Zwang dann wieder Sympathisches berichten. Andronikos war ein Vetter des Kaisers Manuel I., beide waren Enkel des Kaisers Alexios I. Komnenos. Andronikos aber fand sein offen gezeigtes Vergnügen im politischen Ränkespiel gegen seinen Vetter, wobei er auch vor Hochverrat keineswegs zurückschreckte. Doch dieses Vergnügen garnierte er mit so viel sexuellen Seitensprüngen wie nur möglich. So trieb er es – der ganze Hof wußte davon – blutschänderisch mit einer Nichte des Kaisers, die ja auch seine Nichte war. Er fiel damit offenbar nicht aus den Usancen des Komnenen-Clans; denn zur Rede gestellt, meinte er völlig unschuldig, warum er sich denn nicht als guter Byzantiner an das Beispiel seines Kaisers halten sollte, der doch das Bett mit einer anderen seiner Nichten teilte; in ein und derselben Töpferei sei ohnedies alles aus demselben Ton! Einmal vom Kaiser eingekerkert, entdeckt er im Fußboden eine verborgene Öffnung, verschwindet durch diese in ein allerdings versperrtes Untergeschoß und wartet dort ab. Man glaubte, er sei entflohen, und seine Frau wurde der Fluchthilfe verdächtigt, also verhaftet und in denselben Kerker gesteckt, den Andronikos inzwischen mit dem Untergeschoß vertauscht hatte. Natürlich erhält die Frau nächtens den Besuch ihres Gatten, und hier soll sogar einer seiner Söhne gezeugt worden sein. Nach der endgültigen Flucht, nach weiteren Verhaftungen, neuem Entkommen unter den komischesten Umständen geht er in die fernen Provinzen, bleibt aber erotisch «in der Familie». Zuerst läßt er sich mit einer Schwägerin des Kaisers ein, dann wieder mit irgendeiner Base. Wohin immer ihn sein Fluchtweg führt, wird dieser Charmeur mit offenen Armen aufgenommen – und mit aufgeschlagenen Betten, zum unendlichen Ärger des kaiserlichen Vetters. Schließlich kommt er nach einem kurzen Zwischenspiel unter dem Sohn Manuels selbst auf den Thron. Er hat nichts Eiligeres zu tun, als die kaum elfjährige Braut seines Vorgängers, den er aus dem Weg geräumt hat, zu heiraten, und der Patriarch war selbstverständlich sofort bereit, diese Ehe einzusegnen und den Kaiser seiner Treueide gegenüber seinem Vorgänger zu entbinden. «Dieser vor Alter muffig riechende Freier schämte sich nicht, blutschänderisch bei einem rotbackigen, zarten Mädchen zu schlafen. Er scheute sich nicht, selbst verschrumpft und verfault, diese unreife Traube zu pflücken, selber überzeitig und verlebt, die zartbusige Jungfrau zu umarmen, selber krumm und steif, die rosenfingrige Kleine, auf der noch der Tau des Eros lag, zu begehren.»

Damit jedoch nicht genug: Ehe hin, Ehe her, – das lustige Leben sollte weiter gehen.

In der Stadt war dies wohl wenig tunlich. So verließ er des öfteren die Stadt von einem Schwarm von Dirnen begleitet, denen er vorauszog «wie ein Hahn seinen Hennen oder wie der Leitbock seiner Ziegenherde». Um seine Potenz zu steigern, rieb er sein Glied mit allen möglichen Aphrodisiaka ein und aß ekelerregendes Zeug. Und dann wurden dionysische Orgien gefeiert «mit Thyaden, Sobaden, Mainaden und Bacchen, nur daß er sich kein Hirschfell umgehängt hatte». Usw.[175]

Abgesehen davon, daß diese Berichte uns sonst kaum verfügbare Aufschlüsse über das sexuelle Treiben der höheren byzantinischen Gesellschaft geben, verraten sie gegenüber der älteren Historiographie eine gelockerte und individualistische Darstellungsweise und darüber hinaus das sichtliche Vergnügen des Historiographen und zugleich sein Entgegenkommen gegenüber skandallüsternen Lesern. Diese Berichte waren mindestens ebenso interessant wie Heliodoros und Tatios und standen den erotischen Epigrammen wenig nach. Byzanz hatte inzwischen «Fortschritte» gemacht. Dabei ist die Zeit der Komnenen durch eine Reihe von Neuansätzen in der Theologie gekennzeichnet, bescheidene Versuche, etwas mehr Rationalität in die Dogmatik einzuführen und spitzfindige Querelen über scheinbar gegensätzliche Aussagen der Bibel. Manuel I. beteiligte sich daran mit überraschendem Eifer und gewann damit sicher ein gut Stück Indemnität auf anderen Gebieten. Die Hierarchie aber mußte sich gegen Häretiker zur Wehr setzen, die von der Herrschaft der Bischöfe nichts und von einem ihrer erfolgreichsten Herrschaftsmittel, dem Ritualismus, wenig wissen wollten. Die großen Sittenredner fehlen vollständig; der Panegyrikus siegt über den Epitreptikos. Gegen die lockere Moral des Hofes und sein schlechtes Beispiel gab es kaum Widerstand, denn auch die hauptstädtischen Klöster scheinen eingelullt gewesen zu sein.

Mit blendenden Panegyriken war der Unmoral jedenfalls nicht beizukommen. Die byzantinische Gesellschaft dieser Zeit hat auch keine zeitgenössischen Heiligen mehr, die sich dem Gedächtnis eingeprägt hätten, sieht man von der süditalienischen Hagiographie ab. Knappe zwei, drei Biographien von Provinzasketen sind bekannt.

Schon früher wurde angedeutet, daß der Klerus, soweit er gebildet war, dieselbe Ausbildung genossen hatte wie die weltlichen Literaten; d.h. es gab von der Bildung her kein spezifisch klerikal geprägtes Berufsbild, weil es keine spezifische systematische theologische Schulung gab. Dies zeigt sich in der Komnenenzeit nachdrücklicher als früher, da jetzt die hohen Kleriker in der Hauptstadt und gelegentlich auch in der Provinz mit den weltlichen Gelehrten in Wissenschaft und Literatur wetteiferten und dies nicht nur im Studium, sondern auch in der Produktion. Beide Gruppen beschäftigten sich gleichermaßen intensiv mit der antiken Literatur, beide sind gleichermaßen an Grammatik und Stil und insbesondere an Rhetorik interessiert. Es entsteht eine sehr selbstbewußte Gruppe von «Philologen», selbstbewußter als früher, die kaum noch nach «Beruf» – klerikal oder nicht – unterschieden werden kann und die auch etwas fragwürdigen Produkten der Antike und nicht weniger fragwürdigen Produkten der eigenen Zeit gegenüber in derselben verständnisvollen und wohlwollenden Neutralität verharrt, weil die philologischen Interessen größer sind als die moralischen.

Zum Neuen dieser Zeit gehört auch eine Gattung, die zunächst in der Schule beheimatet ist, aber jetzt, aus der Feder eines Klerikers geflossen, zu eigenartigen Mutmaßungen führen muß oder kann.

Der Aufschwung der Studien in der Komnenenzeit kam vor allem der Rhetorik zugute. Zur Rhetorik aber gehört essentiell auch die Beschäftigung mit der sogenannten «Progymnasmatik». Darunter versteht man die Ausarbeitung von Teilstücken einer Rede, die ein gewisses geschlossenes Ganzes bilden können, Vorübungen etwa, die zeigen, wie man einen Mythos, eine Fabel, eine Kurzgeschichte gedrängt erzählen, wie ein Sinnspruch oder eine Einzelthese abgehandelt werden soll. Dazu gehört dann auch die Ethopoiie, in der man eine geschichtliche oder mythische Persönlichkeit zu einem Thema Stellung nehmen läßt, das zumeist mit den Schicksalen dieser Persönlichkeit zu tun hat. Gerade im 12. Jahrhundert – mehr dann noch im 14. – kann man feststellen, wie auf dem Gebiet der Progymnasmata aus Schulübungen allmählich Essays werden, in denen die mutmaßlichen Gedanken der mythischen oder historischen «Sprecher» allmählich übergeführt werden in sehr persönliche Überlegungen des Autors, etwa wie Thomas Mann Goethe zu Worte kommen läßt. Eine solche Art von Progymnasma kann also unter Umständen eine Sprechfreiheit garantieren, deren sich der Autor in «direkter Rede» kaum bedienen würde; sie kann somit auch einer Erotik als Deckung dienen, zu der man sich ansonsten kaum bekennen würde.

Einer der Meister dieser Progymnasmatik in dieser Zeit ist Nikephoros Basilakes, Kleriker und Prediger an der Hagia Sophia. Unter seinen Progymnasmata findet sich eine «narratio» über den Mythos von Pasiphaë, der Gattin des kretischen Königs Minos, die sich in einen Stier verliebt, ihm mit Hilfe einer technischen Apparatur, die ihr Daidalos anfertigt, beiwohnt und dann den Minotaurus gebiert – eine «narratio», die den Mythos kurz und bündig nach allen rhetorischen Schulregeln wiedergibt – ein Übungsmuster für Studenten.[176] Basilakes verfaßte aber auch eine Ethopoiie mit dem Titel: «Was wohl Pasiphaë gesagt hat, als sie sich in den Stier verliebte».[177] Der Kleriker Basilakes will sich also in die Gedankenwelt einer Frau versetzen, die zur widernatürlichen Unzucht mit einem Tier entschlossen ist. Zunächst läßt er Pasiphaë in höchsten Tönen die zauberische Schönheit des Stieres und seine erotische Anziehungskraft schildern; sie ruft nach diesem «Liebhaber», dessen Brüllen für sie Laute der Liebe sind. Sie fleht zu Hera, sie möge sie in eine Kuh verwandeln. Jedenfalls wünscht sie sich von Daidalos, dem Künstler und Techniker, eine hilfreiche Erfindung, um dem Stier beiwohnen zu können. Und ausdrücklich erklärt sie, sie schäme sich dieses Verlangens nicht. Gelinge es ihr, mit des Daidalos Hilfe ans Ziel zu kommen, dann: «Was folgt, geht niemand etwas an außer mich selbst und den Gott Eros.»

Zum Kontrast hier die nüchterne Feststellung, daß die

Kirche eine christliche Pasiphaë mit langer Exkommunikation bestraft und daß der Staat die Todesstrafe oder bei mildernden Umständen die Versetzung in den Sklavenstand verhängt hätte. Einem so gewiegten Stilisten wie Basilakes hätte es nicht schwer fallen können, und einem Kleriker hätte es angestanden, irgend eine Art von Reserve in den Text einzubauen. Doch Basilakes denkt offenbar gar nicht daran, daß dies wünschenswert sein könnte. Jedenfalls hätte es hundert andere erotische Themen für ein Progymnasma gegeben. Aber Basilakes scheint ähnlichen Stoffen besonders zugetan gewesen zu sein; so etwa, wenn er in einer anderen «narratio» den Eros einführt, der sich seiner Macht rühmt und seines Triumphes über den Vater der Myrrha, den er im Rausch dazu brachte, seiner eigenen Tochter beizuwohnen, die dann den Adonis gebar und dafür in einen Baum verwandelt wurde.[178] Oder wenn er den Göttervater und Lüstling Zeus lange Überlegungen anstellen läßt, wie er trotz Hera doch noch an seine Geliebte Io herankommen könnte, nachdem Hera sie in eine Kuh verwandelt hatte (was Pasiphaë nur angenehm gewesen wäre) und dergleichen mehr.[179] Den erotischen Phantasien auch perverser Natur sind in diesen Progymnasmata keine Grenzen gesetzt, und den Schlüssen, die man aus diesen literarischen Fakten ziehen mag, ebenso wenig. Aber es waren ja nur Progymnasmata, Übungen in einer anerkannten und hochgeschätzten Kunst; und der Professor kannte den Mythos, mit dem zu geizen nicht im Sinne der literarischen Gesellschaft war.

In dieser Epoche schicken sich die byzantinischen Literaten zum ersten Mal an, aus «Eigenem» Romane zu schreiben, d.h. auch im Genos des Romans sich auf den Spuren der Spätantike zu bewegen. Heliodoros und Tatios sind ja immer noch lebendig; die Frage nach ihrer Moral ist in den Hintergrund gerückt und wird nur selten gestellt, nachdem sie nun zu Stilmustern aufgerückt sind; sie nähern sich dem Range von «Klassikern». In einem Fragment des 12. Jahrhunderts wird für die Ausbildung eines guten Stils empfohlen, folgende Werke zu lesen: Euripides, Julianos, Synesios, Leukippe (d.h. Tatios), Charikleia (d.h. Heliodoros) und Alkiphron, dessen Briefkorpus eine ganze Anzahl ungeschminkter Hetärenbriefe enthält.[180] Kein Wunder, daß vor allem Tatios und Heliodoros, diesen Empfehlungen entsprechend, auch in den neuen Romanen eine bedeutende Rolle, ja die Hauptrolle als Muster spielen, auch wenn sich noch über weitere Quellen Vermutungen anstellen lassen.

Vier Romanciers sind namhaft zu machen. Zum ersten Theodoros Prodromos, ein Schriftsteller von erstaunlicher Vielseitigkeit, der spätestens um 1170 gestorben ist. Er tat sich als Satiriker und Epigrammatiker hervor, schrieb aber auch Hagiographisches und kommentierte liturgische Texte, um von zahlreichen panegyrischen Gedichten ganz zu schweigen. Sein Roman in neun Büchern von annähernd 4000 Versen trägt den Titel des Heldenpaares: Rhodanthe und Dosikles.[181]

Teilweise in den Spuren des Prodromos wandelt der zweite Romancier, Niketas Eugenianos, mit den Titelhelden Drosilla und Charikles.[182] Über den Autor wissen wir so gut wie nichts. Er scheint sich jedenfalls einen Namen als «Erotikos» gemacht zu haben und korrespondiert gelegentlich mit einer Dame, die ihn um Liebespoesien gebeten hat. Auch hier neun Bücher mit etwa 3630 Versen. Der dritte im Bunde ist Eustathios (oder Eumathios?) Makrembolites, wohl ein Höfling bescheidenen Ranges. Er schrieb sein Werk – elf Bücher – in Prosa und widmete es dem Liebespaar Hysmine und Hysminias.[183] Das 12. Jahrhundert weiß noch von einem vierten Romanschriftsteller, Konstantinos Manasses, der 1187 als Bischof gestorben ist. Man kennt ihn ansonsten als Verfasser einer Weltchronik, die viele novellistische und romanhafte Züge aufweist. Das könnte ihn gereizt haben, noch einen wirklichen Roman beizusteuern, in dem er die Schicksale des Paares Aristandros und Kallithea beschreibt.[184] Leider ist das Werk nur in Bruchstücken erhalten geblieben. Rekonstruktionsversuche zeigen, daß auch hier das alte Grundschema des spätantiken Romans beibehalten wurde. Die Anthologien, welche die meisten Fragmente des Romans enthalten, sind natürlich in erster Linie auf Sinnsprüche und moralische Weisheiten aus, so daß jene «Realien» des Romans, die für diese Arbeit von Wichtigkeit wären, im Dunkel bleiben. Offenbar kommen hier gelegentlich sittliche Bedenken zum Ausdruck, so wenn von einem Manne, Kleitomachos, erzählt wird, er sei jeweils sofort von der Tafel aufgestanden, wenn das Tischgespräch auf Frauen und Erotik kam. Auch die Exzesse weiblicher Erotik, vor allem enttäuschter Erotik, scheinen geschildert worden zu sein: Wie wilde Hunde würden sie, vor allem die Frauen der Barbaren, um sich beißen, wenn sie mit ihrem Werben beim Manne auf taube Ohren stießen usw. Grundsätzlich allerdings genügen die Romanfragmente nicht, um sich ein deutliches Bild von der Einstellung und moralischen Attitude des Verfassers zu machen. Dazu muß man sich auf die ersten drei Werke beschränken.

Das Grundschema dieser Romane unterscheidet sich kaum von dem eines Tatios oder Heliodoros. Immer wieder ist es das Liebespaar, das durch Kriege und Schiffbrüche, durch Piraten und Räuber von der Hochzeit abgehalten, getrennt und versklavt wird. Immer wieder finden sie sich dann, aber nur um neuerdings ähnlichen Gefahren ausgesetzt zu werden. Und dazwischen Seufzen und Klagen fast ohne Ende. Schließlich kommt es dann doch zur endgültigen Wiedervereinigung und zur Hochzeit; dem happy end steht nichts mehr im Wege. Das Schicksal des Paares wird gelegentlich von einem zweiten Paar gekreuzt, das nicht weniger unglücklich ist. Meist tritt davon nur der Mann auf. Dies gibt die Gelegenheit, sich gegenseitig die Fährnisse und Schicksale, die man erduldet hat, zu erzählen und mit «Rückblende» zu arbeiten. Die Erzähler beweisen dabei ein ungeheures Gedächtnis: Alles was irgendwann gesagt oder gesungen und geschrieben wurde, kommt wörtlich zum Vortrag. Aber in unserem Zusammenhang geht es nicht um stilistische Stärken oder Schwächen. Deutlich freilich muß unterstrichen werden, daß die Inszenierung jeweils antikisch ist. Götterfeste, Festboten, Opfer usw. spielen eine große Rolle und die Götter verschmähen es nicht, vor allem Eros, der schon hier immer wieder als der alte, fast allmächtige «Dynast» geschildert wird, mit Träumen und Vorzeichen den Helden auf ihrem Wege weiterzuhelfen.

Sind es Liebesromane? Gewiß. Doch das Element des Abenteuers und der großen weiten Welt, der Welt der Barbaren vor allem, ist gelegentlich fast ebenso bestimmend wie schon im antiken Roman. Das Griechische jedoch ist Ausgangspunkt und Endpunkt, und ein Verfasser wie Eugenianos kann sich offenbar auch den «guten» Barbaren nicht ohne griechische Bildung vorstellen, etwa wenn er den Fürsten der Araber sich auf Epaminondas berufen läßt. Prodromos scheint am Kriegswesen kaum weniger interessiert gewesen zu sein als am Liebesleid seiner Helden, und nicht weniger am diplomatischen Umgang der Barbarenfürsten, die er einführt. Die Drohbriefe, die sich diese Fürsten durch ihre Satrapen zustellen, werden im vollen Wortlaut gebracht, diplomatisch einwandfrei, wie sie abgefaßt und expediert sind. Kriegswerkzeug, Belagerungen, Kriegslisten usw. kommen ausführlich zur Darstellung. Vieles davon hat mit Antike kaum noch etwas zu tun, sondern reproduziert, was ein kenntnisreicher Byzantiner den Verhältnissen seiner eigenen Zeit entnehmen konnte. Dies bedeutet kaum, daß der Autor seinen Stoff «aktualisieren» wollte. Zur Erklärung genügt die Tatsache, daß kaum einem Autor, auch keinem modernen, die Verfremdung von Ort und Zeit so gelingt, daß nicht immer wieder das Hier und Heute zum Vorschein käme. Es ist die Zeit, in welcher die Militäraristokratie den Thron von Byzanz besetzt hält, wo höfisches Zeremoniell und Gehabe in der Hauptstadt zu jenen Alltäglichkeiten gehören, die auch dem einfachen Bürger einigermaßen geläufig sind, und die Zeit fortwährender Kriege, Schlachten und Belagerungen. Prodromos scheint daran besonders interessiert gewesen zu sein, und diese Details sind es auch, die seinem Werk einen Charakter aufdrücken, der einer Liebeslyrik nur wenig Zeit und Raum gönnt. Liebesroman will das Werk trotzdem sein. Aber den Charakter des Liebesromans verdeckt zu viel anderes. Hier unterscheidet sich Makrembolites wesentlich von ihm, aber auch von Eugenianos, auch wenn letzterer weniger «kriegerisch» ist als Prodromos. Die Liebe der jungen Leute bei Prodromos sowohl wie bei Eugenianos hat kein Vorspiel. Sie tritt plötzlich ein und bleibt, wo sie begonnen hat; sie verändert sich nicht, sie wird nicht in Zweifel gezogen und sie wird nicht vertieft. Einmal, und so für immer, ist die Losung. Rhodanthe wird von ihrem Vater hinter Schloß und Riegel gehalten. Nur wenn sie in großer Begleitung ausgeht, um ein Bad zu nehmen, kann man sie sehen. Und bei eben einer solchen Gelegenheit erblickt sie Dosikles, und es ist um ihn geschehen. Zu Hause rekapituliert er seinen Eindruck, zählt schon jetzt, wo er doch kaum viel von ihr gesehen haben kann, all ihre Schönheitsmerkmale auf, schreibt sich selbst aber nicht weniger Attraktivität zu, und so kann es gar nicht anders sein: Das Mädchen muß seine Liebe erwidern, und sie tut es auch. Noch bevor sie sich wieder treffen, erscheint sie ihm im Traum und läßt ihm keinen Zweifel: Auch um sie ist es geschehen. Beide sind eine Beute des Eros, und so ist es nur folgerichtig, daß Rhodanthe sofort einverstanden ist, mit Dosikles zu fliehen, da ihre Eltern sie einem anderen versprochen haben, von dem sie jetzt offensichtlich nichts mehr wissen will. All dies spielt sich mit erstaunlicher Plötzlichkeit ab.

Im Roman des Eugenianos sieht der Held, Charikles, das Mädchen Drosilla bei einem Fest auf freiem Feld das erste Mal und verliebt sich in sie, obwohl er bisher «von Liebe überhaupt nichts wußte». Aber die Wandlung vollzieht sich wiederum mit derartiger Schnelligkeit, daß er sofort durch willfährige Frauen Verbindung mit ihr aufnimmt. Das genügt offenbar, um auch das Mädchen in Liebe entbrennen zu lassen. Freilich läßt sie ihm sagen, sie sei bereits verlobt. Da bleibt natürlich nur die Flucht, und das Mädchen zögert nur geringfügig, bis sie in seinen Plan einwilligt und sie das Schiff besteigen. Etwas mehr Zeit läßt Eugenianos dem Leidensgefährten Kleandros, der in der Sklaverei dem Charikles seine Abenteuer erzählt. Er hat sein Mädchen eines Tages gesehen, wie sie aus dem Fenster schaute. Wiederum Liebe auf den ersten Blick. Aber hier läßt Eugenianos seinen Helden zunächst Liebeslieder singen und Liebesbriefe schreiben. Es dauert freilich nur ein paar Tage und das Mädchen gesteht ihm, im Traum sei ihr der Gott Eros erschienen und habe sie für immer mit Kleandros verbunden. «Und wer wollte trennen, was Gott verbunden hat.» Die Bibel wird also mit ihrer Weisheit in die Antike zurückprojiziert. Damit aber ist alles gesagt, und auch sie beide beschließen, die Flucht zu ergreifen, man weiß nicht recht warum, denn weder ist von einem anderen Verlöbnis die Rede noch wirbt der Held bei den Eltern des Mädchens, wie es Dosikles durch seine Mutter bei den Eltern der Rhodanthe getan hat.

Ganz anders geht Makrembolites vor. Für ihn sind Flirt und tastendes Liebesspiel von großem Interesse. Während bei Prodromos die barbarischen Krieger schon in den ersten Versen des Romans auftauchen und das Paar entführen, ein Vorgehen, das Eugenianos fast sklavisch nachahmt, verwendet Makrembolites ganze sechs seiner elf Bücher auf die amourösen Präliminarien und entwickelt dabei ein erstaunliches Geschick, dem später die Romanciers der Palaiologenzeit nichts an die Seite zu stellen haben. Makrembolites ist um keine «Frivolität» verlegen. Der junge Held, Hysminias, kommt als Festgesandter seiner Heimat in eine fremde Stadt und ist dort Gast eines vornehmen Bürgers. Es wird tagelang reichlich gegessen und getrunken, und es ist die Tochter des Hauses, Hysmine, die dem Gast den Weinbecher zu reichen hat. Der junge Mann nimmt sie für sich ein, und so beginnt sie das dreiste Spiel des reifen Mädchens: Beim ersten Becher flüstert sie ihm nur ein Grußwort zu, was offenbar gegen die

Regeln verstößt. Beim zweiten Becher wiederum ein Geflüster: «Hier der Trunk aus der Hand eines Mädchens, das heißt wie du (Hysmine-Hysminias)». Dabei drückt sie mit ihrem Fuß den des Herolds. Dieser errötet und weiß nicht recht, was anfangen. Beim dritten Becher kommen die Hände und Finger der beiden ineinander: bald scheint sie ihm den Becher überlassen zu wollen, bald zieht sie ihn zurück ... Die Mutter sieht es und wird ärgerlich; der Vater aber erinnert daran, daß es sich um ein Festmahl zu Ehren der Götter handle. Doch das Mädchen läßt sich nicht beirren, und beim nächsten Becher geht das Spiel der Finger weiter. Zur Nacht gilt es, den Festboten in sein Schlafgemach zu geleiten, und es obliegt dem Mädchen, ihm die Füße zu waschen. Wiederum das Spiel: sie «knetet seine Zehen» und findet Gelegenheit, sie flüchtig zu küssen, bevor sie sich entfernt. Der Festbote ist ein «thumber Tor» und weiß nicht, was er vom Gebaren des Mädchens halten soll. Sein junger Begleiter muß ihn aufklären: Das Mädchen habe sich offenbar in ihn verliebt. Hysminias weiß wenig damit anzufangen und stellt die Frage, wer ihm wohl Liebe beibringen könnte. Er bekommt den lakonischen Bescheid, daß kein lebendiges Wesen in diesem Punkt der Belehrung bedürfe. Das komme von selbst. Am nächsten Tag fährt das Mädchen mit dem Spiel fort und allmählich – Träume helfen weiter – erwacht auch im Jungen das Begehren, und er ist entschlossen, weiteren Tastversuchen Hysmines nachdrücklich entgegenzukommen. Im Traum nimmt er dies alles schon vorweg. Im Traum zieht er das Mädchen auf sein Bett, und nach einigem Zögern läßt sie es geschehen. Aber als er nun beginnt, sich über sie herzumachen, sträubt sie sich nach Kräften. Sie beugt sich vor, um ihre Brüste vor seiner Hand zu schützen, und preßt die Schenkel zusammen. Schließlich bekommt er die Brüste doch zu fassen, aber im gleichen Augenblick versagt er und seine Hand wird schlaff. Das Mädchen gibt sich spröde, und sein Mut versinkt. Am nächsten Tag kommt es wieder zum Umtrunk. Doch was der Traum vorweggenommen, ist nun Wirklichkeit: Hysmine will vom Spiel der Finger nichts mehr wissen und beschwert sich: er tue ihr weh! Schließlich kommt es zu einem geheimen Treffen im Garten, und nun vergißt das Mädchen ihr sprödes Gehabe von vorher. Es sieht aus, als sollte Hysminias sein letztes Ziel erreichen. Aber dagegen wehrt sich das Mädchen immer noch, und am Ende werden die beiden aufgeschreckt und müssen sich trennen. So bleiben Hysminias wiederum nur seine Träume – aber diese lassen kaum noch etwas zu wünschen übrig: die Leiber aufeinander, die Glieder verschlungen oder gemeinsam im Bad, «küssend und geküßt, beißend und gebissen». Er macht sich über Hysmenes Brüste her, saugt sich fest und sie quellen über von Nektar, der seinen Durst stillt. Dann freilich – noch im Traum – taucht die Mutter auf und reißt sie wie eine Furie auseinander.

An der gegenseitigen Liebe aber kann es keinen Zweifel mehr geben. Hysminias fühlt sich als Sklave des Eros und, über Eros, als Sklave des Mädchens, dem er durch alle Fährnisse hindurch zum ewigen Liebesdienst verpflichtet ist. Sein letztes Ziel freilich erreicht er noch nicht, aber sie schwören sich ewige Treue. Sollten sie getrennt werden, will Hysmine keinem anderen gehören und auch Hysminias verpflichtet sich, in einem solchen Falle «Jungfrau» zu bleiben. Da Hysmine tatsächlich für einen anderen bestimmt ist, entschließen sie sich zur Flucht. Und jetzt erst fühlt sich der Autor bemüßigt, die gewohnte Sequenz folgen zu lassen: Abfahrt, Sturm, Schiffbruch, Piraten, Sklaverei usw. bis zur Wiedervereinigung. Nachdem Hysmine noch eine Keuschheitsprobe bestanden hat, kann die Hochzeit gefeiert werden, und ungeduldig erwarten sie nun die Nacht. «O König Zeus, wie lange soll dieser Tag noch dauern?»

Ohne Zweifel hat der Liebesroman bei Eumathios eine Eindringlichkeit erreicht, die sich weder bei Heliodoros noch bei Tatios findet, um von Prodromos und Eugenianos zu schweigen. Das Verhalten des Mädchens verleugnet absolut den Sittenkodex, den die Orthodoxie für eine noch unverheiratete Jungfrau aufgestellt hat. Und mit dem Einwand, es handle sich doch um «Heiden», ist nicht viel getan; denn in der guten Gesellschaft der Spätantike galten schließlich dieselben Regeln der Bienséance. Es steht zu vermuten, daß trotzdem Makrembolites den Gewohnheiten seiner eigenen Zeit, des 12. Jahrhunderts, nicht allzu fern steht. Diese Lebensnähe kann dann auf besonders aktuelle Bezüge zum Zeitalter der Komnenen verzichten, die sich gewiß auch in diesem Roman vermuten lassen, weil sie im Grunde doch zeitlos gültig ist: Das Mädchen, das sich keck vorwagt und dann erschreckt zurückzieht, ohne doch bereit zu sein, ein Ende zu machen. Der thumbe Tor, der erst aufgeklärt werden muß, um dann sofort aufs Ganze zu gehen, und da dies nicht gelingen will, sich in eine Traumwelt verliert, die für den modernen Psychoanalytiker eine Fundgrube darstellen würde. Es ist kaum zu leugnen, daß Makrembolites trotz mancher Ungeschicklichkeiten, trotz einer gewissen Preziosität und trotz mancher den modernen Leser ermüdenden Exkurse der Aufgabe eines Liebesromans gerechter geworden ist als seine Vorgänger. Man sollte sich dazu bequemen, ihm einen hervorragenden Platz in der byzantinischen Literaturgeschichte einzuräumen. Noch dazu steht er dabei in einem Gegensatz zu den Normen der Orthodoxie, wie sie nun einmal überliefert waren, den weder Prodromos noch Eugenianos wagten. Und dies gibt Probleme auf!

Manche Züge teilt Makrembolites auch mit seinen Vorgängern. Wie schon gesagt, die Jungfräulichkeit der Braut muß unter allen Umständen bis zur Hochzeitsnacht bewahrt bleiben. Aber die jungen Männer wollen davon zumeist nichts wissen und versuchen es ab und zu, auch ohne Zeremoniell, zur prima nox zu gelangen. Und es scheint, daß die Romanciers es gar nicht einmal verurteilen würden, wenn es ihnen gelänge. Mann und Frau werden immer noch unterschiedlich beurteilt. Gemeinsam ist Eugenianos und Makrembolites – weniger Prodromos – auch das Bemühen, die Natur in die Erotik einzubeziehen: Gärten und Wiesen, Blumen und Früchte laden zum Eros ein und orchestrieren die Liebeszenen des Paares.

Eugenianos, weit entfernt vom psychologischen Einfühlungsvermögen des Makrembolites, gestaltet seine Erotik mehr «literarisch». Das heißt, daß er lange Liebesbriefe einstreut, die kunstvoll aufgebaut sind und sich in einer Menge erotischer Bilder aus der Mythologie ergehen. Es ist für die Charakterisierung der nicht gerade tatendurstigen Helden bezeichnend, daß sich dabei der junge Mann hier und dort um das Mädchen rankt, «wie Efeu um die Eiche», ein Bild, das sonst in der Regel für das Mädchen reserviert ist. Manchmal wird es fast komisch; so wenn das Mädchen dem Geliebten einen Becher reicht, Eros aber in den Trunk eine Stechmücke gleiten läßt, die den Trinker dann erotisch kitzelt oder sticht – ein Bild, das Eugenianos freilich der antiken Literatur entnommen hat. Dann wieder wird der Busen der Geliebten geschildert: er verdankt seine Schönheit offenbar der Tatsache, daß Aphrodite selbst die Hand in den Busen des Mädchens gesenkt hat, um ihn zu formen. Geschmacklos wird es dann, wenn der Autor, noch bevor das schöne Mädchen geboren ist, Eros im Mutterschoß herumfingern läßt. Wenn Eugenianos und seine Mitautoren Schönheit schildern, dann steht ihnen zwar ein reicher, aber doch stark konventioneller Wortschatz zur Verfügung, der nicht sehr sorgfältig Verwendung findet, so daß hier und da die Schönheit des jungen Mannes mit denselben Merkmalen bedacht wird, wie die des Mädchens – dies wiederum ein Anzeichen für eine gewisse Weichlichkeit, die allen Helden eigen ist.

Manchmal verlieren sich die Helden des Eugenianos in erzählerischen Exkursen, die mit dem Romangeschehen wenig zu tun haben. Aber auch sie benützt der Autor für seine erotischen Zwecke. So die Schilderung eines Dionysosfestes auf einer Wiese vor der Stadt. Die jungen Männer essen und trinken im Gras und die Damen paradieren in einigem Abstand an ihnen vorbei. Da beginnen die Jungen mit allerlei erotischen Versen an die Adresse der Lustwandelnden. An diesen Versen findet Eugenianos solchen Gefallen, daß er sie zu Hunderten anführt. Sie sind in unserem Zusammenhang deshalb von hohem Interesse, weil sie das Verhältnis des Mannes zur Frau als dem Objekt seines Begehrens deutlich zur Darstellung bringen. Es wäre interessant zu wissen, wie weit wir es hier mit Nachklängen einer «Straßenpoesie» der Zeit des Dichters zu tun haben. Vieles erinnert jedenfalls an die erotischen Epigramme des 6. und früherer Jahrhunderte, und manches nimmt Motive voraus, denen wir in der griechischen Volkspoesie zu Anfang der Neuzeit begegnen. Da wird eines der Mädchen an gestern erinnert:

Gestern plagte mich Durst, doch als ich die Straße hinabging,
ward mir göttlicher Trunk bis zum Sattsein zuteil.
Denk an den gestrigen Tag! Du warst es, die mich getränkt.

Eine zweite wird gemahnt:

Du senkst deine Augen und verbirgst dein Gesicht,
Die Hand spielt am Gürtel, der Fuß malt Zeichen in den Sand.
Sind es Zeichen der Scham? Doch wozu?
Kypris kennt keine Scham und fremd ist Eros die Furcht!

Von einer anderen heißt es: «Deine Augen sind schwer vom Begehren, und Blässe entstellt deine Wangen».

Schlimm werden die Verse, wenn die Reize der Frau am Vergehen sind:

Du rühmtest dich deiner schönen Flechten, nun hängen Zotteln herab.
Die Brüste, einst stolz ragend, sind gesunken
und greisenhaft klingt deine Stimme.

Eine Alte wird verhöhnt, die sich einen Zwitter angelacht haben soll. Selbst wenn sie es mit tausend Männern treiben würde, wenn Priapos selbst ihr Liebhaber wäre – zu einem Kind wird sie nie wieder kommen; sie braucht sich um ihren Bauch keine Sorgen zu machen. An den Kriterien für die Beurteilung der Frau hat sich offenbar seit Jahrhunderten nichts geändert, und Eugenianos nimmt kein Blatt vor den Mund. So belustigt er sich an einer grotesken Szene: Eine gutmütige Alte bewirtet Drosilla und Charikles, nachdem sie sich wiedergefunden. Es wird gegessen und getrunken, und dann fordert die Wirtin zum Tanz auf, an dem sie selber teilnimmt. Aber es geht über ihre Kräfte, sie stürzt zu Boden, die Beine recken sich nach oben und sie kommt nicht mehr hoch. Das Paar ist davon entzückt, und nun, da die Alte außer Gefecht gesetzt ist, haben sie Gelegenheit, sich äußerst intensiv miteinander zu beschäftigen. Der Leser mag sich bei manchen Szenen dieser Romane fragen, was es mit der bis zur Hochzeitsnacht aufgehobenen Jungfernschaft noch auf sich hat. Trotzdem lautet der letzte Satz des Romans des Eugenianos: «Am Abend noch Jungfrau, steigt sie morgens als Frau aus dem Bett».

Das Auftauchen von vier Liebesromanen, und dies lange Jahrhunderte nach dem Erscheinen der letzten spätantiken Romane, ist erstaunlich. Erstaunlich – jedenfalls mit byzantinischen Augen gesehen –, daß bei aller Verpflichtung, den antiken Mustern Gefolgschaft zu leisten, sich in diesen Romanen teilweise sehr eigenwillige literarische Charaktere äußern und daß somit auch verschiedenartige Einstellungen zur Erotik zutage treten. Leider wissen wir von Eugenianos und Makrembolites zu wenig, um ihre Art, einen Roman zu schreiben, mit ihrem sonstigen literarischen Gebaren zu vergleichen. Aber wenn wir bei Prodromos mehr Drastik als psychologische Raffinesse entdecken zu können glauben, so paßt dies nicht schlecht zu den Satiren aus seiner Feder, die wir kennen. So stammt von ihm ein Epigramm auf eine in die Jahre gekommene Buhlerin, das an Derbheit schwer zu überbieten ist. Grund der Satire ist bezeichnenderweise wiederum die Tatsache, daß von der Schönheit der Jugend nichts übrig geblieben ist.[185] Man könnte auch ein anderes seiner Gedichte zitieren, in dem er einen Alten aufs Korn nimmt, der willens ist, ein blutjunges Mädchen zu heiraten, und dafür vom Dichter eine Obszönität nach der anderen einstecken muß.[186] Der Grobianismus ist allerdings bei allem humanistisch-raffinierten Gehabe der gebildeten Gesellschaft in Byzanz immer feststellbar. Dieser Grobianismus zeichnet wieder und wieder die Fehden zwischen einzelnen Literaten aus. Im 12. Jahrhundert wird er nicht nur durch die Satiren des Theodoros Prodromos repräsentiert, sondern auch durch die satirischen Gedichte seines «Vetters» Ptochoprodromos. Allerdings findet man bei letzterem kaum etwas von Erotik, selbst nicht in der Satire wider sein zänkisches Weib, was dann doch überrascht.

Es ist bemerkenswert, daß der Liebesroman der Komnenenzeit keine Kritik der Orthodoxie herausgefordert hat, von der wir wüßten. Man könnte sich vorstellen, daß die bis zur Hochzeit bewahrte Jungfräulichkeit, die ja auch im Komnenen-Roman durchgehalten wird, die Rigoristen einigermaßen versöhnlich gestimmt hat, wenn sie schon nicht stark genug waren, um solche Elaborate überhaupt zu verhindern. Dann aber muß man auch zugeben, daß sie vom Jungfräulichkeitsideal etwa eines Joannes Chrysostomos wenig verstanden haben. Von einer gottgeweihten Jungfräulichkeit, wie sie Chrysostomos präkonisierte, kann nicht die Rede sein, auch wenn hier und da ein Bezug zu einer jungfräulichen Göttin hergestellt zu sein scheint. Was wirklich hochgehalten wird, ist ein altes Tabu der weiblichen Physis, dessen Verletzung jener prima nox vorbehalten bleibt, in welcher der Mann Rechte wahrnimmt, die ihm nur kraft einer religiösen Zeremonie, eben der Hochzeitsfreier, zukommen. Das Tabu scheint längst verwässert, sozusagen zum Gemeinplatz geworden zu sein und keinen numinosen Hintergrund mehr zu besitzen; doch dies ändert nichts an der kaum verkennbaren Tatsache, daß sich von der Einhaltung des Tabus her der ökonomische Wert der Jungfrau auf dem

Heiratsmarkt bestimmt. Es geht nicht mehr um religiöse Ideale, sondern fast nur noch um konventionelle Werturteile. Dem Flirten Hysmines aber hätte wohl niemand mehr allegorische Qualitäten abgewinnen können.

Vielleicht könnte sich die Abstinenz der orthodoxen Kritiker völlig anders erklären, wenn man auf die Lesbarkeit der Romane eingeht. Frühere Generationen von Gelehrten haben Sprache und Stil dieser Romane zumeist mit vernichtenden Urteilen bedacht. Hier hat Herbert Hunger vieles grundsätzlich richtiggestellt. Aber die Frage der Lesbarkeit verdient darüber doch gestellt zu werden, nicht der Lesbarkeit für den modernen Byzantinisten, sondern für den Byzantiner des 12. Jahrhunderts. Die damals immer noch gepflegte gelehrte «Hochsprache» kannte ihrerseits eine Reihe von Schattierungen. Es gibt Werke von relativ schlichtem Satzbau und bescheidenem Wortschatz, mit denen jeder Byzantiner «mit Abitur» fertig werden konnte. Es gibt aber auch Werke, die an die Kenntnis des Wortschatzes und an das Verständnis der stilistischen Glanzpunkte, an die Bewandertheit in Mythos und antiker Literatur viel höhere Anforderungen stellen. Dazu gehören wohl auch die behandelten Romane. Wie groß mag die Zahl derer gewesen sein, die sie ohne besonderen Kraftaufwand lesen konnten? Daß es dieses Problem gab, beweist wohl die Tatsache, daß man bald daran ging, von solchen «schweren» Texten eine Art Metaphrase herzustellen, welche ganz offenbar die Absicht verfolgte, sie besser lesbar zu machen und für ein breiteres Publikum aufzubereiten. Wer solche Metaphrasen herstellte, mußte sich zutrauen, das Original verstanden zu haben. Und doch läßt sich feststellen, daß schon mancher dieser Metaphrasten mit dem Sinn des Originals selbst nicht mehr zurechtkam. Die Romane jedenfalls fanden auch ohne Metaphrasten ihre Leser; die beträchtliche Zahl der Handschriften belegt es, auch wenn aus ihr nicht auf eine große Anzahl von Lesern geschlossen werden kann. Sollte es sich um eine Lektüre nur für «Connoisseurs» gehandelt haben?

Wenn ja, dann gehörten zu diesen Connoisseurs ohne Zweifel auch nicht wenige hohe Geistliche der Hauptstadt, die kraft ihrer Stellung am ehesten berufen gewesen wären, gegen diese Art von Literatur zu protestieren. Sie taten es offenbar nicht, und vielleicht tut man ihnen nicht Unrecht mit der Annahme, daß sie sich im stillen an der Lektüre dieser Romane ebenso vergnügten wie ihre Kollegen im Laienstand. Gerade im 12. Jahrhundert ist, wie schon gesagt, die Verflechtung der literarisch gebildeten hohen Geistlichkeit mit der Konfraternität des Philologen und Literaten überhaupt fast enger zu nennen als mit dem Stand der Kleriker im allgemeinen. Gerade sprachliche und stilistische Glanzlichter, wie sie in den Romanen für den damaligen Geschmack nicht selten sind, waren den Laien wie den Geistlichen unter den Gebildeten gleich teuer. Die Moral mochte darüber in einer Ecke warten, und die breite Öffentlichkeit nahm von den Romanen wohl ohnedies keine Notiz.

Das literarische Alibi könnte vermutungsweise auch in der antikischen Inszenierung gegeben sein. Zunächst braucht die Flucht der Romanciers aus ihrer eigenen Zeit nicht ohne weiteres so interpretiert zu werden. Gründe, einen Erzählstoff in fern abgelegene Zeiten zu verlegen, gibt es genug andere. Thomas Mann greift mit der Josephslegende über Jahrtausende zurück und Goethe mit seiner Iphigenie ebenso. Die Verfremdung eines Stoffes in einem älteren Setting bringt wohl einen eigenen Reiz mit sich und die Lust an Geschichte bricht immer wieder durch. Die Phantasie eines Erzählers, der sich an Kleinigkeiten des eigenen Alltags erwärmt und diesem Poesie abgewinnt und der damit auf allgemeineres Interesse rechnen zu können glaubt, ist wohl ganz allgemein eine eher moderne Erscheinung. Dazu der Hinweis, daß in der Zeit der Komnenen ein bedeutsamer Aufschwung der klassischen Studien bemerkbar ist; die verpflichtende Kraft der antiken Stilmuster war wirksam wie kaum zuvor, und Aufweichungserscheinungen sind noch relativ selten. Damit aber rückten die Romane bis zu einem von uns als bescheiden zu bezeichnenden Grad, der aber den Byzantinern von damals viel höher erscheinen konnte, in die Nähe der tabuisierten «Klassik». Beweis dafür, daß auch sie bald Stilmuster wurden, sind die Exzerptensammlungen, wie man sie sich aus dem Roman des Konstantinos Manasses anlegte. Ist Kritik seitens des hohen, philologisch gebildeten und dressierten Klerus unwahrscheinlich, so konnte ein weniger gebildeter Orthodoxer, dem einer dieser Romane in die Hände fiel, leicht zur Überzeugung kommen, es hier mit einem alten «Machwerk» der heidnischen Literatur zu tun zu haben, dem längst keine Aktualität mehr zukam. Doch dies ist reine Hypothese, für die keine greifbaren Beweise zu liefern sind.

Vielleicht sollte man das Problem im Zusammenhang der ganzen mittelbyzantinischen Zeit sehen. Von einer einheitlichen und streng definierten Linie im Verhältnis von Orthodoxie und Erotik kann keinesfalls gesprochen werden. Der Unterschied zum 6. und 5. Jahrhundert besteht darin, daß damals zwar die Kirchenväter vor verderblicher und sittenwidriger Lektüre warnten, aber m. W. nie einen Autor oder ein Epigramm individuell aufs Korn nahmen. Jetzt hören wir kritische Stimmen von Menschen, die zwar nicht als offizielle Vertreter der Orthodoxie sprechen, sich aber offensichtlich als Wächter der orthodoxen Moral fühlen. Aber selbst diese Stimmen verstummen mit dem 11. Jahrhundert. Die offizielle Orthodoxie als solche, etwa durch den Mund der Patriarchen oder Synoden, erhebt auch in den vorausgegangenen Jahrhunderten ihre Stimme nie. Höchstens daß sie sich gegen die Lektüre häretischer Schriften wendet. So passiert Heliodoros z. B. die Grenze ohne besondere Beanstandung, auch wenn dieser oder jener glaubt, den Roman allegorisch abstützen zu sollen. Auch Tatios erhält ein rechtfertigendes Epigramm, obwohl sein zweifelhafter Ruf bestehen bleibt, auch wenn er damit leben kann. Den Romanen sowohl wie der Anthologia mag der Ruch des Klassischen zuhilfe gekommen sein, und Syntipas mag im Untergrund verblieben sein. All dies scheint im 12. Jahrhundert nicht mehr vonnöten zu sein. Hat die Orthodoxie resigniert? Und wenn ja, warum? Vielleicht ist es manchen orthodoxen Hierarchen eben doch aufgegangen, daß mit den Rigorismen eines Basileios und mit den hochgezogenen Idealen eines Chrysostomos im Alltag nicht durchzukommen war, daß die Orthodoxie damit Gefahr lief, alles, was «Welt» bedeutete, endgültig zu verpassen. Auf der anderen Seite investierte die Orthodoxie gerade im 12. Jahrhundert eine hohe Summe ihrer Energien auf polemische Dogmatik und entwickelte dabei jenen furor theologicus, dem gegenüber alles andere, was bedeutsam sein könnte, in den Hintergrund tritt und vernachlässigt wird. Und ein weiteres vielleicht: Das sittliche Leben gerade der Hauptstadt war derart, daß der Wächter der Moral genug damit zu tun hatte; sofern er überhaupt noch ein Wort wagte, wo doch das Beispiel des Hofes nicht angetan war, ihn zu ermuntern. Bücher mochten dann eine untergeordnete Rolle, wenn nicht die einer quantité négligeable gespielt haben. Es ist durchaus nicht sicher, daß der gesellschaftlichen Relevanz der Literaten in Byzanz eine ebensolche Relevanz ihrer Buchproduktion zukam.

Trotzdem gab es auch in dieser Zeit neben der permissiven Haltung die kategorische Ablehnung, etwa durch einen Mann der Kirche, den Metropoliten Gregorios von Korinth, († ca. 1156), der Tatios, zusammen mit allen übrigen «schändlichen Schriftwerken» verurteilt.[187] Ist die Nicht-Nennung des Heliodoros bei ihm Absicht? Wie immer – es scheint, daß auch Heliodoros eine Verteidigung immer noch gut vertragen konnte. Dies unternimmt ein Jahrhundert nach Psellos der Philosoph Philippos in seiner «Einführung in die keusche Charikleia». Philippos kommt mit den Schattenseiten, die man im Roman offensichtlich immer noch entdeckte, bestens zurecht.[188] Natürlich fänden sich im Roman üble Szenen, aber die dort vorgenommene Verteilung von Gut und Bös mit einem starken Anteil an Bös entspreche den tatsächlichen Verhältnissen überall da, wo es um menschliche Beziehungen gehe. Die positiven Charaktere aber, die im Roman geschildert würden, ließen sich genau den vier christlichen Kardinaltugenden zuordnen. Gipfel der Tugend aber sei die unangetastete Keuschheit, dargestellt durch Charikleia selbst. Schon die Zahlensumme, welche die Buchstaben ihres Namens ausmachten, ergebe eine eindrucksvolle Aneinanderreihung der heiligen Zahl sieben, nämlich 777. Der Lebensgang der Heldin spiegele den Lebensgang des wahren Christen, der durch Gefahren und Versuchungen unbeirrt seinen Weg zu Gott finde.

Aus dem Roman wird eine Allegorie, und ein Mehr an Apologie ist kaum denkbar.[189] Hier werden die Erzählungsmotive dem heidnischen Ambiente entrissen und ohne Umwege in die Nähe christlicher Mystik gerückt. Wen diese Art der Apologie wirklich beeindruckt hat, wissen wir nicht. Die Ablösung vom Wortsinn in der Allegorie ist ein Gedankenspiel sui juris. Die meisten Leser dürften ohne sie fertig geworden sein, und man wußte wohl, woran man war. Der Stand, der mit Allegorie schon gar nichts zu tun hat, die Ärzte, wußten es jedenfalls. Der Arzt Rufos von Ephesos hatte sich bei Beurteilung einer solchen Lektüre ohnedies nicht um die Orthodoxie zu kümmern, weil es diese noch nicht gab. Aetios von Amida, im 6. Jahrhundert kaiserlicher Leibarzt in Konstantinopel, kümmerte sich aber ebenso wenig darum und schrieb bedenkenlos Rufos aus:[190] er nennt für männliche Potenzstörungen die verschiedensten Medikamente und Therapien, darunter ausdrücklich die Lektüre von Schriften, die den Beischlaf zum Gegenstand haben und dabei ausführlich genug sind. Von ihnen erwartet er sich eine erregende Wirkung. Daß hier in erster Linie die Liebesromane gemeint sind, verrät uns ein anderer Arzt: Theodoros Priskianos, ein Leibarzt Kaiser Gratians, aus dessen Feder ein «Euporiston» stammt, das er selbst ins Lateinische übersetzt hat – der griechische Text ist anscheinend verloren gegangen. Die Therapie des Priskianos für die genannte Potenzschwäche geht aufs Ganze und erinnert an manche «Errungenschaften» der amerikanischen Sexualmedizin von heute: «... eos quiescere convenit, non solum noctis spatio verum etiam diei; uti plumis et mollioribus opertoriis vel straminibus convenit; interea puellarum speciosarum vel puerorum simile servitium procurandum est. Uti sane lectionibus animum al delicias pertrahentibus, ut sunt Amphipolitae Philippi aut Herodiani aut certe Syrii Iamblichi, vel ceteris suaviter fabula amatorias describentibus.»[191] Auf der anderen Seite rät noch im 14. Jahrhundert der Hofarzt Joannes Aktuarios im Falle des Priapismus davon ab, mit Frauen zu verkehren, ja sie auch nur anzuschauen, oder erotische Erzählungen zu lesen.[192]

VIII.
Der Stil der Palaiologen-Zeit

Die spätbyzantinische Zeit setzt mit der Katastrophe von 1204 ein, als der größte Teil des Reiches und vor allem seine Hauptstadt eine Beute der Kreuzfahrer wurden. Solche «nationalen» Katastrophen ziehen nicht selten widersprüchliche Folgen nach sich. Zum einen wird patriotische Rückbesinnung auf die alten Werte gepredigt, deren Mißachtung für die Katastrophe verantwortlich gemacht wird. In Byzanz bedeutet dies unter anderem einen neuen Ansatz zum «Klassizismus» im spezifisch byzantinischen Verständnis des Begriffes. Dazu gehört nicht nur der «philologische» Klassizismus, eine neu angefachte, zum Teil echt wissenschaftliche Beschäftigung mit der antiken Literatur und das aus dieser Beschäftigung notwendig erfließende literarische Gehabe. Dann aber auch Rückbesinnung auf die alte Reichsideologie und damit auch auf die politische Orthodoxie, das gekonnte Zusammenspiel zwischen Staatsmacht und Kirche, an dem es im 12. Jahrhundert oft gefehlt hat, so daß Kaiser und Patriarch immer wieder in ihrer Politik gegenüber den Forderungen des Westens getrennte Wege gegangen sind. Andererseits konzentriert sich ein Teil der Theologen jetzt nur noch nachdrücklicher auf die Opposition gegen die Lateiner und zwar in einer merkwürdigen Verquickung dogmatischer und rein nationaler Argumente, mit denen man die Ansprüche des Papsttums zügeln zu können glaubt und diejenigen, die mit der lateinischen theologischen Position sympathisieren, zu Verächtern des Vaterlandes abstempelt, diejenigen aber, die sich gar «modisch» am Westen orientieren, der Unmoral zeiht.

Auf der anderen Seite aber macht sich der Einfluß der Eroberer und Okkupanten immer nachdrücklicher bemerkbar, auch wenn sich diese gezwungen sehen, manche Teile ihrer Eroberungen, insbesondere die Hauptstadt, mit der Zeit wieder zu räumen. Man macht jetzt in Byzanz Bekanntschaft mit neuen Bildungsgütern, d.h. mit Literaturwerken des Westens, um die sich bislang niemand gekümmert hatte. Um die Wende zum 14. Jahrhundert z.B. übersetzt der Mönch Maximos Planudes wichtige Teile jener Literatur, von deren Gehalt der Westen im Mittelalter lebte, so des Boethius «Trost der Philosophie» und das große Werk des Augustinus über die Trinität, ein Werk, das deshalb von großer Bedeutung ist, weil Augustinus hier einen Versuch einer psychologisierenden Theologie anstellt, der den dürren Repetitionen der byzantinischen Dogmatiker ganz neue Anregungen hätte geben können, Anregungen zu einer Rückführung steriler Polemik auf religiöse Werte. Und mit der désinvolture, die manchen großen Byzantinern eigen ist – und Planudes ist einer der großen – übersetzt er auch die Satiren Juvenals und wahrscheinlich auch, wenigstens bruchstückweise, Ovids Amores, die Ars amatoria und die Remedia amoris.

Im Verlauf der nächsten Jahrzehnte wird Byzanz, beginnend mit der thomistischen Summa contra gentiles, auch mit der lateinischen Scholastik in vorzüglichen Übersetzungen bekannt gemacht. Der Provokation, welche diese Scholastik für den byzantinischen Traditionalismus darstellt, wird man bald gewahr, und bis zum Ende des Reiches stehen sich Anhänger und Gegner unversöhnlich gegenüber. Die Anhänger können damit argumentieren, daß z.B. die Schriften des Thomas von Aquin im Grunde das Beste neu erstehen lassen, was die alte griechische Philosophie zu bieten hatte. Männer wie Demetrios und Prochoros Kydones um die Mitte des 14. Jahrhunderts sehen klar, daß gerade eine solche Renaissance philosophischen Denkens der Vernunft neue Freiräume bietet, die sich dem Diktat der offiziellen Orthodoxie entziehen und es ihr erlauben, eingefleischte byzantinische Vorstellungen und Verhaltensweisen kritisch unter die Lupe zu nehmen. Mit Vorsicht werden neue Ideen «ausprobiert», zum Ärger der Traditionalisten. Auch die Reichsideologie findet ihre Kritiker, und feudalistische Vorstellungen, die aus dem Westen kommen, lockern das bisherige monokratische Konzept und drohen es aufzulösen. Altes wird nicht selten seines absoluten Charakters entkleidet und in Zweifel gezogen. Selbst die Klassiker bleiben nicht verschont, und ihr exemplarischer Wert wird in Frage gestellt. Zu all dem kommt eine äußere Lebenshaltung, die schon in der Zeit der Komnenen nicht geringe Anleihen bei den «Franken» gemacht hat, Einflüsse, die nach der Wiedereroberung Konstantinopels nicht nachlassen. Im Gegenteil! Es waren jetzt nicht mehr nur profitgierige Kaufleute aus dem Westen, die Byzanz unterwanderten, nicht mehr nur hier und da ein westlicher Bischof, dem zu Ehren der Hof eine theologische Disputation veranstaltete; jetzt kamen auch gebildete Leute, die gewiß etwas von der neuen Lebensart des Westens, etwa auch vom amour courtois zu berichten wußten, westliche Prinzessinnen, die nach Byzanz verheiratet wurden, die Bescheid wußten von den Erzählstoffen der «modernen» Romanciers in Frankreich und Deutschland und ihr Wissen an ihre byzantinischen Kinder weitergaben.

Mit anderen Worten: Eine gewisse Öffnung ist unverkennbar, eine bescheidene Öffnung – die Widerstände des Traditionalistischen waren vielfältiger Natur –, die einströmen ließ, was früher eifersüchtig ferngehalten wurde. Daß damit Byzanz als ganzes verunsichert wurde, ist verständlich. Fast ist man versucht, von einer kulturellen Wehmut zu sprechen, dem Eingeständnis eines Bruches, und der damit verbundenen Melancholie. Und man ist ebenso versucht, dies etwa an der Malerei der Palaiologenzeit abzulesen. Jüngst hat sie Cyril Mango so charakterisiert: Das alte Monumentale wird bis zu einem gewissen Grad erzählerisch im Kleinformat aufgelockert. Und der Hintergrund, die dritte Dimension, wird, wenn nicht entdeckt, so doch stärker gepflegt als bisher. Der Eindruck von Tiefe soll vermittelt werden, aber die Behandlung dieser Dimension wirkt in der Art, wie sie zur Ausführung kommt, nicht selten widersprüchlich. Die anatomische Struktur der dargestellten Personen bleibt nach wie vor ungewiß; doch aufgesetzte Glanzlichter versuchen, diese Ungewißheit zu vertuschen. Der Ausdruck der Gesichter ist zumeist gedankenvoll, mild und süß, und nicht selten etwas sentimental. Die Härte und Strenge der früheren byzantinischen Malerei ist verschwunden.[193]

Ob auch die Erotik, genauer gesagt die literarische Darstellung von Erotik, in ein neues Fahrwasser gerät, bleibt die Frage. Zunächst sei festgestellt, daß der erotische Lesestoff aus der Antike wenigstens jetzt umfangreicher ist, als man in der mittelbyzantinischen Zeit annehmen konnte. Zwar stehen Heliodoros und Tatios nach wie vor im Vordergrund, aber schon bei Eugenianos kann man eine Kenntnis des bukolischen Romans von Longos «Daphnis und Chloe» feststellen (VI. 439 ff.). Die Art und Weise, wie er davon spricht, beweist, daß er nicht nur den Titel kennt, sondern daß er ihn auch gelesen hat, ja daß er die Kenntnis des Buches auch bei seinen eigenen Lesern voraussetzt. Augenscheinlich hat es Bukolik Eugenianos überhaupt angetan. Jetzt im 13. Jahrhundert stoßen wir auf die älteste uns bekannte Handschrift des Longos, und nichts beweist, daß sie fern von Byzanz im abgelegenen Unteritalien entstanden wäre. Ländliches Leben, Natur und Natürlichkeit haben in dieser Geschichte noch etwas «Göttlich-Naives», und die Unbefangenheit, mit der Daphnis und Chloe zur Liebe finden und die Goethe zum Ärger seiner viktorianischen und postviktorianischen Interpreten, die von «Liebe auf dem Land» nichts wußten oder nichts zu wissen vorgaben, so tief beeindruckt hat, scheint auch die byzantinischen Literaten nicht unberührt gelassen zu haben. Nur nebenbei: Aus dieser Zeit stammt auch eine der wichtigsten Handschriften der Bukolika des Theokrit. Der schon genannte Maximos Planudes stellte eine neue Textausgabe Theokrits her und versah ihn mit Scholien, so wie er sich selbst in einer Idylle versuchte, die allerdings eher fabulösen Charakter besitzt.[194] Den Bukolika des Longos fehlt jede Art von Frivolität oder Obszönität, obwohl die Schilderung des erotischen Begehrens, vor allem aber der Erfüllung dieses Begehrens drastischer ist und weiter geht als in allen übrigen Romanen, selbst in dem des Makrembolites. Wie sich dieses Paar an die Liebe herantastet, wie es dann nicht weiter weiß und wie unverblümt die drastische Belehrung durch eine dritte Person eingeführt wird, dies alles mußte naturnotwendig auf die strikte Ablehnung durch die Orthodoxie stoßen, aber offensichtlich nahm sie nicht Kenntnis davon. Der Kopist der Handschrift, gewiß ein Byzantiner, stieß sich nicht daran. Und er hatte schon Vorgänger, denn Eugenianos muß ja auch eine Handschrift des Romans in Händen gehabt haben. Übrigens kennen wir aus byzantinischer Zeit sogar noch zwei weitere Handschriften. In diesen Handschriften finden sich Romane gleicher Couleur, Tatios etwa, aber auch des Xenophon von Ephesos Liebesgeschichte der Antheia und des Habrokomes (2. oder 3. Jahrh. n. Chr.), des Chariton von Aphrodisias Roman über Chaireas und Kallirrhoe (1. oder 2. Jahrh. n. Chr.). Sogar Makrembolites findet jetzt Aufnahme in diese illustre Gesellschaft antiker Autoren. Dies ist ferner die Zeit, der wir die einzige vollständige Handschrift der erotischen Briefe des Aristainetos verdanken, aber auch eine der besten Handschriften der erotischen Briefe des Alkiphron (2. Jahrh. n. Chr.). Mit anderen Worten, die spätbyzantinischen Literaten beschäftigen sich offenbar mit mehr erotischer Literatur, als ausdrückliche Zeugnisse vermuten lassen. Und was im 13. und 14. Jahrhundert abgeschrieben wurde, ging offenbar auf Exemplare der mittelbyzantinischen Zeit zurück, so daß auch damals der erotische Literaturbestand schon größer gewesen sein muß, als die Quellen vermuten lassen.[195]

Blieb dies alles dem wachsamen Auge der Orthodoxie verborgen? Dazu als erstes eine «kodikologische» Randnotiz.

Die älteste Handschrift von Daphnis und Chloe, der cod. Laurentianus, Conventi soppressi 627, der daneben auch Tatios, Xenophon von Ephesos und Chariton enthält, ist ein auffälliges Gebilde. Das Format ist minimal und die Schrift so klein und eng, daß man sich das Blatt ganz nah ans Auge halten muß, um überhaupt etwas lesen zu können. Und eingerahmt werden die Liebesromane am Anfang und am Ende durch fromme, auch theologische Texte. Der Gedanke, daß dies kein Zufall sein kann, drängt sich auf. Schon der alte Philologe F. Jakobs, der Tatios herausgegeben hat, vermutete: «... ut ludicri illi libelli severiorum hominum oculos effugerent». Vielleicht ist es nicht ganz abseitig, hier so etwas wie ein als Gebetbuch erbaulich getarntes Lesebuch zu sehen, mit dem vor Augen man über lange Stunden der Liturgie hinwegkam und unbehelligt blieb, etwa wenn man dem neugierigen Nachbarn die ersten Seiten zeigte. Doch meines Erachtens ginge es zu weit, wollte man allein daraus schließen, die Orthodoxie habe diese Lektüre verboten. Es ist schließlich etwas anderes, ob man einen Roman zuhause liest oder in der Kirche während des Gottesdienstes. Bemerkenswert ist, daß auch eine weitere Handschrift von Daphnis und Chloe, der Vaticanus 1348 aus dem 14. Jahrhundert, ein solches Gebetbuchformat aufweist. Und um es vorwegzunehmen: Auch eine Londoner Handschrift (Mus. Brit. add. 8241), welche den Achillesroman enthält und die sogenannten «rhodischen» Liebeslieder – von beiden Werken wird noch zu sprechen sein – ist kleinsten Formats, und die erotischen Texte sind auch hier religiös-theologisch umrandet.

Und wie erging es Tatios und Heliodoros in dieser Zeit? Zunächst: Eine Liste nützlicher Stilmuster, die der im Geruch der Heiligkeit stehende Philosoph Joseph angelegt hat († 1330), nennt wiederum unter anderen, auch christlichen Autoren, wie Gregorios von Nazianz, die Namen Charikleia und Leukippe.[196] Sie befinden sich also in bester unverdächtiger Gesellschaft. Und doch sieht es auf den ersten Blick so aus, als sei Heliodoros immer noch umstritten gewesen. Jedenfalls schickt sich wieder einmal jemand an, ihn zu verteidigen. Es ist Joannes Eugenikos, der eine «Protheoria» zu den «Aithiopika» verfaßt hat.[197] Natürlich, so führt er aus, gibt es unbedarfte Leser, die sich gierig auf die verfänglichen Situationen des Romans stürzen; aber sie zählen nicht, denn sie haben den Leitgedanken des Buches nicht erfaßt. Die scheinbar «unreinen» Züge der Fabel dienen alle höheren Absichten, d.h. der Darstellung des heiligen Chores der Tugenden. Es kann sich also keineswegs um eine jugendgefährdende Schrift handeln. Man befinde sich bei der Lektüre des Romans in der gleichen Lage wie gegenüber dem Hohen Lied Salomons im Alten Testament. Auch dieses Lied sei voll von Erotik und doch sei es Teil der Heiligen Schrift, an der doch niemand Anstoß nehmen dürfe. Hinter der Drastik des Hohen Liedes stehe der allein maßgebende tiefere Sinn, die liebevolle Vereinigung der Seele mit Gott. Was dem Canticum canticorum recht sei, müsse den Aithiopika billig sein.

Eugenikos gehört der kirchlichen und staatlichen Ämterhierarchie zugleich an. Er ist Diakon der Großen Kirche, sein Bruder ist der streitbare, allerorthodoxeste Metropolit Markos von Ephesos; er selbst widmet seine Feder auch erbaulicher und dogmatischer Schriftstellerei. Hier haben wir endlich das Urteil eines Vertreters der offiziellen Orthodoxie. Und doch fällt sein Urteil über Heliodoros überraschend positiv aus, und dadurch, daß er seine allegorische Deutung mit der gängigen Allegorese des Hohen Liedes abstützt, wird seine Interpretation widerstandsfähiger als die des Philosophen Philippos. Läßt sich aus dieser Protheoria tatsächlich schließen, daß es immer noch Angriffe der Orthodoxie gegen die Aithiopika gab? Man kann die Äußerungen des Diakons wohl auch anders deuten. Vielleicht hat er den Roman gelesen, stieß dabei auf gewisse moralische Schwierigkeiten und machte sich daran, sich selbst als den fiktiven Opponenten zu widerlegen. Vielleicht hat er auch irgend eine einzelne gegnerische Stimme vernommen, die eines Mönches, etwa eines jener zahlreichen «Hesychasten», die sich so häufig in Konstantinopel herumtrieben und für die alle antike Literatur des Teufels war. D. h. vielleicht ist die Protheoria eine Schrift sehr privaten Charakters und hat mit der offiziellen Stellung des Autors wenig zu tun.

Trotzdem steht Eugenikos nicht ganz allein, wenigstens allem Anschein nach: In seiner kompilierten Kirchengeschichte wiederholt Nikephoros Kallistos im 14. Jahrhundert die Notiz des Historikers Sokrates aus dem 5. Jahrhundert: Heliodoros, ein den Zölibat einschärfender Bischof von Trikka, habe in seiner Jugendzeit den erotischen Roman Aithiopika geschrieben. Dann aber bringt er einen Zusatz: Der Bischof wurde von der Synode aufgefordert, diesen Roman entweder zu verbrennen oder auf sein Bischofsamt zu verzichten. Heliodoros habe es vorgezogen, sein Bistum aufzugeben![197] Leider wissen wir nicht, wie alt die Notiz ist, noch woher sie Nikephoros Kallistos bezogen hat. Und die Interpretation bleibt zweifelhaft. Sollte die Standhaftigkeit eines Bischofs hervorgehoben werden, der sich weigerte, ein Werk zu verdammen, gegen dessen Moral nichts einzuwenden war? Oder sollte ein erotischer Schriftsteller an den Pranger gestellt werden, der sich nicht einmal einem synodalen Verdammungsurteil seiner «Jugendsünde» beugen wollte? Im Bestfall kann man aus dem Text schließen, daß die Kontroverse immer wieder leicht anzufachen war.

Nach diesem Intermezzo ein Wort zum Fortleben der alten Anthologie der Epigrammatiker. Von ihrem Anwachsen und ihrem ungestörten Fortleben in der mittelbyzantinischen Zeit war die Rede. Jetzt aber, zu Ende des 13. Jahrhunderts, treten Bedenken an den Tag, und sie werden von einem der bedeutendsten Klassizisten und Philologen der Zeit, dem schon erwähnten Maximos Planudes († vor 1305), aufgenommen. Er veranstaltete eine Neuausgabe der Anthologia von etwa 2400 Nummern.[199] Dies sind an die 300 Nummern mehr als sich in der Palatina fanden. Maximos hat aber auch 117 Nummern der alten Sammlung ausgemerzt, und dies, wie er selbst sagt, weil sie ihm moralisch bedenklich dünkten. Trotzdem blieb an Erotika mehr als genug. Und man unterschätzt m. E. die Griechischkenntnisse dieses ausgezeichneten Philologen, wenn man annimmt, er habe die stehengelassenen frivolen Texte ganz einfach nicht verstanden. Planudes hat im übrigen seiner Ausgabe eine Appendix angefügt, in der Aphrodite und Eros einen breiten Platz eingeräumt bekommen haben, auch wenn von Obszönität nicht die Rede sein kann. Immerhin finden sich dort aber auch Priapos-Epigramme, die für die Sammlung eines Mönches, der Maximos nominell war, bemerkenswert deftig ausgefallen sind.[200] Denkt man an Maximos als den Übersetzer Juvenals und vielleicht auch der Erotika des Ovid, so will es schwer einleuchten, daß er die Purgierung der Anthologia aus persönlichen Bedenken vorgenommen hat.[201] Vielleicht schaute ihm bei der Arbeit ein empfindlicher Mitbruder über die Schulter, dem zu Gefallen er dann einiges gestrichen hat!

In der eigenständigen Epigrammatik der spätbzyantinischen Zeit spielt Erotik, wenn ich recht gesehen habe, kaum eine Rolle von Bedeutung. Wahrscheinlich bot die Palatina auch noch in der Ausgabe des Planudes genug Divertimento. Selbst beim fruchtbarsten Epigrammatiker der Zeit, Manuel Philes († 1345), ist eher Satirisches als Erotisches zu finden. So etwa in einem Spottepigramm auf einen Kneipenwirt, dem es nichts mehr auszumachen scheint, wenn ein betrunker Gast ins Bett zur Wirtin kriecht, die die Kneipe als Bordell führt. Der Hahnrei hat keinen «Zahn» mehr, um sich zur Wehr zu setzen, und hält still wie der Zuhälter, wenn seine Huren ihren Beruf ausüben.[202] Manchmal äußert sich Philes wie ein Kirchenvater, der zur Flucht vor der Frau mahnt. Muß man mit einer reden, tut man gut, ihr nicht ins Auge zu schauen, nicht auf ihre schönen Zähne zu achten und nicht auf die Bewegungen ihrer Lippen. «Die Furcht des Herrn» ist das einzige Gegenmittel.[203] Dann aber wieder äquivoke Zeilen: «Wer der Natur Gewalt antut, stürzt notwendig ins

Widernatürliche. Tut also, was der Natur entspricht. Mensch, fliehe die Natur nicht, damit du nicht vor lauter «theoria» in einen widernatürlichen Abgrund stürzest».[204]

Ist dies alles, oder hat die Zeit mehr zu bieten? Möglichkeiten bestehen. Der Westen fordert zum Vergleich heraus, wo ein «dolce stil novo» der Literatur neue Bahnen wies. Das Bemerkenswerte ist eine Parallelerscheinung im byzantinischen Sprachgebiet: Spätestens seit dem 13. und 14. Jahrhundert – die Anfänge sind aber längst im 12. Jahrhundert festzustellen – erlebt die byzantinische Gräzität gegenüber den festgefahrenen Normen der früheren Zeit, die sich mit Vorzug an alten Mustern orientiert hat, eine nicht unerhebliche Lockerung. Der Abstand von der gesprochenen Sprache muß auf seiten der Literatursprache schon im 7. und 8. Jahrhundert beträchtlich gewesen sein, denn die Literaten orientierten sich immer noch an einem «klassischen» Griechisch, wie sehr dieses auch schon durch die Koine verändert gewesen sein mag. Um dieses Griechisch zu verstehen, mußte man eine gewisse Vorbildung besitzen, d.h. der Leserkreis der in diesem Griechisch abgefaßten Literatur kann a priori nicht allzu breit gewesen sein. Jetzt macht sich allmählich ein Idiom bemerkbar, das man zwar nicht Volkssprache nennen kann, es sei denn sozusagen in Anführungszeichen, das aber doch einige Stufen tiefer angesiedelt ist als das gelehrte Idiom der früheren Literatur. Zwei Erscheinungen sind dabei festzuhalten. Zum einen: Die Bewegung geht nicht von unten nach oben, d.h. es sind nicht etwa «Volksschriftsteller», denen es plötzlich gelingt, auf den Büchermarkt vorzudringen und sich unter der Literatur in der Hochsprache breitzumachen, sondern es sind mehr oder weniger gelehrte und gebildete Literaten, welche die Hochsprache beherrschen, die sich hier und dort auf einer niedrigeren Sprachstufe versuchen, die ihnen natürlich als Umgangssprache längst geläufig ist. So wie Literaten nun einmal beschaffen sind, dürfte der Grund dafür der Wunsch gewesen sein, sich bei einer breiteren Leserschicht bemerkbar zu machen, die mit der Hochsprache nicht vertraut genug war. Auszuschließen ist freilich nicht, es könnte sich hier und da, besonders in den Anfängen, um einen modischen Gag gehandelt haben. Das zweite Bemerkenswerte ist, daß gelegentlich beide Sprachstufen in ein und demselben Literaturwerk Verwendung finden und daß hier und da der gleiche Autor in einem Werk sich der Volkssprache bedient, während er in einem anderen, wenn es die Thematik nahelegt, die Hochsprache benützt. Die Vermischung beider Idiome ist wohl Absicht in den Gedichten des Ptochoprodromos im 12. Jahrhundert, der die Dedikationen seiner Satiren und die Bettelverse am Schluß – gerichtet an hochmögende Herrschaften – in der Hochsprache abfaßte, während die eigentliche Satire, die, um treffsicher zu sein, die Approximation an die Straße nahelegte, in die Volkssprache verpackt wurde. Das Kerkergedicht des Michael Glykas (12. Jahrhundert) ist ganz bewußt in der Hochsprache abgefaßt, aber Glykas streute hier und da Sprichwörter ein, die in volkstümliche Wendungen gefaßt waren, und wenn er dann diese Sprichwörter erklärte, verblieb er für einige Zeit sozusagen unversehens im gleichen Idiom.

«Volkssprache» – dies bedeutet zunächst den Ersatz hochgelehrter Wörter durch bekanntere, dem einfachen Leser vertrautere. Es bedeutet Vereinfachung des Satzbaues, z. B. Parataxe statt Hypotaxe, die Auflösung verschachtelter Perioden usw. Aber Volkssprache bedeutet wesentlich mehr. Die Hochsprache entwickelt ihre unbezweifelbaren Valeurs am besten dann, wenn sie mit den Sujets, die sie behandelt, nahe dem zeitlichen Umkreis bleibt, in dem sie entstanden ist und sich entwickelt hat, d. h. wenn sie antikisch und antikisierend vorgeht. In einer langen literarischen Tradition bleibt die Hochsprache, nicht nur daß sie antiquarisch wirkt, auch antiquarisch belastet und auf Antiquarisches ausgerichtet. Ihre Metaphernfelder evozieren antike Mythologie und antike Geschichte. Nicht selten beschwört ein einzelnes Wort unvermittelt nicht nur Homer, bei dem man es gefunden hat, sondern auch die homerische Welt, in der es beheimatet ist; und der Wortschatz für Mord und Totschlag führt ebenso unversehens in die Gefilde der «Orestie». Das vereinfachte, mehr volkstümliche Idiom mit – teilweise wenigstens – einem Wortschatz, der nur noch lockere Verbindungen zur Antike aufweist, entbehrt dieser evokatorischen Kraft und – wenn man so will – dieser evokatorischen Zwangsläufigkeit. Die Sprache nimmt Abschied von der Philologie. Mit ihr, und um sie zu verstehen, braucht man sich nicht mehr so sehr um die alten «flores rhetorici» zu bemühen, man braucht nicht mehr exakt Bescheid zu wissen in den mythologischen Metaphern. Mythologie und Geschichtskenntnis, Kenntnis der alten heroischen Namen und ihrer Bedeutung sind für ihr Verständnis nicht mehr notwendige Voraussetzungen. Die Strapazen des Gebildetseins haben sich verringert. Natürlich verschwindet nicht alles von heute auf morgen! Man schreibt klassische Bildung nicht einfach ab, und alte Namen und Mythen sind in manchen Fällen ersichtlich so tief verwurzelt, man ist mit ihnen so vertraut, daß man sie nicht missen möchte, weil sie immer noch zum byzantinischen Selbstbewußtsein gehören, auch wenn sie noch so sehr ins Nebelhafte gerückt sind. Und klassizistische Wendungen und Sentenzen, die man tausendmal gehört hat, werden nicht einfach vergessen.

Immerhin verdämmert damit eine ganze Reihe von Zwängen und sprachlichen Zwangsläufigkeiten. Und theoretisch ist die Chance gegeben, in einem Erzählwerk Abschied zu nehmen vom antikischen Dekor und der antikischen Inszenierung und damit auch von festgefahrenen Typen von Verhaltensweisen, z.B. auch was Liebesleben und Erotik betrifft. Man hat jetzt die Chance, «ins volle Menschenleben» der eigenen Zeit zu greifen und nicht nur Menschen zu schildern, die wie ein noch so schönes Bas-Relief doch nur unerheblich aus dem Marmorhintergrund heraustreten und eher ästhetisches Vergnügen bereiten als die Notwendigkeit, sich in ihnen wiederzufinden. Mit anderen Worten: Echtes Erleben könnte geschildert werden, das nichts ausläßt, was für den byzantinischen Menschen des 14. und 15. Jahrhunderts bestimmend ist, auch nicht seine Religion, an der er doch nicht vorbei kommt, und die in den bisherigen Romanen mit keinem Wort zur Geltung kommt.

Der Westen fordert zum Vergleich heraus. Es ist die Zeit eines Chrétien de Troyes, eines Wolfram von Eschenbach, eines Hartmann von Aue und eines Gottfried von Straßburg, um nur einige wenige Namen zu nennen. Hier werden Erzählwerke geschaffen, in denen es Entwicklung gibt, weil Entwicklung zum Leben gehört und sie wirkliches Leben zur Darstellung bringen wollen. Hier wird auch immer wieder die Frage nach Schuld und Sühne gestellt, weil auch Schuld zum Leben gehört. Und die Beziehungen zu Gott über alles Irdische hinaus bleiben nicht unbehandelt, weil Gott im Mittelalter lebt. Es sind Romane, in denen die Liebe, auch wenn sie eine noch so große Rolle spielt, nicht wie ein prästabilierter Ordo und als einziger Auslöser des Geschehens am Anfang steht, sondern eingebettet bleibt in die Gesamtproblematik menschlicher, hier zumeist ritterlicher Existenz. Es geht nicht mehr um die reine, unverbindliche Lust am Erzählen und Zuhören, die sich an heldischen und wunderbaren Berichten erbaut; diese Werke fordern: Es geht um das Interesse am Lebensweg eines Menschen durch Gut und Bös, und zwar nicht nur durch das Böse, das von außen droht, sondern das sich immerfort im Innern des Menschen regt. Die Liebe ist nicht nur Begehren und Erfüllung, sondern nicht selten Prüfstein; sie kann auch zur vernichtenden Naturgewalt ausarten, die kein Gebot mehr kennt, wie bei Tristan und Isolde; sie kann die Tragödie vorbereiten, denn das happy end gehört durchaus nicht immer zum Programm. Jetzt kann auch von Ehe gesprochen werden, so wie von amour courtois gesprochen werden kann, wo die Dame zur Dame des Herzens wird, auch wenn sie noch so entrückt wird. Die Ehe braucht kein «Konsum-Verhältnis» mehr darzustellen, sie beruht auf Zuneigung. Damit wird auch die

Sinnlichkeit ernst genommen. Sie ist eine Dimension der Liebe und der Dienst an der Liebe ist in jedem Bezug ein Wert an sich. Auch die Theologen fangen an umzudenken. Peter Abaelard z.B. wendet sich nachdrücklich gegen jeden Versuch, die Stillung des geschlechtlichen Begehrens als solche in die Nähe der Sünde zu rücken, wie es die Kirchenväter allzu oft taten. Hugo von St. Viktor definiert die Ehe nie unter dem Gesichtspunkt der Fortpflanzung, der sekundär bleibt, aber auch nicht unter dem «ökonomischen» Gesichtspunkt gegenseitiger materieller Hilfeleistung. Für ihn sind es Zuneigung und Liebesgemeinschaft, die allein das «Paar» ausmachen; es ist die «dilectio».[205]

Inwieweit hat die erotische Literatur der späten byzantinischen Epoche diese Chance genützt? Zunächst ein Beispiel für den «Abschied von der Philologie»: die byzantinische «Achilleïs», die man dem 14. oder beginnenden 15. Jahrhundert zuteilen kann.[206] Homer gibt sich in dieser Geschichte nur für einen Augenblick die Ehre, um dann das Fest für immer zu verlassen. Er spendet die Namen: Achilles natürlich, dann die Myrmidonen, Patroklos, hier ein Knappe des Achilles. Dann aber nichts weiter als eine kleine ritterliche Liebesgeschichte. Dieser Achilles ist ein frühreifer Held – schon als dreizehnjähriger Junge besiegt er incognito einen gefeierten Tournierreiter –, der eher an den jungen Digenis Akritas erinnert, der seinerseits nach dem Vorbild des Romanhelden Alexander geformt ist, als an den homerischen Helden. Zusammen mit seinen Paladinen führt er die Truppe seines königlichen Vaters an im Kampfe gegen einen fremden König, der in das Land der Myrmidonen eingedrungen ist und eine feste Stadt eingenommen und besetzt hat. Doch da ist nicht von einer zehnjährigen Belagerung die Rede, nichts vom Groll des Helden, weil man ihm eine schöne Sklavin verweigert hat. Der Held siegt vielmehr auf Anhieb, wie fast alle Helden der byzantinischen epischen Lieder, und dieser Sieg dient am Ende nur dazu, die schöne Tochter des feindlichen Königs zu gewinnen. Die «Belagerung» des herrlichen ummauerten Gartens, in dem die Schöne sich ergeht, dauert länger als die Belagerung der Festung, weil die Liebesbriefe und ihre Beantwortung, die Liebesserenaden usw. Zeit beanspruchen und ausführlich geschildert werden müssen. Der Sportsgeist des Helden – ein Meister im Stabhochsprung – überwindet schließlich die trennende Gartenmauer und schließlich kommt es zur innigsten Umarmung, nachdem der Held das Mädchen nackt ausgezogen hat bis auf ein «spinnwebendünnes Hemdchen». Die Ehe muß noch warten und kann noch warten. Aber schließlich wird sie im konventionellen Rahmen geschlossen und auf die Hochzeit folgen Flitterwochen und einige Flitterjahre. Man kann sich freilich des Eindrucks nicht erwehren, daß die Frau, die seine Beute wurde, auch Beute bleibt. Seine den epischen Gesängen der frühmittelbyzantinischen Zeit nachempfundenen Heldentaten spielen die bedeutendste Rolle. Bald nach der Hochzeit meldet sich ein unüberwindlicher Tournierritter, ein Franke, dem gegenüber sogar Patroklos versagt. Nun will Achill es unternehmen, doch seine Frau bittet ihn, davon Abstand zu nehmen und ihr zu Liebe sein Leben nicht aufs Spiel zu setzen. Die rüde Antwort des Helden:

«Schweig, Liebste, versuch es nicht mir Furcht einzujagen!
Hätte ich dich nicht lieb genug, würde ich dich jetzt umbringen!
Ich bin dein Drache, du umarmst einen Löwen und hast Angst vor einem kleinen Fuchs?»

Immerhin: das Bild ehelicher Liebe wird versuchsweise gezeichnet, das in den Romanen der Komnenenzeit fehlt, weil dem Erzähler mit der Hochzeit immer der Faden abreißt, d.h. weil Ehe uninteressant ist. Doch das Glück des Paares ist von kurzer Dauer, die geliebte Frau wird plötzlich krank und stirbt, und der Gram über diesen Verlust rafft bald auch den Helden selbst hinweg.

Erst ein Spätgeborener fand nach all diesen ritterlichen

Szenen zur Ilias zurück, besser zu den romantischen sogenannten «Post-Homerica», mit denen schon frühere Autoren Homer angereichert hatten. Jetzt zieht Achilles nach dem Tod seiner Gattin mit den Griechen vor Troia. Paris gibt vor, den Frieden zu wollen, und inszeniert in der Kirche von Troia die Vermählung seiner Schwester mit Achilles. Aber er läßt den Helden, nachdem er ihn in die Falle gelockt hat, meuchlings ermorden. Jetzt erst setzt der letzte Kampf um Troia ein, und die Stadt wird zerstört.

Es handelt sich um einen später angeklebten Schluß, der mit dem Original nichts zu tun hat. Er verrät nur, daß bei einem späteren Leser der Geschichte sich das philologische Gewissen doch noch gerührt hat, aber nicht mehr. Die Geschichte selbst war offenbar beliebt, denn wir kennen außer dem mit Vorsicht zu erschließenden Original noch weitere von einander abweichende Bearbeitungen. Man hat vermutet, es handle sich bei dieser Verserzählung um eine Flucht in die heroische Vergangenheit, bei der die späten Byzantiner Trost in ihrer verzweifelten politischen Lage gesucht hätten. Aber die Achilleïs sucht keinen Trost, vor allem nicht in der Vergangenheit, eher schon im Märchen. Es ist eine zeitlose Liebesgeschichte mit völlig unbedeutenden antikischen Kulissen und hier und da einem ebenso unbedeutenden «fränkischen» Dekor. An Homer und an Troia ist sie überhaupt nicht interessiert. Und wer nicht allzu prüde war, konnte an dieser anspruchslosen, wenn auch nicht uneleganten Erzählung kaum Anstoß nehmen.

In dieser Epoche gibt es aber auch einen Neuansatz auf dem Gebiet des Romans.

Hier sind in erster Linie drei Liebesromane namhaft zu machen, deren wohl ältester nach dem Liebespaar Kallimachos und Chrysorrhoe genannt ist.[207] Es waren einmal drei Königssöhne, die ihr Vater zur Bewährung in die weite Welt schickte. Wer sich als der größere Held herausstellen würde, sollte das Reich erben. Bald ist nur noch einer übrig, Kallimachos, dem es gelingt, die Mauern einer drohenden, von

Ungeheuern bewachten Burg zu überklettern. Er gerät in eine Märchenwelt: wunderbare Höfe und berauschend duftende Gärten, ein Palast, der seinesgleichen nicht hat. Aber kein Lebewesen zeigt sich, bis er in ein prächtiges Gemach gerät, wo er ein nacktes Mädchen findet, das an den Haaren aufgeknüpft von der Decke hängt. Es wird von einem Drachen behütet, der es bestialisch quält, weil es sich ihm verweigert. Natürlich erschlägt der Prinz den Drachen, nicht ohne daß das Mädchen ihn auffordern müßte, den Mut nicht zu verlieren. Erlöst erzählt ihm die Jungfrau unter vielen Tränen und Klagen ihre Leidensgeschichte, und bald schwören sie sich ewige Treue. Kallimachos findet auch Kleider für das nackte Mädchen, sie nehmen ein ausgiebiges Bad in einem von Wohlgerüchen geschwängerten Bassin, in dem der «Kristallkörper» des Mädchens nur noch bezaubernder zur Geltung kommt, und dann geben sie sich einander ohne Umstände hin. «Und wer vermöchte es, die Lust, die sie dort genossen, ins Einzelne gehend zu erzählen?». Damit endet in aller Diskretion die Szene. Von irgend einem Sträuben des Mädchens, nun doch dem «ersten Besten» ihre Jungfernschaft hinzugeben, kein Wort.

Es dauert allerdings erwartungsgemäß nicht lange, und ein König, der auf die Jagd gegangen ist, verirrt sich bis zur Drachenburg, erblickt das junge Paar im Fensterrahmen und entbrennt sofort in Liebe zu Chrysorrhoe. Unter einem Vorwand wird das Paar nach außen gelockt, eine Hexe im Dienste des fremden Königs wirft Kallimachos einen Zauberapfel in den Schoß, der ihn sofort tötet, und der König kann Chrysorrhoe rauben. Er bringt sie auf seine Burg, kann sie sich aber nicht gefügig machen. Inzwischen beweist der Zauberapfel seine zweite Kraft, nämlich auch wieder zum Leben zu erwecken. Kallimachos erwacht, aber findet sich allein. Er macht sich auf die lange Fahrt, um seine Geliebte wiederzufinden, und hört schließlich von einer klagenden und trauernden Frau im Palast eines Königs. Es gelingt ihm, sich an diesem Hof als Gartenarbeiter zu verdingen, und in aller Heimlichkeit gibt er sich Chrysorrhoe zu erkennen. Eine Gartenlaube wird sehr rasch zum Liebesnest. Aber sie werden entdeckt, und der König macht dem Paar den Prozeß. Jetzt erfährt er, wer Kallimachos ist, wie er Chrysorrhoe gefunden und gewonnen hat. Da zeigt er ein Einsehen, und das Paar kann glücklich in die Drachenburg zurückkehren. Von der Übernahme des Reiches seines Vaters ist nicht mehr die Rede.

Der zweite Roman, die «Erzählung von Belthandros, dem Römer» (Rhomaios),[208] berichtet von einem königlichen Prinzen, der, von seinem Vater schlecht behandelt, mit seinen Knappen in die Ferne zieht und dabei alle möglichen kämpferischen Abenteuer besteht, dabei sich nach der Art der «Apelaten», wie wir sie aus dem Digenislied kennen, schlagend. In Tarsos schließlich findet er einen feurigen Wasserlauf, dem er stromaufwärts nachgeht, bis er zu einer wunderbaren Burg gelangt, die nichts anderes ist als das Erotokastron, die Burg des mächtigen Dynasten Eros, an der sich alle möglichen prophetischen Inschriften befinden. Eine bezieht sich auf Belthandros selbst und besagt, er werde Liebesqualen zu leiden haben um Chrysantzas willen, der Tochter des mächtigen Königs von Antiocheia. Kaum hat er die Inschrift gelesen, ist es auch schon um ihn geschehen. Es gelingt ihm, in die Burg zu kommen und bis zum König Eros selbst vorzudringen. Dieser stellt ihm vierzig auserlesene Mädchen vor, über die er richten soll. Die Schönste darf er sich auswählen. Eine Schönheitskonkurrenz und zugleich ein Sklavinnenmarkt, gnadenlos; denn nur die Schönheit zählt und sonst nichts. Die Mädchen haben sich zu drehen und zu wenden, aber alle mißfallen dem Belthandros, der nur äußerliche Kriterien gelten läßt. Die eine hat zu trübe Augen, die andere zusammengewachsene Brauen, eine dritte sogar Haare auf den Armen. Nur eine ist tadellos und bekommt den Preis. Aber damit ist der Traum auch aus, und dem Helden bleibt nichts anderes übrig, als sich wieder auf den Weg zu machen und diese Schöne in

Antiocheia zu suchen. In Antiocheia angekommen, verdingt er sich als Lehensmann beim König. Er bekommt Chrysantza zu Gesicht und erkennt sofort die Schöne, der er auf der Burg des Eros den Preis zugesprochen hat. Auch sie erkennt ihn wieder. Weitere Präliminiarien sind zunächst nicht nötig, denn König Eros hat über sie beide ja verfügt und entschieden. Da braucht es kein erotisches Vorspiel mehr. Doch mehr als geheime Zeichen zwischen den Liebenden sind nicht möglich, und darüber vergehen mehr als zwei Jahre. Erst dann kommt es zu einem Stelldichein im Garten des Palastes und hier «bringt sie der Sturm ihrer Küsse zu Fall» und, ihrer Sinne nicht mehr mächtig, bleiben sie verschlungen bis zur Mitternacht. Chrysantza kann wieder in den Palast zurückkehren, aber Belthandros wird von Wächtern überrascht und gefangengesetzt. Um ihn zu retten, schaltet Chrysantza ihre Zofe Phaidrokasa ein: Mit ihr habe sich Belthandros im Garten vergnügt und nicht mit Chrysantza. Darauf wird ihm verziehen, aber er muß Phaidrokasa heiraten. Er tut es auch, denn diese Scheinehe gestattet es ihm immer wieder, Chrysantza selbst für sich zu haben. Schließlich scheint den Liebenden dies alles doch zu gefährlich und sie haben das Heimlichtun satt. Also fliehen sie, und da der Vater des Belthandros ihn jetzt doch zum Thronerben haben will, kehren sie in die Heimat des Belthandros zurück. Der Vater ruft den Bischof, der die Ehe der Liebenden einsegnet, und Belthandros wird zum Herrscher ausgerufen. Die Ehe selbst und die weiteren Schicksale des Paares interessieren – wie immer – nicht weiter, denn die Eigentumsverhältnisse sind endgültig geregelt.

Der Held des dritten Romans, Libystros,[209] Herrscher über das lateinische Land Libandros und noch unverheiratet und von Liebe nichts wissend, trifft auf der Jagd ein Turteltaubenpaar, dessen Täuberich er abschießt, worauf die Taube, von Schmerz getroffen, ihrem Leben ein Ende macht. Damit ist auch er für Eros offen und in einem Heiligtum des Eros erhält er die Weissagung, er werde die Liebe der Rhodamne gewinnen, der Tochter des Königs Chrysos, sie heiraten, aber wieder verlieren, um sie erst nach großen Mühen wiederzufinden. Er gelangt schließlich an eine Silberburg (Argyrokastron), der Residenz des Königs Chrysos. Mit seinen Begleitern lagert er vor der Burg und bekommt von der Ferne Rhodamne zu Gesicht. Und nun beginnt ein langes Flirten mit Briefen und Liedern. Die Briefe schießt der Held an Pfeile geheftet auf den Balkon der Rhodamne, und diese antwortet jeweils durch ihren Eunuchen. Das zieht sich unendlich lange hin, das Mädchen zögert, will hier und da die Korrespondenz unterbrechen, läßt sich dann schießlich doch noch anläßlich einer Jagd auf ein Rendezvous ein. Eine lange erotische Sequenz auf dem Papier, ein ausgezirkelter «Briefsteller für Liebende». Beim Stelldichein kommt es offenbar zum vollen Austausch der Liebe, auch wenn der Erzähler mit einiger Diskretion darüber hinweggeht. Aber gewonnen ist damit nicht viel, denn der ägyptische König Berderichos bewirbt sich um Rhodamne, und diese hat einige Mühe, ihren Vater zu überreden, die Entscheidung zwischen den beiden Bewerbern einem Turnier zu überlassen. Libystros gelingt es beim Turnier, den König vom Pferd zu stoßen. Er ist Sieger, er wird mit Rhodamne vermählt und zum Mitherrscher ausgerufen. Aber Berderichos läßt nicht ab: Nach zwei Jahren trifft er verkleidet als Kaufmann mit einer alten Frau in seiner Begleitung während einer Jagd auf das junge Paar, verkauft Libystros einen Ring, den dieser an den Finger steckt, nur um sogleich zu sterben. Jetzt kann er Rhodamne rauben, und mitsamt der alten Hexe machen sie sich auf einem Zauberroß aus dem Staub. Die Begleiter rüsten Libystros zur Bestattung und ziehen ihm den Ring vom Finger, worauf er prompt wieder lebendig wird und sich auf die Suche nach Rhodamne begibt. Dabei kommt er an die Küste und trifft hier auf eine alte Frau, die niemand anders ist als die Hexe des Berderichos, die dieser hier hat sitzen lassen. Sie sinnt auf Rache und stellt Libystros und seinen Gefährten ein Zauberroß zur Verfügung, mit dem er zusammen mit einem Leidensgefährten nach Ägypten fliegt. Dort hat sich Rhodamne dem Berderichos, treu ihrem Libystros ergeben, verweigert, jedenfalls eine Wartefrist von vier Jahren ausbedungen, die sie als Wirtin am Ufer verbringt, um nach Libystros Ausschau zu halten. Das Wiedersehen läßt nicht auf sich warten, und alle drei fliehen nun zurück auf das Argyrokastron. Der Leidensgefährte, ein gewisser Kleitobos, hat seine eigene Geschichte parat. Er hat Ehebruch mit einer verheirateten Tochter seines Onkels begangen und mußte fliehen. Jetzt, nachdem sie wieder in der Silberburg sind, gibt Libystros dem Kleitobos eine Schwester der Rhodamne zur Frau, die aber früh stirbt. Zum Glück ist inzwischen auch die Tochter seines Onkels verwitwet, und so kann er in die Heimat zurück und ihr neuerdings seine Liebe erklären.

Bei einer Würdigung dieser Romane in unserem Zusammenhang geht es nicht um literarische Valeurs, aber auch nicht unmittelbar um eine Suche nach westlichen Vorbildern und Mustern um ihrer selbst und um der Literaturgeschichte willen, vielmehr um die Frage, ob das neue Konzept von Liebe und Eros, die neue Auffassung von Heldentum und charakterlicher Bewährung, das sich in der westlichen Literatur feststellen läßt, auf unsere Romane abgefärbt hat, ob wir es also mit einer neuen Art von Liebesroman zu tun haben, von der man annehnmen könnte, aufgeklärtere und mehr als bisher an «Welt» interessierte orthodoxe Kreise könnten in diesen Werken einen erzieherischen, auch der Orthodoxie und ihren alten Idealen bekömmlichen Wert gesehen haben.

Man hat mit Recht bemerkt, daß die «Helden» der früheren Romane, die der Komnenenzeit eingeschlossen, wenig Heldenhaftes an sich haben. Mit den Mißlichkeiten, die sie bestehen müssen, sind sie einem ehernen Schicksal ausgeliefert, das sie erleiden und durchdulden, bis endlich die Götter ein Einsehen haben. Ein fatales Liebeserlebnis – im eigentlichen Wortsinn fatal – steht wie ein fixes Programm am Anfang, und alles weitere spult sich konventionell-literarisch ab, ohne daß sie viel beitragen können oder gar wollen. Das einzige Ziel ist es, zu überleben, um des geliebten Anderen endlich sicher sein zu können. Dies im Gegensatz zu den westlichen Rittern, für welche die «aventure» am Anfang steht, von ihnen gesucht, ihre Bewährung, in welche dann das Liebeselement fast wie etwas Sekundäres, jedenfalls zeitlich, eingebaut wird. Daß der heldische Achilles in etwa diesem westlichen Ideal entspricht, scheint er zunächst seinem Namen zu verdanken, der den Dichter einfach dazu verpflichtete, ihn als mächtigen und erfolgreichen Kämpen darzustellen. Doch wie steht es mit den Romanhelden? Weder bei Kallimachos noch bei Belthandros steht die Liebeserfahrung am Beginn. Der eine ist ausgeschickt, um sich als Held für die Nachfolge seines königlichen Vaters zu bewähren, und er beweist gegenüber der unbezwinglich scheinenden Drachenburg nicht geringen Mut. Doch diese Bewährungsproben erscheinen kaum in einem Zusammenhang mit dem Wachsen und Reifen einer jugendlichen Persönlichkeit. Auch Belthandros geht zunächst auf abenteuerliche Fahrt, allerdings dazu gezwungen, weil er sich mit seinem Vater überworfen hat. Libystros dagegen ist von allem Anfang an für das Liebeserleben, und für dieses allein, durch ein Erlebnis auf der Jagd prädestiniert. Aber alle drei, sind sie einmal ihrer Auserwählten, besser gesagt der ihnen Prädestinierten begegnet, gleiten sehr rasch wieder in die Schicksals-Sequenz der alten Romane. Freilich gibt es dabei Szenen, in denen sie ihre Schlauheit oder auch ihren Mut wieder einmal bewähren können, ein Tournier hier, der Schachzug mit einer fiktiven Ehe dort; doch dies zwingt die Sequenz in keine neue Richtung. Wenn westliche Vorbilder bekannt waren – und nichts spricht gegen eine solche Vermutung –, so war ihr Einfluß in diesem Punkt nicht allzu tiefgreifend. Der «Byzantiner» bricht immer wieder durch. Und warum sollte er auch nicht? Das Kämpferische, womöglich mit dem Kopf durch die Wand, ist ganz und gar unbyzantinisch. Der byzantinische Held will siegen, weil er überleben will und mit dem Heldentod wenig im Sinne hat. Es ist interessant festzustellen, daß die byzantinischen Kaiser und Feldherrn in dem Augenblick, wo sie vor einer entscheidenden Schlacht das Wort an ihre Soldaten richten, von der Kampftechnik sprechen, natürlich auch von der Tapferkeit und vom Bewußtsein, Römer zu sein, aber mit keinem Wort vom Sterben. Und die Stratagemata, die Kriegslisten, mit denen man das Überleben sichert, sind wichtiger als vorwitzige Mutproben. Doch noch ein Wort zur prädestinierten Geliebten. Von keiner kann man sagen, der Held habe sie wirklich kennengelernt. Es genügt, daß er sie gesehen hat, und da sie immer sehr schön ist, weiß er damit alles, was wissenswert ist. Die Kriterien, nach denen Belthandros im Erotokastron an die Wahl der Mädchen geht, ist dafür besonders charakteristisch. Keine der Kandidatinnen hat auch nur die geringste Chance, einigermaßen geistreich zu sein, wie es offenbar die spätere Nonne Kasia bei der Brautwahl des Kaisers Theophilos gewesen ist. Mag der Flirt der jungen Leute im Roman des Eustathios Makrembolites noch so sehr an der Oberfläche bleiben, so verrät er doch etwas von den realistischen Vorgängen, wie sich junge Leute finden. Die Romanschriftsteller der Palaiologenzeit fallen dagegen weit zurück. Eine Flut literarisch ausgefeilter Liebesbillets und Liebeslieder ist dafür kein Ersatz. Und wenn jetzt die Prädestination des Paares durch den mächtigen Eros, etwa bei Belthandros und Libystros, beherrschend in den Vordergrund tritt, so ist dieses Motiv zwar auch in den Romanen der Komnenenzeit feststellbar, wird aber dort nur akzessorisch eingesetzt; es bildet sozusagen die mythische Begleitmusik zur Psychologie der Romane, die Garantie einer höheren Weihe der Liebe. Jetzt aber ist die Intervention des Gottes fatal im eigentlichen Sinne des Wortes und erstickt die psychologische Realistik des Sichkennenlernens der Liebenden im Keime.

Was wirklich neu ist in den Romanen der Palaiologenzeit, auch in der Achilleïs, ist der Verzicht auf die Einhaltung des Tabus der Jungfräulichkeit bis zum Tage der Hochzeitsfeier vor Gott und den Eltern auf seiten des Mädchens. Bemerkenswert dabei bleibt, daß über die Willfährigkeit des Mädchens kein Wort verloren wird, das die Bedenklichkeit dieses Verhaltens etwa erklärbar und entschuldbar erscheinen ließe. Vielleicht ist hier die größte Affinität zum Roman des Westens erreicht. Man mag also an Beeinflussung denken, man könnte aber auch an die überhandnehmende Freizügigkeit des sexuellen Lebens im späten Byzanz erinnern, welche die Quellen ahnen lassen. Das gebrochene Tabu der Jungfräulichkeit schockierte offenbar nur noch wenige. Die Sitten waren in aller Öffentlichkeit lax geworden, während die geringe Einschätzung der Frau durch den Mann sich kaum geändert haben dürfte. Die Frauen reagierten darauf auf ihre Weise, das heißt wohl selbstbewußter als früher.[210] Aber mochten noch so viele Kreuzritter und andere fahrende Boten des Westens in der Hauptstadt aufgetaucht sein, den «amour courtois» haben sie dort gewiß nicht heimisch machen können; jedenfalls verraten die Quellen nichts davon, ja sie sprechen eher gegen eine solche Annahme.[211] Wiederum ist es an der Zeit, einige historische Punkte zu sammeln:

Dem sittenstrengen Eiferer, der Patriarch Athanasios war, gelang es, Kaiser Andronikos II. zu einer Gesetzesnovelle zu veranlassen, mit der allen sexuellen Exzessen ein Ende bereitet werden sollte.[212] Die Dirnen gehören offensichtlich immer noch zu den Alltagserscheinungen in der Stadt. Sind sie nicht bereit, ihr Treiben aufzugeben, sollen sie kahl geschoren und an den Pranger gestellt werden. Die Klientel wird jetzt mit Geldstrafen bedroht. Kneipenwirte, die, wie wohl häufig, zugleich ein Bordell betreiben, sollen ihr Vermögen verlieren. Aber es scheint nicht, daß die Novelle ihre Wirkung tat. Wir hören von Ehebruch auf den Galerien der Kirche und nicht selten werden blutschänderische Verbindungen erwähnt. Sogar das Töchterlein eines der höchsten Reichsbeamten, das mit einem kaiserlichen Prinzen verlobt ist, hat sich auf Inzest eingelassen (und wurde offensichtlich schwanger).[213] Patriarch und Synode versammeln sich und verhandeln des langen und breiten, ob damit das Verlöbnis mit dem Prinzen ungültig geworden sei. Dabei sprach die Rechtslage seit Jahrhunderten für die Ungültigkeit. Offenbar trennte dann schließlich der Kaiser selbst das Verlöbnis, gab dem Mädchen dafür aber einen anderen kaiserlichen Prinzen zum Mann. Die Auflösung der alten Rechtssicherheit ist evident. Die Patriarchen müssen immer wieder einschärfen, daß die Aufnahme sexueller Beziehungen zwischen Verlobten strafbar ist; auch die Eltern der Braut, die derartiges zulassen, seien zu bestrafen.[214] Den Eltern des jungen Mannes traute man offenbar schon gar nicht mehr zu, daß sie ihren Sohn überwachen und zügeln könnten. Auffallend ist, daß jetzt auch wieder das alte Verbot des gemeinsamen Badens von Männern und Frauen eingeschärft wird, von dem man lange Zeit nichts mehr gehört hat.[215] An all diesen Verboten gemessen, sind die Helden des Palaiologenromans samt und sonders im Kirchenbann. Immer wieder ist auch von Vergewaltigung die Rede. Selbst die Töchter eines klerikalen Haushaltes bleiben davon nicht verschont. Musterbeispiel ist ein gewisser Frangopulos im ausgehenden 13. Jahrhundert, ein langhaariger Tunichtgut, der eines Nachts mit seinen Kumpanen bis zum Morgengrauen zechte, dann in das Haus eines Groß-Diakons der Hagia Sophia, der sich kurz vorher in die Kirche zum Morgengottesdienst begeben hatte, eindrang und die jüngste Tochter des Würdenträgers vergewaltigte. Noch der bekannteste und am meisten beachtete Jurist der Zeit, Konstantinos Harmenopulos, sieht dafür die Strafe der Verstümmelung und als Geldbuße ein Drittel des Vermögens des Verbrechers zugunsten der Vergewaltigten vor. Frangopulos schor man seine langen Haare; ansonsten kam er mit einem Jahr Gefängnis davon. Inzwischen waren seine Haare wieder zur alten Länge gewachsen, und der Partriarch weiß zu berichten, daß er bald sein skandalöses Treiben wieder aufnahm.[216]

Das Beispiel, das Kaiser und Hof gaben, war kaum anders als zur Zeit der Komnenen. Schon Kaiser Joannes III. Batatzes, den man bald nach seinem Tod, wenn auch aus anderen Gründen, als Heiligen verehrte, verliebte sich sehr viel weniger in seine Gattin Constanze, die Tochter Kaiser Friedrichs II. des Hohenstaufen, als in deren Hofdame, die als «die Markesina» in die Quellen einging. Er zog sie in aller Öffentlichkeit Constanze vor und gewährte ihr Insignien, die kaiserlich anmuteten. Erst kurz vor seinem Tod besann er sich eines Besseren.[217] Constanze, ihrerseits seit 1245 Witwe, suchte sich anderwärts zu entschädigen und ließ sich mit Michael VIII. Palaiologos, dem Mörder ihres Enkels Joannes Laskaris, ein, und nur ein scharfer Protest des Patriarchen oder doch wohl eher die veränderte politische Lage, brachten Michael davon ab, sich von seiner legitimen Gattin zugunsten Constanzes scheiden zu lassen.[218] Der Sohn Michaels, Andronikos II., hatte seine obligaten Illegitimi, trotz aller zur Schau getragenen Frömmigkeit und Kirchentreue. Verheiratet war er das zweite Mal mit der Prinzession Yolanthe von Montferrat, eine Ehe, in die sich die energische Savoyardin nie zu finden wußte. Aus politischen Gründen verschacherte der Kaiser seine kleine Tochter Simonis aus dieser Ehe an den alten Serben-Kral Milutin als dessen vierte Gattin, nachdem eine Schwester des Andronikos eine Ehe mit dem alten Zaren kategorisch verweigert hatte. Er lieferte das fünfjährige Mädchen Simonis ohne Bedenken dem Serben aus. Dies gab der Ehe Yolanthes mit Andronikos den Todesstoß, der sich auch politisch fatal auswirkte. Denn Yolanthe machte jetzt Politik auf eigene Faust.[219] Mit seinem ältesten Sohn Michael IX. hatte Andronikos nicht nur militärisch kein Glück; er mußte ihn immer wieder – wie übrigens auch der Patriarch – wegen seines ausschweifenden Lebens zur Rede stellen.[220] Skandalumwittert war auch sein Enkel, der spätere Kaiser Andronikos III. Hier kam es zur Familientragödie: Der junge Andronikos war auf Bordellbesuch und vor der Tür hielten seine Leute Wache. Jetzt wollte ein anderer Klient ins Haus. Die Wachen stachen ihn einfach nieder und er starb noch in derselben Nacht. Der Klient war kein anderer als der leibliche Bruder des jungen Andronikos.[221]

Die höfische Unmoral um die Wende zum 15. Jahrundert hat sogar in einer Satire mit dem Titel «Hadesfahrt des Mazaris» ihren Niederschlag gefunden.[222] Zur Glaubwürdigkeit der geschilderten Verhältnisse mag es beitragen, daß es sich um eine Art «Schlüssel-Satire» handelt, welche die Namen der Zeitgenossen des Verfassers so geringfügig verändert, daß selbst die moderne Byzantinistik noch eine stattliche Reihe von ihnen zu identifizieren vermag. Da tritt ein kaiserlicher Kanzleichef auf, Holobolos mit Namen, der, statt sich um die kaiserlichen Diplome zu kümmern, die er in der Schublade schmoren läßt, «den unerlaubten Blick auf eine Klosterschwester gerichtet hat», deren Gunst er sich, nebenbei bemerkt, mit vielen anderen teilen muß. Es handelt sich um eine alte Freundin des Holobolos, von der er sich jetzt wieder behexen läßt, um sich «Tag und Nacht in der Pfütze zu wälzen». Von einer Amaryllis ist ferner die Rede, zu der sich ein Höfling wie Theokrits Ziegenhirt begibt, zum Liebesschmaus mit einem Ausbund von Unzucht. Eine Winzerin und Weberin, «eine sybaritisch Üppige, leuchtend gleich dem Morgenstern», wird gewürdigt. Der Sohn des Hofkapellmeisters treibt sich in Kneipen und in den Absteigen liederlicher Weiber herum, macht da seine Bocksprünge und singt seine obszönen Lieder. Er vollführt weiß Gott welche Unanständigkeiten; sein Vater selbst gesteht es ein. Dies ein Sittenbild der Zeit des frommen Kaisers Manuel II.

Aber es ist nicht das einzige aus dieser Zeit. Etwa zwischen 1430 und 1440 entstand ein Pamphlet gegen einen gewissen Katablattas, das ein grotesk schmutziges Porträt entwirft. Der Mann kam nach kurzem Militärdienst bei den Osmanen, wohl schon superadult in eine Schule in Thessalonike, wo er sich durch seine Vergehen an jungen Mitschülern einen Namen machte. Er verfrachtete sie in den Keller der Schule, angeblich um sich von ihnen entlausen zu lassen, tatsächlich aber, um sich schamlos an ihnen zu vergehen, während der Autor des Pamphlets – damals in der gleichen Schule – zusammen mit Kameraden ihn durch Löcher in der Wand beobachtete und dann denunzierte. Natürlich flog Katablattas von der Schule. Aber er ließ nicht von seinem Treiben, war außerdem so gut wie jeden Tag im Bordell anzutreffen, liebte Trinkereien und außerordentlich schamlose Tänze. Sein Treiben war stadtbekannt, und Homosexualität wurde durch ihn in Thessalonike sozusagen Mode.

Trotzdem machte er Karriere in der Justizverwaltung, ging nach Konstantinopel und heiratete. Aber jetzt mußte seine Frau das Hausmädchen immer wieder vor ihm wegsperren, weil es sonst keinen Augenblick sicher gewesen wäre. Und so fort.[223]

Das Bedeutsame ist, daß dieser Katablattas nicht eine literarische Fiktion ist, sondern eine bekannte Persönlichkeit, und daß der Verfasser ebenfalls zu den bekannten Literaten der Zeit gehört: Joannes Argyropulos. Argyropulos war von Katablattas vor Gericht gezogen worden und holt in diesem Pamphlet zum Gegenschlag aus. Natürlich wird an vielen Stellen die rhetorische Amplifikation ihre Rolle gespielt haben. Doch wichtiger ist, sich klar zu machen, was man einem Mann des öffentlichen Lebens in Byzanz offenbar ungestraft vorwerfen konnte, ohne aus dem Rahmen des Glaubhaften zu fallen.

Die Auflösungserscheinungen sind auch im Mönchtum feststellbar. Die Patriarchen der Zeit z. B. schicken nicht wenige Rundschreiben an die Athosmönche, aus denen sich dies ersehen läßt. Aus dem übersichtlichen und einheitlich geleiteten Koinobion, das sich im übrigen auch auf dem Athos nie ganz durchgesetzt hatte, entwickelte sich jetzt die sogenannte «idiorrhythmische» Mönchsgemeinde, die bald keine Gemeinschaft mehr darstellt. Das Kloster wird in Kleinstgruppen aufgespalten. Dies mag zum Teil im Interesse jener Mystiker unter den Athosmönchen gewesen sein, die man Hesychasten nennt und die fernab von der gemeinsamen Liturgie und sonstiger gemeinsamer Veranstaltungen sich ungestört ihrer Versenkung hingeben wollten. Aber das System hat auch eine gefährliche Freizügigkeit gefördert; das Gyrovagentum, dies ergibt sich aus den amtlichen Dokumenten, stieg wieder an, wenn es je ein Ende genommen haben sollte. Immer häufiger treffen wir diese «Eremiten», wo sie nicht hingehören: in den Städten, in Privathäusern und bei kuriosen Konventikeln. Nicht allzu selten ist wiederum vom freien Zusammenleben von Mönchen und Nonnen die Rede, und immer wieder muß das Verbot eingeschärft werden, daß Mönche und Nonnen nicht unter einem Dache nächtigen dürfen. Trotzdem treffen wir auf den Abt, der sich im Kloster seine Mätresse hält und auf Mönche, die sich in Bordellen herumtreiben.[224] Es gab auch Frauen, die nach alter Unsitte ihr Haus in ein Kloster verwandelten und aus diesem Haus dann ein Bordell unter einer Äbtissin machten.[225] Die schwangere Nonne ist dann eine Selbstverständlichkeit, aber es war offenbar Geld genug vorhanden, um eine Abtreibung zu finanzieren. Einmal erfahren wir sogar den Preis dafür: fünf Goldstücke, ein Mantel und ein alexandrinisches Glas.[226]

Ob die Unmoral aufs Ganze gesehen wesentlich größer war als früher, läßt sich allerdings nicht entscheiden. Sicher ist, daß von einer versuchten Korrektur durch wortgewaltige Moralisten nicht gesprochen werden kann. Am ehesten hätte dazu das Zeug Patriarch Athanasios unter Kaiser Andronikos II. gehabt. Doch er schoß immer wieder über das Ziel hinaus, ermüdete den Kaiser mit seinen zahllosen Beschwerdebriefen und verfiel nicht selten in ein Lamento, das nur ins Leere stoßen konnte.

Dies alles mag erklären, warum sich die Romanciers der Zeit nicht mehr bemüßigt fühlten, dem Tabu der Jungfräulichkeit besondere Beachtung zu schenken. Doch ein Spiegel der Unmoral der Zeit sind diese Romane keineswegs, und sie fangen wenig vom byzantinischen Alltag ein. Sie bleiben blaß und nicht selten märchenhaft. Der Kallimachosroman ist zwar trotz allem, was man darüber bemerkt hat, ein

Liebesroman, aber das Märchen ist fast allgegenwärtig. Auch in den anderen Romanen spielt es keine unbedeutende Rolle. Das Märchen aber bevorzugt den fertigen Typus und kennt keine Entwicklung der Persönlichkeiten. So bleiben die Romanhelden trotz mancher neuer Züge doch im Grunde schemenhaft, und schemenhaft ihre Liebe. Man ist versucht, an das zu erinnern, was C. Mango zur Kunst der Zeit gesagt hat: nachdenkliche Gesichter, weich und süß und der Sentimentalität nicht allzu fern. Ist es Flucht aus dem Alltag in den phantastischen Ritterroman? Eben nicht! Gewiß, die Helden sind beritten, aber von einem Ritter der Artusrunde oder von einem Ritter des heiligen Gral oder von einem Ritter der Kreuzzüge haben sie nichts. Darüber hilft auch keine Tournier-Schilderung hinweg; das Pferd ist bloßes Requisit oder es ist gleich ein Zauberpferd. Geschichte und Vergangenheit wird in diesen Romanen so wenig heraufbeschworen wie in der Achilleïs. Vielleicht handelt es sich einfach um einen «Manierismus», wie ihn ja byzantinische Kunst lange vor dem Westen entwickelt hat.

Wie immer, von diesen Romanen geht nichts von jener Betroffenheit aus, wie etwa von der Sage von Tristan und Isolde, vom Parzival und vom inzestuösen «Sacrum» des Gregorius auf dem Stein. Die Helden kennen keine Schuld, keine Sühne und keine Reue. Und die Autoren begeben sich damit einer Motivreihe, die in der westlichen Literatur aus einer Liebesgeschichte eine Geschichte unausweichlichen menschlichen Schicksals überhaupt werden läßt. Eben das Schicksalhafte der Liebe, ihre Irrungen und Wirrungen, sind ausgespart.

Das Mädchen in einem dieser Romane könnte sagen, was Chrétien de Troyes eines seiner Mädchen von Tristan und Isolde sagen läßt:

Miaux voldroie estre desmanbree
que de nos deus fust remanbree
l'amors d'Iseut et de Tristan

don tantes folies dit l'an,
que honte m'est a raconter.

Dieses Schädliche aber besteht gerade darin:

car ses cors fu a deus rantiers
et ses cuers fu a l'un antiers.

Ist es reiner Zufall, daß Chrétien diese Worte die Prinzessin Fenice zu ihrem Anbeter Cligès gerade am Hofe von Konstantinopel sagen läßt? Jedenfalls kennt der byzantinische Roman die «dira vis amoris», die verheerende Kraft der Leidenschaft nicht, bringt sie jedenfalls nicht zur Darstellung. Sie liegt dem Autor fern. Und die Liebe in der Ehe bleibt, sieht man teilweise von der Achilleïs ab, die diese Liebe offenbar aus dem Epos von Digenis bezieht, fast gänzlich ausgespart wie eh und je. Die Ehe ist konventionell gefahrlos. Keine Iseut aux Blanches Mains macht den Versuch, dem Helden Tristan Iseut la Blonde streitig zu machen. Das Mädchen hat seine Pflicht erfüllt, wenn es sich dem Helden hingegeben hat, jedenfalls seine Roman-Pflicht. Ein echtes «Paar» wird aus beiden nicht. Die byzantinischen Theologen haben es meines Wissens nie versucht, die Zuneigung in der Ehe zum Constitutivum des Bundes zu machen. Mag es eheliche Liebe gegeben haben – wer möchte es bezweifeln? –, literaturfähig wurde sie nicht. Dazu eine willkürlich herausgegriffene Randnotiz: In einem Progymnasma stellt sich der Autor Libanios,[227] ein heidnischer Zeitgenosse des Chrysostomos, die Frage, ob es ratsam sei zu heiraten. Er antwortet mit einem beherzten Ja. Er hat mit seinem Ja die Erhaltung des menschlichen Geschlechts überhaupt, und die Erhaltung der Griechen und ihrer Paideia im besonderen im Auge. Aber er erfreut sich dabei der Hilfe und Stütze der Frau an seiner Seite. Tausend Jahre später greift der Staatskanzler Theodoros Metochites († 1332) das Thema wieder auf.[228] Metochites ist verheiratet und hat Kinder. Von einer Ehekrise wie bei seinem Souverän Andronikos II. wissen wir nichts. Seine Ergebnisse: Das kontemplative ehelose Leben und damit das Ideal der Jungfräulichkeit dürfen nicht verabsolutiert werden. Ehelosigkeit sei kein göttliches Gebot. Würde man sie als Gebot ausgeben, würde man gegen die göttliche Ordnung verstoßen, denn auch in der Ehe könne man christlich leben. Aber bevor Metochites zu diesem Schluß kommt, der fast aussieht, als habe er sich mit Rücksicht auf die kirchliche Lehre dazu bequemt, läßt er an der Ehe kein gutes Haar. Grämlich zählt er alle Mißhelligkeiten auf, die damit verbunden sein können. Wenn Ehe, dann höchstens um der Kinder willen. Ohne diese sei sie das denkbar Unerfreulichste. Doch selbst die Kinderaufzucht bringe nur Kummer und Sorgen mit sich. Von der Frau ist in diesem Essay überhaupt nicht die Rede, und von der Liebe erst recht nicht.

Um die Summe zu ziehen: Trotz des einen oder anderen neuen Ansatzes, den man vielleicht westlichen Einflüssen zuschreiben kann – oder auch nicht! – erfüllt der spätbyzantinische Roman die Erwartungen, die man in ihn hätte setzen können, nicht. Hier steigt keine neue Wahrheit zwischen den alten Begriffen auf, auch wenn diese Begriffe zum Teil in neuen Wörtern erscheinen. Der sprachliche Aufbruch, von dem die Rede war, tut es offenbar nicht. Keine Neubesinnung der Orthodoxie auf ein vertieftes Verständnis dessen, was Welt bedeutet, kam der neuen Sprache zuhilfe; und kein erfrischender Zug ging durch das Philosophieren der Zeit, weil sie sich der Provokation durch die Scholastik, die damals der Vorkämpfer der Ratio war, zumeist versagte. So ist es weiter nicht verwunderlich, daß die Orthodoxie zu diesen Romanen noch weniger zu sagen hat als zu früheren Erzeugnissen des Genos. Nur auf eine Stimme ist aufmerksam zu machen:

Der Verfasser des Romans von Kallimachos und Chrysorrhoe ist mit einer an Sicherheit grenzenden Wahrscheinlichkeit ein Prinz, Andronikos Palaiologos, ein Vetter des Kaisers Andronikos II. Von ihm wissen wir, daß er auch sonst literarisch tätig war, und dies in der Sprache der Gelehrten. Wie und unter welchen Umständen es ihm einfiel, in einem einfacheren Idiom eine Liebesgeschichte zu erzählen, wissen wir nicht. Die erotische Novellensammlung des «Syntipas» mag im Untergrund verblieben sein, die Achilleïs mag als philologisches Armutszeugnis der Beachtung nicht für wert gehalten worden sein; der Roman des Prinzen aus dem regierenden Haus aber konnte kaum unbeachtet bleiben. Trotzdem hören wir von keiner Kritik. Immerhin fühlte sich ein Poet bemüßigt, zum Roman Stellung zu nehmen. Es ist Manuel Philes, der ihm ein längliches Epigramm widmet.[229] Der prinzliche Verfasser wird gepriesen und der Roman selbst – wieder einmal und überflüssiger Weise – allegorisch gedeutet und überhöht: Er sei in Wirklichkeit eine Art Anleitung für den Christen auf seinem Weg zum letzten Ziel. Sollte ein Bedarf an Rechtfertigung des Romans vor den Augen der Orthodoxie bestanden haben? Vorstellen läßt es sich, doch wahrscheinlich ist es nicht. Wir kennen Philes: Er ist ein Betteldichter, der freilich lieber um Delikatessen als um das tägliche Brot bettelt. Einen prinzlichen Romanschriftsteller zu preisen, versprach immer noch ein ansehnliches Honorar, und eine so erhebende Allegorie konnte das Honorar nur in die Höhe treiben.

Was den Belthandros angeht und Libystros, so können wir nicht nur keinen Verfasser angeben, sondern nicht einmal, ob sie auf einem Boden entstanden sind, auf dem die Orthodoxie noch etwas zu vermelden hatte, oder ob ihre Verfasser etwa im «fränkisch» besetzten griechischen Raum zu suchen sind. Wenn dem so ist, dann scheint die Frage nach westlichen Vorbildern und Einflüssen besonders dringlich. Aber vielleicht beruht diese Dringlichkeit auf einer Täuschung. Die Feudalherren fränkischer Herkunft etwa auf der Peloponnes oder in Mittelgriechenland oder auf den Inseln saßen zum Teil seit Generationen auf den eroberten Gebieten. Zum Teil standen sie selbst sprachlich ihrer Umgebung schon näher als der Sprache ihrer alten Heimat. Daß sie an den geistigen Bewegungen etwa Frankreichs im 14. Jahrhundert besonderen Anteil genommen hätten, ist nicht wahrscheinlich. Sie waren zu sehr «Provinz», wie sich leicht aus der Chronik von Morea herauslesen läßt. Und wenn sie von literarischen Erzeugnissen des Westens Kenntnis hatten, dann wohl eher von den alten Chansons de geste, von denen die Chronik von Morea sozusagen den Versuch einer Neuauflage macht, und die weniger den «amour courtois» als die besitzergreifende Kriegerliebe feierten, in der die Frau die Beute ist. Hauptsache war, daß es abenteuerlich zuging, und diesen Wunsch erfüllten Belthandros und Libystros bestens.

Änderungen traten in diesem Raum erst ein, als die italienische Literatur dort Eingang fand. Die Herrschaft der Acciaiuoli, der Florentiner Bankiers, in Achaia mag ihr den Boden bereitet haben, und ein Glied dieser Familie, Andrea, ein Freund Boccaccios, könnte z.B. das Cantar di Fiorio e Biancifiore mitgebracht haben, aus dem dann der griechische Roman von Phlorios und Platzia Phlore hervorging. Mit Byzanz hat der Roman nichts zu tun. Ähnliches gilt von dem Romanwerk Imperios und Margarona, der Geschichte von der «Belle Maguelone», die den Weg ins fränkische Griechenland vielleicht über die Zisterzienserabtei Daphni bei Athen gefunden hat. Erst recht nicht in unseren Zusammenhang gehört die abenteuerliche Geschichte von Apollonios dem Tyrer, denn die griechische Fassung ist eine Bearbeitung eines italienischen Textes, der seinerseits auf ein antikes lateinisches Original zurückgeht. Und insgesamt scheint es doch, daß diese Romanwerke eher den alten Stil repräsentieren als den neuen Aufbruch.[230]

Andererseits ist nicht zu übersehen, daß da und dort die Familiengeschichten und Familientragödien der fränkischen Eroberer auch die Phantasie ihrer griechischen Untertanen beschäftigten. Als Beispiel sei genannt das kyprische Lied von Arodaphnusa, die in Wirklichkeit Giovanna Dalema hieß und eine Mätresse des Königs Peter I. von Kypros (1359–1369) war. Sie gebar ihm ein Kind, das die Königin in Abwesenheit des Königs beiseite schaffen ließ, während sie die Mutter nach allen Regeln der Kunst quälte und schließlich zwang, Nonne zu werden.[231]

Es ist nicht zu übersehen: Auch der spätbyzantinische Roman ist trotz seiner sprachlichen Merkmale nicht einfach «Volksliteratur». Er gehört immer noch einer etwas gehobeneren Schicht von Literaten an, die mit tausend Fäden an antiken Vorbildern hängen. Und auch da, wo sie westlichen Einflüssen eine Tür öffnen, ist dies nur erklärbar, wenn sie in der Lage waren, sie aufzunehmen, was gewiß nicht für die unteren Schichten galt. Daran ändert auch die Tatsache nichts, daß sie teilweise den alten «philologischen Idealen» nicht mehr verpflichtet waren.

Das Volk, vor allem ein Volk, in dem der Prozentsatz der des Lesens Kundigen kaum allzu hoch angesetzt werden darf, äußert sich in erster Linie mündlich, d.h. neben der einfachen Erzählung und dem einfachen Bericht mit Vorzug im Lied. Und daß diese Lieder nicht selten Liebeslieder sind, versteht sich von selbst, denn Liebe ist das Brot der Armen.

Aus der früh- und mittelbyzantinischen Zeit ist an Volksliedern kaum etwas erhalten. In Frage kommen einige Couplets, wohl in Schenken oder Gassen vorgetragen, die sich zum Teil über die sexuelle Bravour mancher Kaiser lustig machen und deshalb Lyrik durch Derbheit verdrängen. Von Kaiser Maurikios z.B. (582–602) wußte man zu sagen:

Er hat sich eine Kuh geholt, schön fett und zart geschwungen,
und wie ein Gockel stolz und kühn ist er auf sie gesprungen.
Jetzt macht er Kinder ohne Zahl. wie Tischler Hobelspäne ....[232]

Und von Kaiser Konstantin V. (741–775), der eine ältliche Patriziertochter verführt hatte:

Agathe war schon alt und ungeschlacht;
du hast sie wieder jung gemacht.[233]

Offenbar erst im 15. Jahrhundert begann man, echte Volkslieder zu sammeln, die nichts von Philologie oder sonstiger Gelehrsamkeit verraten und deren Sprache sich bereits beträchtlich der sogenannten «Dimotki» nähert, der Volkssprache also, wie sie heute in Gebrauch ist. Die Sprache allein genügt wohl nicht, um den echten Volkscharakter dieser Lieder zu beweisen, aber er läßt sich induktiv erhärten; denn die Motive, vor allem wie von Liebe gesprochen wird, und das Ambiente, das immer wieder sichtbar wird, decken sich auf weite Strecken mit der Art der echten Volkslieder, die in Griechenland noch im 20. Jahrhundert gesungen werden.

Die umfangreichste Sammlung solcher Lieder, die unter der irreführenden Bezeichnung «Rhodische Liebeslieder» bekannt geworden ist, enstammt einer Handschrift etwa der 2. Hälfte des 15. Jahrhunderts.[234] Aber das Ungeschick des Kopisten der Handschrift zeigt klar, daß er auf eine schon ältere Sammlung zurückgegriffen hat. Es handelt sich um eine bunte Folge von Liedern und Distichen. Das Begehren der Liebe, Liebesbriefchen, Klagen über verschmähte Liebe, Untreue bald des Mädchens, bald des jungen Mannes wechseln in beliebiger Folge. Dazu kommen in anderen Handschriften abgerundete Dichtungen größeren Umfangs und allerlei kleine Sachen in Einzelüberlieferung.

Meist handelt es sich um eine kleine Welt: Die Mütter, die über die guten Sitten ihrer Töchter wachen und hier und da ein Auge – oder beide – zudrücken, der Liebhaber auf der Gasse unter dem Fenster des begehrten Mädchens. Manchmal gelingt dem Verehrer ein Blick ins Schlafzimmer:

Weiß nicht mehr, wie sich's gestern traf:
Es zog mich nah zu dir;
du lagst ganz ruhig da im Schlaf,
ich schaut' ein Wunder schier:
Dein Busen strahlte nackt herfür
wie Mond im Silberschein,
die Rosenlippen dünkten mir
der Sonne gleich zu sein ...
Seitdem ist es geschen um mich.
O deck dich zu geschwind!

Die Nachbarinnen wissen über alles Bescheid, und oft bleibt nur der Obstgarten am Ortsrand, wo man sich ungestört treffen kann. Manchmal freilich ist die Tür des Hauses, in dem das Mädchen wohnt, nur angelehnt ... Das Mädchen kann die Spröde spielen und den Verehrer lange warten lassen, auch in der Kälte auf der Straße:

Winter ist's und kalt,
wie soll ich draußen stehn?
Öffne mir doch bald,
Laß uns zu Bette gehn.
Laß uns spielen wach
der Liebe süßes Spiel!
Viele Jahre, ach,
Wart ich; es wird zu viel.

Nicht selten kommt es in den Liedern zu beißendem Spott und zu bitterer Ironie, dann eben, wenn ein Mädchen zu nachgiebig war und sich vergessen hat, ohne sich vorher Garantien für eine künftige Ehe zu sichern.

«Und als er satt der Liebe war, da hub er an zu spotten».

Das Liebesleid, vor allem enttäuschte und betrogene Liebe, gibt sich nicht immer mit ein paar Verszeilen zufrieden. So entstand damals ein volkstümliches Lied, das viel Erfolg hatte, die sogenannte «Rimada» über einen Jungen und ein Mädchen.[235] Der Junge trifft auf das Mädchen und bedrängt es, ihm zu Willen zu sein. Doch das Mädchen stellt Bedingungen:

> «Der Junge wünscht sich einen Kuß, doch einen Ring das Mädchen».

Aber der Junge ist nicht bereit, ein solches Pfand zu geben. Er drängt und drängt, und das Mädchen tadelt ihn: «Wäre ich Türkin oder die Tochter eines Sklaven, würdest du es nicht wagen, so mit mir zu sprechen!». Sie verweigert sich ihm nach wie vor. Erst nach langer Zeit gelingt es dem Jungen, in das Haus einzudringen. Er bricht die Tür zur Kammer auf und vergewaltigt das Mädchen im Schlaf. Sie erwacht, und schon beginnt er zu spotten:

> «Vergiß den Ring, vergiß das Pfand ...!»

Jetzt aber setzt das Mädchen mit seinen Verwünschungen ein: Wirst du mich verleugnen und vergessen, dann weg mit dir in einen türkischen Kerker. Ihr Schwert soll dich treffen; in die Hände der Katalanen sollst du fallen, und die Araber sollen dich als Beute wegschleppen. Zwei Messer sollen sie dir ins Herz stoßen und ein drittes in dein Hirn. Und dann soll man deine abgeschnittenen Arme und Beine am Sand des Meeres finden. Dann will ich kommen und es soll mir ein Trost sein, dich da liegen zu sehen.

Hier spricht eine erotische Leidenschaft, von der die drei wehmütigen palaiologischen Romane weit entfernt sind. Was Erotik in dieser Zeit unter dem Volk bedeutete, Spott, Erbarmungslosigkeit und Rachedurst, dies erfährt man wohl nur aus diesen Liedern.

Und die Orthodoxie, die Zensur der Kirche gegenüber dieser nun wirklich «dira vis amoris»? Diese Lieder gehören aufs Dorf oder in Stadtviertel, wo keine Paläste und mächtige Kathedralen mit einem stolzen Klerus standen. Die selbstgerechte Hierarchie hat diese Art von Poesie gewiß nicht zur

Kenntnis genommen. Es blieb der kleine Dorfpfarrer, der Papas. War er schon enttäuscht genug, dann mochte er, hörte er solche Lieder, den Entrüsteten spielen und in der Kirche und auf dem Dorfplatz dagegen wettern, wie es immer wieder auf dem Dorf die Regel ist, wo aus Mücken Elefanten gemacht werden und wo jedes Eskapädchen sich mit höllischem Feuer bedrohen läßt. Die Jugend im Dorf läßt dies geduldig über sich ergehen, ohne sich groß darüber zu erregen. Der Papas war in der Regel verheiratet, und so mag er vielleicht auch, war er nicht allzu vertrocknet, sich an die Zeit erinnert haben, als er selbst auf Werbung ging. Vielleicht ging auch bei ihm dabei nicht alles glatt vonstatten. Und dann kann es sein, daß er sich die Lieder lächelnd anhörte, ja vielleicht sogar mitträllerte.

Von dieser Art von Erotik, vor allem vom Spott und von der Ironie, ist kein allzu weiter Weg zu Obszönität, vor allem wenn sie auf den Krücken der Paränese einhergeht.[236] Gemeint sind jene Verse, die überschrieben sind «An einen Alten: er soll kein junges Mädchen heiraten!» Der Titel täuscht, denn die Verse richten sich an die Eltern der weiblichen Jugend und an die Mädchen selbst. Es geht um Eltern, die um der «guten Partie» willen ihre Tochter an einen übelriechenden Greis verschachern, der gewillt ist, dafür einen hohen Preis zu zahlen. Der Greis macht sich dann über das Mädchen her; er «frißt es auf wie eine Birne und der süße Saft fließt ihm aus den Mundwinkeln und er grunzt dazu wie ein Schwein ...» Ist aber seine Potenz endgültig zu Ende, dann gibt es für die junge Frau nur noch Schmähungen und Verdächtigungen und Schläge. Das Thema hat, wie schon erwähnt, bereits Theodoros Prodromos grobschlächtig genug behandelt. Unser «Dichter» bleibt nicht hinter ihm zurück; seine Drastik ist kaum überbietbar. Die senile Erotik endet dort, wo sie enden muß.

Vielleicht versetzt uns dieser zuletzt genannte Erguß bereits auf die Insel Kreta. Hierher gehört jedenfalls ein Gutteil der volkstümlichen Literatur der spätesten Zeit. Auch andere Inseln der südlichen Ägäis stehen zur Debatte; sie sind in der Hand von Franken, wie Kreta in derjenigen der Venezianer. Vor allem auf Kreta macht sich nicht nur der Einfluß venezianischer Lebenshaltung bemerkbar, nicht selten auch jene Freizügigkeit, gegen welche die Duchi von Kreta wohl weniger einsetzen konnten oder wollten als die Serenissima in der Heimat, die selbst auch nicht allzuviel Erfolg hatte. Bedeutend, ja beherrschend kommt dazu der Einfluß der italienischen Literatur, und zwar nicht nur der venezianischen. Die Importe reißen nicht ab: dramatische Dichtungen, Idyllen, Satiren und schlichte Pornographie. Sie finden ungestört auf der Insel Eingang und werden für griechisch sprechende Leser aufbereitet. Dabei taucht dann in griechischem Gewande manch neuer Zug auf, so z. B. die erotische Selbstironie, auf welche sich der Dichter Marino Falieri verstand, ein gräzisierter Venezianer.[237] Im Traum erscheint ihm seine Geliebte, begleitet vom geflügelten Eros, der ihn selbstverständlich mit seinen Pfeilen durchbohrt. Schnell bereit will er das Mädchen küssen, doch in diesem Augenblick wird an die Tür gepocht und Moira, das Schicksal, tritt ein, um das Paar zu beglückwünschen. Nach dieser Unterbrechung nimmt das Liebeswerben seinen Fortgang, doch jetzt kräht der Hahn, der Liebhaber erwacht, es war alles nur ein Traum. In einem anderen Gedicht verliebt sich Falieri in Athusa, die Unschuld, unterstützt von Pothula, der Sehnsucht. Er schwört der Unschuld ewige Treue und fordert den ersten Kuß. Da beißt ihn ein Floh, und wiederum ist ein Traum ausgeträumt.

Wesentlich charakteristischer für Kreta und seine wilde Erotik ist jedoch Stephanos Sachlikis, der neuerdings ins 14. und nicht mehr ins 15. Jahrhundert datiert wird.[238] Er ist ein Sohn aus guter Familie, der sich aber mit der Schule nicht befreunden kann und bald auf Abwege gerät. Das Würfelspiel, das Bordell und mitunter das Gefängnis, dies ist seine Welt und die Welt seiner Dichtungen. Parodie und Satire, Autobiographie und Moralisierendes gehen verquere Verbindungen ein. Die Reue scheint nicht selten als Alibi aufgesetzt zu sein. Aber wenn man krasse Schilderungen einbringt, um die Jugend vor dem Verderben zu warnen: was könnte dann der echte Moralist dagegen noch einzuwenden haben? Besonders ist es die Welt der Huren, die ihn beschäftigt. Man kann aus diesen Gedichten so etwas wie eine Prosopographie der kretischen Dirnenwelt erstellen, wobei allerdings zu bedenken ist, daß die Bänkelsänger, welche die Verse des Sachlikis unter das Volk brachten, sich gewiß nicht gescheut haben werden, Namen auszutauschen und solche aus ihrer eigenen Bekanntschaft einzufügen. Ein Konzil der Huren der ganzen Insel wird zelebriert, wobei sie ihre «Priorin» wählen; das rabelaisische Porträt einer Oberhure wird gezeichnet, usw. Die orthodoxe Moral ist hier gänzlich aus den Fugen geraten, und es ist offenbar niemand in Sicht, der dies groß bedauern würde.

Doch dies alles gehört nicht mehr zur byzantinischen Literatur im strengen Sinne, und es handelt sich um ein bloßes Corollarium. Die byzantinische orthodoxe Hierarchie hat auf Kreta ohnedies kaum etwas zu vermelden.

IX.
Epilog

Der Rigorismus der Orthodoxie in Sachen Erotik und Sexualität setzt mit einem Paukenschlag ein. Denn Paukenschlag ist, was Basileios dekretiert. Und doch hat schon er im Laufe der Fortentwicklung seiner asketischen Anschauungen wohl manches von dem abgemildert, was im Umkreis seines Freundes früher Jahre, Eustathios von Sebaste, herrschende Meinung war. Joannes Chrysostomos verfährt etwas milder, doch nur im Ton, kaum in der Sache. Der Unterschied zwischen den beiden liegt wohl in erster Linie darin, daß für Chrysostomos die asketischen Ideale auch ohne klösterliche Klausur einigermaßen zu verwirklichen sind, während für Basileios das mönchische Leben des totalen Verzichtes auf Welt im Grunde die einzige, den Erfordernissen des wahren Christentums vollauf genügende Lebensform darstellt. Jedenfalls ist die gottgeweihte Jungfräulichkeit das Ideal schlechthin und die monogame Ehe an ihr gemessen eine Trivialität, trivial zumindest, wenn man die Grundidee der Kirchenväter im Auge hat; denn hier und da und nicht einmal allzu selten, je nachdem, was einem Auditorium zugemutet werden kann, kommt auch der Preis der Ehe nicht zu kurz. Die Trivialität der Ehe ist von den Kirchenvätern nicht erfunden worden. Sie wurden vielmehr «in sie hineingeboren». Der Unterschied zur heidnischen Spätantike beruht darauf, daß diese – auch de jure – nichts gegen den außerehelichen Geschlechtsverkehr als solchen einzuwenden hatte, und daß sie neben der legitimen Ehe, dem matrimonium justum et legitimum, auch andere Formen der Lebens- und Geschlechtsgemeinschaft anerkannte. Der Konkubinat wurde erst durch die Gesetzgebung des Kaisers Leon VI. um die Wende zum 10. Jahrhundert endgültig verworfen, während die Kirche von allem Anfang an nur eine einzige gesetzliche Geschlechtergemeinschaft anerkannte. Daß z.B. Joannes Chrysostomos und nicht nur er Vergnügen und Lust am ehelichen Verkehr in nächste Nähe zur Hurerei rückte, unterstreicht noch einmal den kirchlichen Rigorismus.

Es kann wohl a priori angenommen werden, daß solche Vorstellungen keine Chance hatten, eine Gesellschaft nachhaltig zu beeinflussen, die immer noch in ganz anderen Vorstellungen verwurzelt war. Die Kluft zwischen öffentlicher und privater Sittlichkeit einerseits und den Normen der kirchlichen Autorität andererseits ist in Byzanz so tief wie fast überall. Theologisch formuliert: Die Sünde ist auch in Byzanz integraler Bestandteil des christlichen Alltags. Das Besondere in Byzanz mag gewesen sein, was Peter Brown in die Worte faßte: «a society – ich würde vorziehen: a church – that wanted nothing less than saints seems to have paid insufficient attention to the gradual improvement of sinners.» Gerade damit aber mußte die Spannung zwischen Erotik und Orthodoxie noch größer werden.

Was immer in den vorausgehenden Seiten an Beispielen unzüchtigen Verhaltens in der byzantinischen Gesellschaft namhaft gemacht wurde, kann somit kaum überraschen, es sei denn insofern der Abstand zu den kirchlichen Normen noch um einiges eklatanter war als in anderen Gesellschaften, eben weil diese Normen offensichtlich um einige Windungen höher geschraubt waren als anderwärts. Die Byzantinistik aber muß sich angesichts dieser Distanz nur wieder damit abfinden, daß auch hier die unterstellte Sakralität des Reiches wenig zu tun hatte mit der Heiligkeit oder Unheiligkeit des Alltags.

Anders stellt sich das Problem in der Literatur. Wie schon früher angedeutet: Von der Orthodoxie her gesehen dürfte es in Byzanz keine erotische Literatur geben. Doch auch auf diesem Gebiet sind es die unausweichlichen Trends der «Natur», die sich auf die Dauer durchsetzen. Es gibt keine Literatur, die sich in irgendeiner Weise am wirklichen Leben orientiert und dabei an Liebe, Erotik und allem, was damit zusammenhängt, vorbei käme. Damit erhebt sich dann sofort die Frage, wie weit sich eine solche Literatur in einer Gesellschaft wie der byzantinischen in den Vordergrund wagen darf. Und des weiteren, wie oft und wie nachhaltig sie vom Verdikt der Orthodoxie getroffen wird. Und endlich, ob diese Literatur Formen eines literarischen «Alibi» zu entwickeln vermag, die sie gegen solche Verdikte absichern.

Das gesamte Material, das in dieser Abhandlung ausgebreitet wurde, läßt wohl nur einen Schluß zu: Die Orthodoxie hatte es mit Verdikten gegen die erotische Literatur keinesfalls eilig. Wir kennen aus der Kirchengeschichte von Byzanz genug Fälle, wo Bücher indiziert, verbrannt, jedenfalls ihre Lektüre ausdrücklich untersagt wurde. Dabei ging es so gut wie ausschließlich um Werke, welche mit der orthodoxen Dogmatik auf dem Kriegsfuß standen. Es scheint, daß sich darunter kein einziger Text befand, den man zur erotischen oder der Erotik nahestehenden Unterhaltungsliteratur hätte zählen können. In der Menge der patriarchalen Erlasse und der Beschlüsse der Patriarchalsynode sucht man wohl ebenso vergebens nach einem speziellen Bücherverbot. Im Bestfall können wir auf indirektem Wege erschließen, daß es Bücher gab, von deren Lektüre nachdrücklich abgeraten wurde, weil man sie für sittlich anstößig betrachtete. Dabei kann es sehr wohl so sein, daß diese Verurteilung, auf welche wir hier oder dort treffen, Folge einer mehr oder weniger verbreiteten Überzeugung war, ohne daß sich die Orthodoxie vorher offiziell dazu geäußert hätte.

Dieses Resultat ist denn doch etwas überraschend und bedarf der Erläuterung. Zunächst kann man die theoretische Frage stellen, wie weit der orthodoxe Klerus sich seines Wächteramtes bewußt war und nach welchen Grundsätzen er es im Bedarfsfall ausübte. Waren es die zitierten Prinzipien des Basileios oder des Chrysostomos? A priori wäre dies bei der großen Autorität, die Byzanz den Kirchenvätern zumaß, zu erwarten. Aber Vorsicht ist am Platz. Die Textgeschichte der asketisch-mönchischen Werke des Basileios läßt vermuten, daß sich die Verbreitung zunächst auf das mittlere Kleinasien, also auf den kappadokischen Umkreis des Kirchenvaters und hier vor allem auf die Mönchssiedlungen beschränkte. Frühestens im 6. Jahrhundert scheint der Vorstoß ins Reichszentrum gelungen zu sein, und erst Theodoros Studites, der Reformator des byzantinischen Mönchtums um die Wende zum 9. Jahrhundert, sorgte für eine weitere Ausstrahlung. Primär dürften aber auch jetzt es die Klöster unter studitischem Einfluß gewesen sein, die Basileios rezipierten, und nicht der Säkularklerus. Dies mag sich so oder so verhalten haben; wichtiger ist wohl, daß auch der orthodoxe Theologe mitunter das Recht für sich in Anspruch nahm, sich über die Lehren eines Kirchenvaters hinwegzusetzen. Offen geschah dies selten und erst spät. Man griff einen Kirchenvater nicht an, sondern man lehrte eben etwas anderes. Es läßt sich z. B. eindeutig nachweisen, daß die Lehre des Basileios, alle Sünden seien schwere Sünden und von der ewigen Verdammnis bedroht, und wer eine Sünde begehe, begehe zugleich alle, in Byzanz keine Aufnahme fand. Für einen Byzantiner genügte es, darauf hinzuweisen, daß Basileios gelegentlich auch selbst eine mildere Ansicht äußerte, wo sich doch schon im Neuen Testament der Unterschied von der «Sünde zum Tod» und der Sünde «nicht zum Tod» fand. Damit aber hatte jeder orthodoxe Moralist gegenüber Basileios die Möglichkeit zu einer differenzierteren und damit nachsichtigeren Beurteilung des sittlichen Verhaltens seiner Zeitgenossen. Der Rigorismus bekam seinen ersten Riß. Ebensowenig setzt sich die Ansicht des Basileios durch, nur im Kloster könne der Christ mit einiger Sicherheit sein Heil wirken. Trotz aller Mißachtung für weltliches Leben anerkannte die Mehrzahl der byzantinischen Theologen durchaus die Möglichkeit, das Heil auch in der Welt zu wirken. Die mönchische Askese verlor damit ihre allgemeine Verbindlichkeit – ein Stück Welt wenigstens war damit gerettet.

Nicht unerwähnt bleiben darf des weiteren, daß von einer systematischen theologischen Ausbildung des byzantinischen Klerus, die ihm ein Repertoire von Grundsätzen für die Beurteilung menschlicher Verhaltensweisen geboten hätte, nicht die Rede sein kann. War dieser Kleriker gebildet, dann beruhte diese Bildung auf dem, was man ein «humanistisches Abitur» nennen könnte. Was darüber an Schulung in Fragen der Theologie vonnöten war, erwarb man sich durch gelegentlichen Privatunterricht und vor allem durch Lektüre. Systematik war nicht im Spiel, und wenn es um Theorie ging, spielten die Spitzfindigkeiten der Dogmatik eine beherrschende Rolle, während Fragen der Moral keine Vertiefung erfuhren.

Zur theologischen Lektüre wenigstens eine Randbemerkung: Die Theologen, allen voran Joannes Chrysostomos, bedienten sich zum Preis ihrer asketischen Ideale nicht selten einer Rhetorik, die mit den Mitteln des «incrementum» und der «congeries» ihre einzelnen Anliegen in den Bereich einer erdrückenden, alleinseligmachenden Wichtigkeit emporhob, ja fast verabsolutierte. Der gebildete Byzantiner war vor allem ein Kenner dieser rhetorischen Technik. Er wußte, wann amplifiziert wurde. Dies bedeutet aber auf der anderen Seite, daß er die Amplifikation auch zu durchschauen verstand. Wenn er dann in die Lage versetzt wurde, eine gegebene moralische Situation an den Normen der Orthodoxie zu messen, so verfügte er über genug interpretatorische Kenntnisse, von der Amplifikation zu abstrahieren und die Sachverhalte realistisch zu beurteilen. Wo die Grenze dieser Ausnüchterung lag, dies zu beurteilen blieb dem subjektiven Ermessen überlassen. Jedenfalls konnte man den Kirchenvätern die gebührende Reverenz erweisen, es aber dann auch bei dieser Reverenz belassen.

Es kommt ein weiteres hinzu, nämlich das in Byzanz so wichtige Prinzip der «Oikonomia». Das Wort hat die verschiedensten Bedeutungen; in unserem Zusammenhang versteht man darunter die Anpassung von Rechtssätzen an die konkreten Verhältnisse, auf welche sie angewendet werden sollen. Dies besagt die Möglichkeit einer Dispense, der Außerkraftsetzung einer Vorschrift in einem Einzelfall, dann aber auch über den Einzelfall hinaus in einem Komplex von Einzelfällen, die unter einem Oberbegriff subsumiert werden können. Einen theologischen Hintergrund bekommt diese Oikonomia, wenn man sich erinnert, daß man mit dem Begriff Oikonomia ganz generell das Erbarmen Gottes mit den Schwächen der Menschheit bezeichnet, wie es sich in der Menschwerdung Gottes äußert.

Die Nichtanwendung strenger rechtlicher Normen betrifft natürlich, kann nur betreffen, Vorschriften menschlichen Rechts, kirchliche Kanones, die nicht «juris divini» sind. Aber es ist bemerkenswert, daß bei Anwendung der Oikonomia die Grenzen zwischen menschlichem und göttlichem Recht zu verschwimmen drohen und auch tatsächlich verschwimmen, z.B. im Eherecht, und daß sich im Gefolge davon nicht selten ein gewisses Laissez-faire bemerkbar macht. Jedenfalls war ein Nicht-Eingreifen der kirchlichen Behörden etwa in Bereichen, wo die christliche Moral auf dem Spiele stand, unschwer und nicht selten mit dem Rückzug auf die Oikonomia zu rechtfertigen.

Dies einige Versuche zur Erklärung der orthodoxen Haltung. Sie bleiben im Vorläufigen.

Es bleibt die Frage, ob man tatsächlich von Verfremdungsversuchen sprechen kann, mit deren Hilfe erotische Literatur dem Verdikt der Orthodoxie entzogen werden sollte. Evident und zweifelsfrei ist, daß man dies mit Allegorie versuchte. Vorweg ist freilich zu sagen, daß keiner der Autoren, der ein erotisches Werk schrieb, das dann allegorisch gedeutet wurde, in seinem Text unübersehbar eine allegorische Deutung nahelegte. Es waren immer andere, die sich darum bemühten. In der Protheoria des Joannes Eugenikos läßt der Autor deutlich durchblicken, daß es Kreise gab, die den Roman des Heliodoros für jugendgefährdend hielten. Nach Ansicht des Eugenikos ist die moralisch-allegorische Deutung des Romans notwendig. Ohne sie, würde man nur den Text «wörtlich» lesen, bliebe die Geschichte unnütz, unpassend, wenig erbaulich. Der Text aber lohne die Mühe einer vertieften Betrachtung, ja dies sei wohl sein eigentlicher Sinn. Für Philipp den Philosophen aber ist der Roman von allem Anfang an pädagogisch angelegt. In beiden Fällen also wird vorausgesetzt, daß der Roman von den Moralisten kritisiert wurde. Dabei geht diese Kritik, prüft man die Adjektive, die nach unseren beiden Allegoristen dafür verwendet wurden, nicht so weit wie die des Photios gegenüber dem Roman des Achilles Tatios. An diesem hat sich ja offensichtlich auch kein Allegorist versucht. Das oben angeführte Epigramm des Philosophen Leon beschränkt sich auf die hausbackene Linie, welche die Moral des Romans in der Ehe am Schluß der Erzählung gewährleistet sieht.

Eine zweite Möglichkeit der Abschirmung erotischer Schriftstellerei kann man theoretisch in der klassizistischen, d.h. antik-heidnischen Inszenierung unterstellen. In einem Ambiente mit Göttern, Heroen, Nymphen und Dryaden hat die Ethik der Orthodoxie a priori keinen Platz. Hier konnte das Liebesspiel gespielt werden, das Basileios verabscheute – und das im byzantinischen Alltag doch sicher gang und gäbe war. Hier kam es nicht darauf an, das Gelübde der Jungfräulichkeit als das einzig vertretbare Ideal moralischen Wandels herauszustellen; hier durfte sich das Mädchen herausputzen und den Flirt wagen. Hauptsache war, daß «die guten Sitten» einigermaßen gewahrt blieben, jedenfalls am Ende triumphierten. Was ihnen widersprach, ließ sich als Kontrastprogramm darstellen, das den Wert der Moral nur um so deutlicher heraustellte. Wirklich pornographisch sind die Romane, sieht man von Tatios ab, so gut wie nie.

Daß diese Art von Inszenierung bewußt gesucht worden wäre, um gegenüber der Orthodoxie in Sicherheit zu sein, läßt sich natürlich nicht beweisen. In irgendeiner Weise am Tabu der klassischen Literatur Anteil zu gewinnen, dies mag durchaus im Blickfeld der Autoren gelegen haben. Aber schließlich war es immer das höchste Ziel der byzantinischen Literatur, auf den Spuren der Antike zu wandeln, und der Roman mit «aktuellem» Stoff ist ja auch ganz allgemein eine relativ späte Erscheinung. Die moderne Byzantinistik hat sich zwar verschiedentlich bemüht, aktuelle Bezüge in den Romanwerken nachzuweisen. Manches geht dabei von falschen Voraussetzungen aus, und was dabei Bestand hat, betrifft Nebensächlichkeiten, die den Kern des Romans nicht berühren, weil die großen Themen – Liebe, Trennung, Wiederfinden – zeitlos bleiben, gleichgültig in welches Milieu sie gebettet werden. Vielleicht lag es im übrigen den byzantinischen Autoren auch deshalb nahe, sich in ein klassizistisches Ambiente zu flüchten, weil die allgemeinen, jedenfalls die herrschenden Vorstellungen von menschlicher Entwicklung im Rahmen einer festgefügten orthodoxen Welt den Helden einer solche Geschichte, die zeitbezogen sein will, längst für die Hagiographie vereinnahmt hatten. Freilich, auch die Hagiographie kümmerte sich wenig um den Entwicklungsgang der Helden. Auch wenn sie als Sünder begonnen hatten, waren sie einen Augenblick später, d.h. nach dem entscheidenden Moment der Bekehrung, fertige Heilige. Ein Entwicklungsroman hätte hier Besseres leisten müssen. Aber dergleichen lag den Byzantinern wahrscheinlich von vornherein fern. Sie waren auf den fertigen Typus ausgerichtet. Sieht man sich in der byzantinischen Literatur ganz allgemein um, so findet man dort kaum etwas, was in die Nähe menschlicher und charakterlicher, langsam sich vollziehender Reifung käme.

Eine andere Möglichkeit, Erotik abzuschirmen gegen mögliche Kritik, konnte unter Umständen das Märchen darstellen. Wir kennen genug neugriechische Märchen, von denen viele unbedenklich in die byzantinische Zeit und darüber hinaus zurückverlegt werden können. Dies bedeutet, daß auch für das byzantinische Märchen gilt, was sehr vielen Märchen eigen ist: Sie sind ihrer Natur nach mit Moral nicht befaßt, soweit es um mehr geht als um die Rettung Unglücklicher; jedenfalls lassen sie sich nicht für die gewöhnlichen Vorstellungen von Gut und Bös vereinnahmen. Das Märchen kennt auch seiner Natur nach kein historisch definierbares Ambiente. Wenn es in ein solches eingebunden auftritt, so ist dies wohl die Zutat späterer Erzähler. Das Märchen als solches kommt ohne ein solches aus. Natürlich ginge es zu weit, wollte man die drei spätbyzantinischen Romane, die erwähnt worden sind, einzig und allein unter dem Etikett Märchen abhandeln. Sie wollen mehr sein, nämlich Liebesgeschichten. Insofern unterliegen sie auch den Bewertungskategorien des Romans. Immerhin mag sich aus dem märchenhaften Charakter erklären, warum hier bestimmte Tabus, z.B. keine Liebesverbindung des Heldenpaares ohne ordentliche Hochzeitsfeier, nicht mehr eingehalten werden. Was immer sonst die Romane an Erotik enthalten mögen, die etwas ermüdende und langatmige Lyrik, in die sie eingebettet sind, hätte sicher keinen byzantinischen Arzt veranlaßt, sie als Aphrodisiaca zu empfehlen. Hier war Tatios besser geeignet, um von den Epigrammen zu schweigen. Über all das ließ sich weglesen, ohne in Erregung zu geraten.

Zu diesen Märchenromanen sowohl wie zu den früheren läßt sich am Ende kaum viel mehr feststellen, als daß dem byzantinischen «Helden» im Laufe der Jahre dies und jenes widerfährt, daß aber von einer inneren Aneignung der «Erfahrung» im Sinne einer Entwicklung der Persönlichkeit kaum die Rede ist.

Faßt man zusammen, so bleibt der Eindruck, daß die byzantinischen Schriftsteller, soweit sie sich auf erotische Themen einließen, trotz der in der theologischen Literatur niedergelegten rigoristischen Anschauungen sich keine allzu großen Sorgen zu machen brauchten, ob sie mit dieser Literatur sich ans Licht der Öffentlichkeit wagen durften. Verschleierungs- und Verfremdungsversuche mögen da oder dort unternommen worden sein; doch allzu viel dazu läßt sich nicht feststellen, jedenfalls nicht mit ausreichender Sicherheit, und jedenfalls bestimmen sie nicht das Gesamtbild.

Kirche als «societas perfecta» ist kein auf Byzanz anwendbarer Begriff. So arrogiert sich die Orthodoxie auch keine disziplinären Kompetenzen, kraft derer sie mit ungebrochener Autorität ihren Rigorismus hätte durchsetzen können, wie nicht im Privatleben der Byzantiner so auch nicht in der Öffentlichkeit. Die latente «Un-Orthodoxie» setzt sich immer wieder durch. Und dem orthodoxen Klerus fehlen ganz bestimmte Merkmale des «Klerikalismus», der begründet sein müßte in einer dem Stand eigenen Ausbildung und der Ausformung eigener Leitbilder und damit eines eigenen ausgeprägten Selbstbewußtseins, das ihn befähigt hätte, das Gewicht seiner keinem anderen byzantinischen Stand eigenen Autorität zur Darstellung zu bringen. Außerdem hat dieser Klerus sich mit einem Nachdruck der Domäne einer diffizilen Dogmatik angenommen, daß für ethische Fragen, soweit es sich nicht um eine Ethik handelte, die im Grunde Mystik war, wenig Raum erübrigt wurde. Und wer sich moralisch ereifern wollte, hatte genug Gelegenheit dem Alltagsleben der Christen gegenüber. Literatur zählte daneben ohnedies kaum mehr; wie es denn überhaupt sehr fraglich ist, ob der durchschnittliche Klerus von der erotischen Literatur überhaupt Kenntnis bekam. Natürlich bildete die wohl nicht allzu zahlreiche Schicht hochgebildeter Kleriker dabei eine Ausnahme. Aber sie saß, wie schon öfter angedeutet, mit den Literaten in einem Boot, teilte deren Vorlieben und hatte sicher nur geringes Interesse, sich in diesen Kreisen mit Kritik allzu störend bemerkbar zu machen.

So blieb der Rigorismus schließlich auf der Strecke. Er mußte auf der Strecke bleiben, weil er die «Welt» zu wenig beachtete und nicht wahrhaben wollte, daß es eine innerweltliche Eigengesetzlichkeit gab, an der auch der gläubige Orthodoxe in der Welt nicht vorbeikam. Der Einfluß der Orthodoxie mag etwa im Rituellen noch so groß gewesen sein, im Grunde blieb der «säkulare» Byzantiner die Regel, auch wenn er weniger stimmgewaltig ist als der asketische. Und wenn es auch nicht auszuschließen ist, daß auch der Weltmensch in Byzanz von den Rigorismen eines Basileios und eines Joannes Chrysostomos wußte und sie sogar ernst nahm, so ist ebenso wenig auszuschließen, daß er sie zumeist zu einem «schlechten Gewissen» verarbeitete, das in nicht wenige Formen der Erotik jene nun geradezu religiös verantwortbare Würze brachte, die dann nur wieder einen neuen Reiz darstellte.

Das schlechte Gewissen ist integraler Bestandteil jeder Kultur, in der die Menschen, jene jedenfalls, die ein bewußtes und überdachtes geistiges Leben führen, das sich über Gründe und Hintergründe Rechenschaft gibt, ein «Doppelleben» führen und darin ein gespaltenes Bewußtsein entwikkeln, ja notwendig entwickeln müssen. Diese Spaltung ist in Byzanz außerdem die logische Folge einer Duplizität der Komplexe fest geprägter Überzeugungen und Verhaltensweisen, die nicht miteinander in eine Harmonie gebracht werden können, deren man sich gewiß sein könnte. Der Byzantiner steht unter dem Diktat einer rigorosen Orthodoxie, die ihm in präzisen Sätzen vorschreibt, was er zu glauben hat, und die darüber hinaus auch den Ehrgeiz besitzt, sein tägliches Tun und Treiben zu beaufsichtigen und ihm dafür Regeln aufzuerlegen, die dem durchschnittlichen, «natürlichen» Wollen und Begehren kaum entgegen kommen, Regeln, mit anderen Worten, die ihn von der «Natur» und «Welt» abtrennen wollen und Entfremdung heischen. Darüber hinaus verwehrte ihm die Orthodoxie zu einem guten Teil auch seinen «ästhetischen» Bedarf, alles, was mit sinnlicher Schönheit zu tun hatte und mit dem Wohlbehagen einer Identifikation mit allen anziehenden Kräften und Erscheinungen der Welt, die ihn umgab.

Gerade hier setzte der zweite Komplex von Überzeugungen und Verhaltensweisen ein, d.h. alles, was zurückging auf die antike Klassik. Dies bedeutete nicht nur den Zauber einer vollendeten Sprache, die immer noch die Sprache des

Byzantiners selbst war und die damit von vornherein die Aneignung aller Sachwerte, die von alters in dieser Sprache ihren Ausdruck gefunden hatten, zu einem ganz natürlichen Vorgang machte; es bedeutete des weiteren den Zauber einer Literatur, die vom Mythos lebte und damit von einer Naturinnigkeit, die bis zu einem gewissen Grad fähig war, jene Bedürfnisse, denen die Orthodoxie feindlich gegenüberstand, zu verklären, weil in vollendetem Sinne zu «vermenschlichen», ja für den täglichen Gebrauch zu legitimieren.

Der fast unausweichliche Zwang, auf zwei Ebenen zu denken, zu empfinden und zu leben, rührte nicht zuletzt daher, daß beide Komplexe mit einem fast koerzitiven Absolutheitsanspruch auftraten. Die Orthodoxie wollte über das Schicksal des Byzantiners für Zeit und Ewigkeit entscheiden. Wollte man sich darüber hinwegsetzen, gab es keine Hoffnung auf Heil. Das klassische, immer wieder den gefährlichen Mythos evozierende Erbe war – die Gründe brauchen hier nicht näher aufgeführt werden – ein Constitutivum der byzantinischen Existenz schlechthin, ohne das der Byzantiner, der den Typ des Byzantiners gültig darstellt, seine Identität verloren hätte. Diese Identität rechtfertigte seinen Anspruch, mehr zu sein als die Barbaren in seinem Umfeld, Träger der höchsten Kulturwerte der Menschheit. Sie bedeutete somit eine Verpflichtung, die zugunsten von nichts anderem abgeworfen werden durfte.

Im historischen Ablauf fand diese Duplizität zu einem gewissen Ausgleich infolge der Tatsache, daß selbst die repräsentativen Vertreter der einen Seite, der Orthodoxie, im «antiken» Komplex kraft Erziehung und Ausbildung beheimatet waren und nur schwer geistig von ihm zu abstrahieren vermochten; und daß auf der anderen Seite selbst der freisinnige Literat in der Regel nicht daran dachte, an den Werten der Orthodoxie zu rütteln. Dies geschah in verifizierbarer Art erst im 15. Jahrhundert, als der Philosoph Gemistos Plethon den Bruch mit der Orthodoxie vollzog. So gab es für den

Byzantiner «zwei Wahrheiten», ungleichgewichtig und doch gleichermaßen potent. Von Fall zu Fall konnte man der einen von beiden den Vorzug geben, weil beide zum Teil attraktive Möglichkeiten boten. Die Verstrickung beider Wahrheiten in der Existenz des einzelnen Byzantiners konnte hier und dort zu einer vertraulichen Koexistenz führen. Der Wechsel zwischen beiden Ebenen vollzog sich gegen Ende des Reiches immer gekonnter und reibungsloser, und vielleicht wurde es gar nicht mehr als Wechsel empfunden. Ein weiteres Vielleicht: Man gewinnt gelegentlich den Eindruck, daß über das «Dogma» des Humanismus und das der Orthodoxie sich schützend der Mantel des Ritualismus legte, einer kirchlich-staatlichen Liturgie, die kein Bekenntnis abverlangte, sondern in einer Geborgenheit einigte, weil auch sie «zweideutig» interpretierbar war.

Anmerkungen

1. A. Nygrén, Eros und Agape. Gestaltwandlung der christlichen Liebe, 2 Teile, Gütersloh 1930–1937.
2. G. Bataille, Der heilige Eros, Berlin 1982, S. 25 ff.
3. Zu diesem Thema aus der reichen Literatur folgende mit Vorzug herangezogenen Titel: R. Otto, Das Heilige, Neuaufl. München 1947; R. Caillois, L' homme et le Sacré, Paris 1950; M. Eliade, Das Heilige und das Profane, Hamburg 1957; W. Burkert, Homo necans, Berlin 1972; M. O. Métral, Die Ehe, Frankfurt 1981; M. Foucault, Sexualität und Wahrheit I, Frankfurt 1977.
4. Für diese Ambivalenz hier ein lateinisches Liebesgedicht, dessen Herkunft ich leider nicht bestimmen konnte:

   Ut mei misereatur,/Ut me recipiat
   Et declinetur ad me/et ita desinat.
   Dass sie sich mein erbarmte,/dass sie mich zu sich nähm!
   Sich liebend zu mir neigte/und des kein Ende käm!

   Man kann «et ita desinat» mit Fug übersetzen: «daß es dabei bliebe!», aber mit demselben Recht auch: «Daß so das Ende (der Tod) käme».
5. Wiederherstellung des Chaos, Regeneration, Liebesfest und Orgie: dies alles hat immer noch seinen Nachhall im Karneval, jedenfalls da, wo er noch nicht zum puren «gesellschaftlichen» Ereignis verkümmert ist. Dazu besonders aufschlußreich E. Le Roy Ladurie, Karneval in Romans, Stuttgart 1982, wo ein Modellfall der Verbindung von Karneval mit Orgie und Revolte aus dem Jahre 1580 ausgiebig kommentiert wird.
6. K. H. Rengstorf, Mann und Frau im Urchristentum, 1954; E. Kähler, Die Frau in den paulinischen Briefen, Zürich 1960; H. Baltensweiler, Die Ehe im Neuen Testament, Zürich 1967.
7. M. Viller – K. Rahner, Askese und Mystik in der Väterzeit, Freiburg 1939; K. Müller, Die Forderung der Ehelosigkeit in der alten Kirche, Tübingen 1927; T. Camelot, Virgines Christi, Paris 1944; J. Leipoldt, Griechische Philosophie und frühchristliche Askese, Berlin 1961; K. Thraede, Frau, in: Reallex. f. Antike u. Christentum, Lfg. 58 (1970) 197–269; J. B. Bauer, Entstehung des Zölibats, Wort und Wahrheit 25

(1970) 492–506; ders. Askese und Weltflucht, Wort und Wahrheit 27 (1972) 403–420.
8. Dazu J. Trouillard, La purification plotinienne, Paris 1955; J. M. Rist, Plotinus: The road to reality, Cambridge 1967.
9. H. C. Puech, Le manichéisme, son fondateur, sa doctrine, Paris 1949.
10. A. v. Harnack, Marcion, Leipzig 1924; E. C. Blackman, Marcion and his influence, London 1949.
11. M. Elze, Tatian und seine Theologie, Göttingen 1960.
12. Evangelium Thomae, Logion 104.
13. Tertullian, De exhortatione castitatis 3 und 9.
14. R. B. Tollinton, Clement of Alexandria. A study in christian liberalism, London 1914.
15. F. Loofs, Enstathios von Sebaste, Halle 1898.
16. Fr. Lauchert, Die Kanones der wichtigsten altkirchlichen Konzilien, Freiburg 1897, S. 79–83.
17. H. Achelis, Virgines subintroductae, Leipzig 1902.
18. H. Dörries, Symeon von Mesopotamien, Leipzig 1941.
19. M. Kaser, Das römische Privatrecht II, München 1975, S. 184.
20. D. Amand, L'ascèse monastique de saint Basile, Maredsous 1948.
21. Patrologia graeca (im folgenden P. gr.) 31, 661.
22. P. gr. 31, 893.
23. A.a.O. 920.
24. A.a.O. 30, 820.
25. A.a.O. 31, 636f.
26. A.a.O. 581ff.
27. A. Moulard, Jean Chrysostome, le défenseur du mariage et l'apôtre de la virginité, Paris 1923.
28. Insbesondere in seiner im folgenden herangezogenen Schrift De virginitate, hrsg. v. H. Musurillo u. B. Grillet, Paris 1966.
29. De virg. VIII, 1. 2.
30. A.a.O. XIV, 3–4.
31. A.a.O. XIV, 6: Ὅπου γὰρ θάνατος, ἐκεῖ γάμος · τούτου δὲ οὐκ ὄντος οὐδὲ αὐτὸς ἔσεται.
32. A.a.O. XXVII–XXVIII.
33. A.a.O. L, 1.
34. A.a.O. XVIII.
35. A.a.O. XL, 1ff.
36. P. gr. 61, 152.
37. De virg. XLVII, 1.2: οὐκ ἄρα τῷ συνεῖναι καθάπερ γυνὴ τούτῳ σῶσαι τὸν ἄνδρα δυνήσεται.

38. De virg. XLVI, 2.
39. P. gr. 55, 615.
40. P. gr. 89, 625 ff.
41. De exhortatione castitatis 3 u. 9.
42. De doctrina christiana III, 18: «Magis enim probo multarum fecunditate utentem propter aliud, quam unius carne fruentem propter ipsam. Ibi enim quaeritur utilitas temporum opportunitatibus congrua, hic satiatur cupiditas temporalibus voluptatibus implicata.» Corpus scriptorum Christianorum, Ser. Lat. XXXII, 93–94.
43. Patrologia latina 23, 248.
44. M. O. Métral, Die Ehe, Frankfurt 1981, S. 132.
45. Als «gleichberechtigt» wurde die Frau nur dann angesehen, wenn es um die strenge Askese ging; dann war sie «gleichverpflichtet». Man gab sogar zu, sie könne darin die Männer überflügeln. In Punkto Askese jedenfalls, so Gregor von Nyssa (?), könne sich die Frau nicht darauf berufen, das «schwache Geschlecht» zu sein. Einige von ihnen würden argumentieren, Gott habe *den* Menschen, den Mann also, nach seinem Ebenbild geschaffen, und so verbleibe ihm die Pflicht, diese Ebenbildlichkeit durch die Tugend zu bewähren. «Die Mensch» werde in der Bibel nicht erwähnt. Aber Gregor argumentiert dagegen, die Bibel fahre doch an dieser Stelle fort: als Mann und Weib habe er den Menschen geschaffen. Vgl. J. Hausherr, Direction spirituelle en Orient autrefois, Rom 1955, S. 291 ff.
46. P. gr. 61, 222.
47. P. gr. 32, 677.
48. M. Kaser, Das römische Privatrecht II, 174 ff.
49. So ein Joannes Nesteutes zugeschriebener Bußkanon, ed. J. Pitra Spicilegium Solesmense IV, Paris 1858, S. 243.
50. Bei Rhalles-Potles, Σύνταγμα τῶν θείων καὶ ἱερῶν κανόνων, IV, Athen 1854, S. 437.
51. Joannes Moschos, Leimonarion, P. gr. 87, 3, 3093.
52. Dionysios v. Alexandreia, can. 2, Rhalles-Potles, a. a. O., S. 7.
53. Kaiser Leon VI, Novelle 17, ed. P. Noailles et A. Dain, Paris 1944, S. 62 ff.
54. Timotheos von Alexandreia, can. 5, Rhalles-Potles, a. a. O. S. 334.
55. Johannes Chrysostomos, Über Hoffart und Kindererziehung, hrsg. von B. Exarchos, München, o. J. S. 82.
56. Amphilochii Iconiensis Iambi ad Seleucum, ed. E. Oberg, Berlin 1969.

57. K. Krumbacher, Kasia, München 1897, S. 366.
58. Niketas Choniates, Historia, ed. J. A. van Dieten, Berlin 1975, S. 10.
59. D. C. Hesseling – H. Pernot, Poèmes prodromiques en grec vulgaire, Amsterdam 1910, S. 31–37.
60. Anthologia graeca, ed. H. Beckby, München 1957–58, IX, 400; (ich zitiere nach den Büchern der Epigramme und der Nummer, nicht nach Seitenzahlen).
61. P. gr. 89, 361ff.
62. Symeon Neos Theologos, Hymnen, ed. A. Kambylis, Berlin 1976, Hymnus 54, S. 430–436.
63. Rhalles-Potles, a.a.O. I, S. 296–7; Justinian. Nov. 123, 40.
64. Die älteren Kanones, z.B. der Apostolische Kanon 5, hatten ausdrücklich verboten, daß ein Bischof seine Frau entlasse. Erst das Trullanum in Kanon 12 (Rhalles-Potles II, 330–331) verfügte endgültig das Gegenteil, setzte allerdings die Zustimmung der Frau zur Übernahme des Bischofsamtes voraus. Unter Kaiser Isaak Angelos (Dölger, Kaiserregesten nr. 1573) wurde verfügt, daß die Frau auch zwangsweise ins Kloster eingeliefert werden könne. Balsamon in seinem Kommentar zum Trullanum (Rhalles-Potles, a.a.O.) versteht dies dahingehend, daß dieser Zwang erst dann ausgeübt werden könne, wenn sich die Frau *nach* der Bischofsweihe ihres Mannes weigere, in ein Kloster zu gehen.
65. Kanon 42, Rhalles-Potles, a.a.O. II, S. 404 mit dem Kommentar Balsamons im Anschluß daran.
66. Michaelis Pselli Scripta minora, ed. E. Kurtz et F. Drexl, II, Milano 1941, S. 125–126.
67. Euagrios, Historia ecclesiastica, ed. J. Bidez et L. Parmentier, London 1898, S. 31.
68. Siehe unten S. 106.
69. Psellos, a.a.O. 126–127.
70. Cod. Just. I, 3, 43. Vgl. J. Pargoire. Les monastères doubles chez les Byzantins, Echos d'Orient 9 (1912) 21–29.
71. Nicaenum II, can. 20. Rhalles-Potles, a.a.O. II, S. 637–638.
72. Vita s. Nicephori, in: C. de Boor. Nicephori opuscula historica. Leipzig 1880, S. 159–160.
73. J. Darrouzès, Les regestes des patriarches de Constantinople VI, Paris 1979, nr. 754.
74. P. de Meester, De monachico statu iuxta disciplinam byzantinam, Città del Vaticano 1942, S. 167 und 168.
75. Poenitentiale, Joannes dem Faster zugeschrieben, P. gr. 88, 1904.

76. Vita s. Abramii, P. gr. 115, 68 und 73.
77. Ph. Meyer, Haupturkunden für die Geschichte der Athosklöster, Leipzig 1894, S. 163–184.
78. Ein Zeugnis dafür in einer hesychastischen Gebetsanleitung, hrsg. v. I. Hausherr, La méthode d'oraison hésychaste, Rom 1927, S. 153.
79. Dazu A. Kazhdan, Studies on byzantine literature. Cambridge-Paris 1984, bes. S. 115 ff.
80. Man vgl. die trullanischen Kanones 50, 61, 62 65, 71, 77, 96, Rhalles-Potles, a.a.O. II, S. 424 ff.
81. Synesios von Kyrene, Dion Chrysostomos, griech.-dtsch. von K. Treu, Berlin 1959.
82. Den Hinweis aus Ephesos verdanke ich F. W. Deichmann, der in einer noch unveröffentlichten Arbeit auf eine Reihe ähnlicher Fälle, z.B. an der afrikanischen Küste, verweist.
83. Saint Basile, Aux jeunes gens sur la manière de tirer profit des lettres helléniques, ed. F. Boulanger, Paris 1952
84. E. Amand de Mendieta, The official attitude of Basil of Caesarea as a christian bishop towards greek philosophy and science, in: The orthodox church and the west, Oxford 1976, S. 25–49.
85. Dazu bes. instruktiv H. Lietzmann, Geschichte der alten Kirche, III, 2. Aufl. Berlin 1953, S. 276 ff.
86. Ammianus Marcellinus, Historiae XXII, 10, 7.
87. Hrsg. v. A. Colonna, Rom 1938.
88. Historiae ecclesiastica V, 22, P. gr. 67, 649.
89. Nonnos von Panopolis, Dionysiaca, ed. R. Keydell, Berlin 1959.
90. J. J. Winkler, In pursuit of nymphs: Comedy and sex in Nonnos' Tales of Dionysos, Austin Texas 1974.
91. Colluto, Il ratto di Elena, a cura di E. Livrea, Bologna 1968.
92. Aristaeneti epistolarum libri II, ed. O. Mazal, Stuttgart 1971.
93. J. Irmscher, Zur Weltanschauung des Paulos Silentiarios, Antičnoe Obščestvo, Moskau 1967, S. 384–395.
94. J. Irmscher, Zur Weltanschauung des Agathias, in: Tagung für allgemeine Religionsgeschichte 1963, Sonderheft der Zeitschrift der Univ. Jena, 1963, S. 47–53.
95. Anthologia graeca (Beckby), V, 258.
96. A.a.O. V, 273.
97. V, 289.
98. V, 302.
99. X, 68.
100. V, 269.

101. V, 294.
102. XVI, 80.
103. V, 244.
104. V, 232.
105. V, 286.
106. V, 255.
107. IX, 444.
108. Ps.-Kodinos, Patria Konstantinupoleos, ed. Th. Preger, Leipzig 1907, S. 175.
109. Malalas 345 (Bonn).
110. Theophanes continuatus 645 (Bonn); allgemein zum Thema: Ph. Kukules, Βυζαντινῶν βίος καὶ πολιτισμός, B. II, Athen 1948, S. 117–162: Αἱ πάνδημοι γυναῖκες und J. Irmscher, Die Bewertung der Prostitution im byzantinischen Recht, in: Gesellschaft und Recht im griechisch-römischen Altertum, Berlin 1969, S. 77–94.
111. Joannes Chrysostomos, P. gr. 55, 616 und 56, 536.
112. Bes. Novelle 14.
113. Ecloga XVII, 19–20, ed. L. Burgmann, Frankfurt 1983, S. 230.
114. Malalas 440–441.
115. Prokopios, Anecdota XVII, 6.
116. Hrsg. v. P. Friedländer, Johannes von Gaza und Paulus Silentarius, Leipzig 1912, S. 227–305.
117. Agathias, Einleitung 6; S. 4 ed. Keydell.
118. Anthologia graeca VI, 80:
«... denn nicht die Musen so sehr wie Eros liegt uns am Herzen,
Liebesorgien sind's, die wir in Fülle begehn.
Doch für die Mühe begehrt er: Vergönn ihm kein Mädchen zu lieben,
oder ein Mädchen, das rasch auch seine Liebe erhört.»
119. G. Dagron, Naissance d'une capitale, Paris 1974, S. 291 ff.
120. W. E. Kaegi, Byzantium and the decline of Rome, Princeton 1968, S. 98–94 und 99–145.
121. Ps.-Hesychios, ed. J. Flach, Leipzig 1880, S. 52.
122. Joannes Lydus, De magistratibus, ed. R. Wünsch, Leipzig 1903, III, cap. 38. 57–62, S. 126 ff.
123. Malalas 436.
124. Vgl. z. B. H. Delehaye, Les passions des martyres et les genres littéraires, Bruxelles 1966; R. Söder, Die apokryphen Apostelgeschichten und die romanhafte Literatur der Antike, 1932.

125. Acta Apostolorum apocrypha, ed. R. A. Lipsius et M. Bonnet, II, Leipzig 1903, S. 151.
126. Acta Apostolorum apocrypha, ed. C. Tischendorf, Leipzig 1851, S. 40–60.
127. P. gr. 26, 837–976.
128. P. gr. 87, 3697–3726.
129. H. Usener, Legenden der heiligen Pelagia, Bonn 1879.
130. L. Deubner, Kosmas und Damian, Leipzig 1907, S. 162–164.
131. L. Rydén, Das Leben des heiligen Symeon, Stockholm 1963, S. 155.
132. H. Gelzer, Leontios' von Neapolis Leben des hl. Johannes des Barmherzigen, Freiburg-Leipzig 1893, S. 69–75. Dieser Stoff ist bekanntlich von Gottfried Keller auf seine Art satirisch verarbeitet worden.
133. Hrsg. v. S. Gaselee, London 1917 u. v. E. Vilborg, Stockholm 1955.
134. Hrsg. v. A. Colonna, Rom 1938.
135. Photios, Bibliothek, ed. R. Henry, Bd. II, Paris 1960, S. 11; dazu kommt noch cod. 94, a. a. O. S. 34.
136. Anthologia graeca IX, 203.
137. C. Mango, The availability of books in the byzantine empire, in: Byzantine books and bookmen, Washington 1975, S. 42.
138. Suidae Lexicon, ed. A. Adler, I, Leipzig 1928, S. 439.
139. Siehe oben S. 86.
140. Photios, a. a. O., I, 1959, S. 147 ff.
141. Zur Charakterisierung der Photianischen Notiz vgl. H. Gärtner, Charikleia in Byzanz, Antike und Abendland 15 (1969) 47–69.
142. P. Lemerle, Le premier humanisme byzantin, Paris 1971, S. 267 ff.
143. Arethas, Scripta minora, ed. L. G. Westerink, I, Leipzig 1968, S. 200–212.
144. Anthologia graeca V, 1.
145. Vgl. T. W. Allen, A group of ninth-century greek manuscripts, The Journal of Philology 21 (1893) 48–55; zur Gruppe dieser Handschriften gehört auch der Heidelberger Palatinus 398, der z. B. auch die Erotika des Dichters Parthenios aus dem 1. Jahrh. nach Chr. enthält. Ich verdanke den Hinweis Herrn A. Hohlweg.
146. Anthologia Buch XII.
147. Anthologia Bd. IV, S. 9.
148. Zur Entwicklung der Sammlung vgl. H. Beckby im Bd. I der Anthologia S. 68 ff.

149. I. A. Cramer, Anecdota graeca e codd. Paris. IV, Oxford 1841, S. 316.
150. Bibliotheca Hagiographica graeca, nr. 1723 und 1724.
151. A.a.O. nr. 665 und 666.
152. Übersicht über die Editionen bei Gärtner, a.a.O.
153. Vgl. B. Sinogowitz, Studien zum Strafrecht der Ekloge, Athen 1956.
154. Ekloge XVII, 19 und 20 (Burgmann nrr. 823–825).
155. A.a.O. VI, 7 (nr. 447).
156. Leon VI, Novelle 91.
157. Theodoros Studites. P. gr. 99, 1728.
158. Psellos, Chronographie, ed. E. Renauld, Bd. I, Paris 1926, S. 74.
159. Cod. Just. V, 5, 9.
160. Nicephori Opuscula historica, ed. C. de Boor, Leipzig 1880, S. 14 und 23; Theophanis Chronographia, ed. C. de Boor, Leipzig 1983, S. 300.
161. Vgl. S. Gero, Byz. iconoclasm during the reign of Constantine V, Louvain 1975.
162. Nicephori Opuscula 74; Theophanes 413.437.442f.; Georgii Monachi Chronicon, ed. C. de Boor, Leipzig 1888, S. 750–752.
163. Vgl. z.B. P. Schreiner, Legende und Wirklichkeit in der Darstellung des byz. Bilderstreites, Saeculum 27 (1976), 165–179.
164. Rhalles-Potles, a.a.O. II, S. 646ff.
165. Theophanes continuatus, S. 79 (Bonn).
166. Vgl. H.-G. Beck, Byzantinisches Gefolgschaftswesen, München 1965.
167. Zu diesen Eheaffairen und ihren kanonistischen Folgen vgl. H.-G. Beck, Geschichte der orthodoxen Kirche im byzantinischen Reich, Göttingen 1980, S. 118ff.
168. Joannis Scylitzae Synopsis historiarum, ed. J. Thurn, Berlin 1973, S. 193–194 und 248.
169. M. Psellos, Chronographie I, S. 25 und 44ff.; vgl. unter S. 108f.
170. Vgl. unten S. 136f.
171. Michaelis Andreopuli Liber Syntipae, ed. V. Jernstedt, St. Petersburg 1912.
172. Digenes Akrites, ed. by J. Mavrogordato, Oxford 1956.
173. Diese Version des Ignatios Petritzes bei S. Lampros, Collection de romans grecs en langue vulgaire et en vers, Paris 1880, S. 111–237.

174. Psellos, Chronographie I, S. 44ff. und passim.
175. Nicetae Choniatae Historia, ed. I. A. van Dieten, Berlin 1975, 101–108; 129–132; 138–142.
176. C. Walz, Rhetores graeci I, Stuttgart 1832, S. 434–435.
177. Hrsg. v. A. Pignani, Riv. di Studi Biz. e Neoell. 8–9 (1971–72) 295–315.
178. Walz, a.a.O. 484–487.
179. Walz, a.a.O. 477–480.
180. I. Bekker, Anecdota graeca, Berlin 1814; S. 1082; das Stück findet sich auch unter den Spuria des Gregorios von Korinth; vgl. D. Donnet, Le traité Περὶ συντάξεως λόγου de Grégoire de Corinthe, Brüssel-Rom 1967, S. 321.
181. Hrsg. v. R. Hercher, Erotici scriptores graeci II, Leipzig 1859, S. 289–433.
182. Erotici Scriptores, Nicetas Eugenianus, ex rec. Boissonadii, Paris 1885, S. 1–69.
183. Erotici Scriptores, Eumathius, ex rec. Ph. le Bas, Paris 1885, S. 523–597.
184. O. Mazal, Der Roman des Konstantinos Manasses, Wien 1967; zu dieser Romanliteratur vgl. H. Hunger, Die hochsprachliche Literatur der Byzantiner II, München 1978, S. 119ff.
185. Unter dem Namen Manuel Philes gedruckt bei E. Miller, Manuelis Philae carmina II, Paris 1857, S. 306ff.
186. Hrsg. v. E. Miller, Annuaire de l'Association pour l'Encouragement des Etudes Grecques 17 (1883) 58ff.
187. C. Walz, Rhetores graeci VII, 2, 1236.
188. Es kann wohl keinen Zweifel mehr geben, daß dieser Philippos ins 12. Jahrhundert und ins süditalienische Normannenreich gehört. Ediert ist der Text im Anhang zur Ausgabe von A. Colonna.
189. Im Grunde gibt es ähnliche Deutungen auch noch in moderner Zeit. Für F. Altheim z.B. (Literatur und Gesellschaft im ausgehenden Altertum, Halle 1948) ist der spätantike Liebesroman erwachsen aus der religiös intendierten Darstellung des Mythos vom Leiden und Sterben der Gottheit. Für K. Kerényi (Die griechisch-orientalische Romanliteratur in religionsgeschichtlicher Beleuchtung, Tübingen 1927) ist der mythische Ursprung und die Rückkehr zum Mythos das Entscheidende in dieser Literatur. Besonders im Briefwechsel mit Thomas Mann hebt er hervor: Isis und Osiris, die Liebenden und Leidenden, die dem Tode Erliegenden und Wiedererstehenden werden im Roman zu Symbolen des menschlichen

Lebens. Für R. Merkelbach schließlich (Roman und Mysterium in der Antike, München 1962) sind die Romane für Einzuweihende und Eingeweihte in die Mysterien geschrieben. Nach O. Weinreich allerdings (Nachwort zur deutschen Übersetzung von Heliodors Aithiopika durch Reymer, Zürich 1950) spielt der hellenistisch-orientalische Göttermythos in den Romanen nur eine untergeordnete Rolle.

190. Aetios, in: Œuvres de Rufus d'Ephèse, ed. C. Daremberg et C. E. Ruelle, Amsterdam 1963, S. 125.

191. Theodoros Priskianos, Euporiston, ed. V. Rose, Leipzig 1894, S. 133; zur Kommentierung: Die Suda schreibt dem Philippos ein Werk mit dem Titel Rhodiaka zu, das äußerst pornographisch sei. Iamblichos ist der Verfasser eines kühnen Liebesromans (2. Jh. n. Chr.), der «Babyloniaka»; über einen entsprechenden Herodianos wissen wir offenbar nichts mehr.

192. Der Text ist unediert; ich verdanke den Hinweis wiederum Herrn A. Hohlweg.

193. C. Mango, Byzantium, London 1980, S. 27.

194. Hrsg. v. C. R. v. Holzinger, Zeitschr. f. d. österreich. Gymnasien 44 (1893) 385–419.

195. Dazu die aufschlußreiche Dissertation von H. Dörrie, De Longi, Achillis Tatii. Heliodori memoria, Göttingen 1935.

196. C. Walz, Rhetores graeci III, Tübingen 1834, S. 521.

197. Hrsg. v. H. Gärtner, Byz. Zeitschr. 64 (1971) 322–325.

198. Historia ecclesiastica XII, 34, P. gr. 146, 860.

199. Dazu Beckby in der Anthologia graeca Bd. I, S. 70ff.

200. Z.B. Anthologia XVI, 240, 241 u.a.

201. W. O. Schmitt, Lateinische Literatur in Byzanz, Jahrb. d. österr. byzant. Gesellsch. 17 (1968) 127–147.

202. Manuelis Philae carmina, ed. E. Miller, I, Paris 1855, S. 330.

203. A.a.O. 363.

204. A.a.O. 342.

205. «Adhaerebit homo uxori suae secundum cohabitationem, secundum dilectionem, secundum carnalem commistionem, secundum illam singularem societatem, in qua semetipsum debet alteri. Postponit affectum patris et matris, ut affectum uxoris illi praeferat, ut eum non solum sed singularem habeat» Patr. lat. 176, 86–863.

206. D. C. Hesseling, L'Achilléide byzantine, Amsterdam 1919.

207. M. Pichard, Le roman de Callimaque et de Chrysorrhoé, Paris 1956.

208. E. Kriaras, Βυζαντινὰ ἱπποτικὰ μυθιστορήματα, Athen 1955, S. 101–127.

209. J. A. Lambert, Le roman de Libistros et Rhodamné, Amsterdam 1935.
210. Ansätze zu einer stärkeren Gleichstellung der Frau mit dem Manne sind hier und da unverkennbar. Eine Sammlung von Belegen bei A. E. Laiou, The role of women in byzantine society, Jahrbuch d. österr. Byzantinistik 31, 1 (1981) 233–260.
211. Eine sehr anregende Arbeit zum Gesamt der Beziehungen zwischen westlichem und byzantinischem Roman und zum Vergleich der Mentalitäten von Carolina Cupane, die ich einsehen konnte, befindet sich m. W. im Druck.
212. Jus graeco-romanum I, Athen 1931, S. 533–536.
213. V. Laurent, Les regestes des patriarches de Constantinople IV, ed. V. Laurent, nr. 1552 zum Jahre 1293.
214. A. a. O. nrr. 1738, 1748, 1762, 1777.
215. A. a. O. nrr. 1738, 1747, 1762, 1777.
216. Vgl. H.-G. Beck, Formes de non-conformisme à Byzance, Acad. R. de Belgique, Bulletin Cl. d. Lettres V, 45 (1979) 317–320.
217. Georgios Akropolites, Opera, ed. A. Heisenberg I, Leipzig 1903, S. 104.
218. Les regestes des patriarches, a. a. O. nr. 1363 zum Jahre 1262.
219. Gregoras, Historia VII, 5 : I, 233 f. (Bonn).
220. Les regestes, a. a. O. nr. 1610 (1303/4 und 1688 (o. J.).
221. Gregoras VIII, 1 : I, 285.
222. Mazaris' Journey to Hades, by the Dep. of Classics, Buffalo 1975.
223. Jean Argyropoulos, La comédie de Katablattas, in: Δίπτυχα 3 (1982–83) 98 S. Hrsg. v. P. Canivet u. N. Oikonomidès.
224. Les regestes, a. a. O. nr. 1714.
225. Les regestes des patriarches ... V, ed. J. Darrouzès nr. 2339 (1352); 2385 (1355).
226. A. a. O. nr. 2574 zum Jahre 1370.
227. Libanii Opera, ed. R. Förster, VIII, Leipzig 1927, S. 550–551.
228. Theodori Metochitae Miscellanea, ed. C. G. Müller et Th. Kießling, Leipzig 1821, S. 506–511.
229. Hrsg. v. E. Martini, A proposito d'una poesia inedita di Manuele Phile, Rendiconti R. Instituto Lombardo II, 29, 1896, S. 460.
230. Zu diesen Romanwerken vgl. H.-G. Beck, Geschichte der byzantinischen Volksliteratur, München 1971, S. 135 ff.
231. Eine Version z. B. bei M. Nikolaides, Κυπριακὴ λογοτεχνία, Athen 1957, S. 25–28.

232. Theophanis Chronographia, ed. C. de Boor, I. Leipzig 1883, S. 283.
233. Patria Konstantinupoleos, ed. Th. Preger II, Leipzig 1907, S. 240.
234. Hrsg. v. D. C. Hesseling u. H. Pernot, Ἐρωτοπαίγνια, Paris 1913.
235. H. Pernot, Chansons populaires grecques des XVe et XVIe siècles, Paris 1931, S. 12–14, 72–86.
236. W. Wagner, Carmina graeca medii aevi, Leipzig 1874, S. 106–111.
237. A. F. van Gemert, Marions Falieros en zijn beide liefdesdromen, Amsterdam 1973.
238. Wagner, a.a.O. 62–105; E. Legrand, Annuaire Et. Grecques 5 (1871) 201–242.

Personenregister

Buchanzeigen